De Imperatoris Friderici Secundi Vita

Nanami Shiono

Shinchosha

皇帝
フリードリッヒ二世の生涯

上

塩野七生

新潮社

"Intentio vero Nostra est manifestare in hoc libro de venatione avium ea, que sunt, sicut sunt, et ad artis certitudinem redigere, quorum nullus scientiam habuit hactenus neque artem."

〝この一書、鳥類を用いての狩りについて述べるこの一書を書くにあたって、わたしが心したのは次の一句につきる。

すべてはあるがままに、そして見たままに書くこと。

なぜなら、この方針で一貫することによってのみ、書物から得た知識と経験してみて初めて納得がいった知識の統合という、今に至るまで誰一人試みなかった科学への道が開けると信ずるからである。〟

"Nissuna umana investigazione si pò dimandare vera scienzia s'essa non passa per le matematiche dimostrazioni, e se tu dirai che le scienzie, che principiano e finiscono nella mente, abbiano verità, questo non si concede, ma si niega, per molte ragioni, e prima, che in tali discorsi mentali non accade esperienzia, sanza la quale nulla dà di sé certezza."

〝わたしには、魂とは何かについて論ずることからして、無用な労であるように思う。なぜなら魂は、われわれの肉眼では見ることができないからで、それよりも、実験を重ねることで得られる知識で明らかになる事象を探求するほうが役に立つと思うのだ。

そして、この種の知識に基づいているかぎり、誤った道に迷いこんでしまう危険からも逃れることができる。

科学上の経験のないところに、真の知識は生れない。〟

最初に紹介したのは、神聖ローマ帝国の皇帝であったフリードリッヒ二世が、自ら書いた『De Arte Venandi cum Avibus』（鳥類を用いての狩猟についての考察）の冒頭部分からの引用である。

一方、次に取りあげたのは、レオナルド・ダ・ヴィンチの書いた『絵画論』からの引用だ。

この二者の間には、書かれた地は同じイタリアでありながら、書いた人も同じくイタリア人でありながら、二百五十年の歳月が横たわっていた。

フリードリッヒは１１９４年に生れ、１２５０年に死ぬ。レオナルドのほうは、１４５２年に生れ、１５１９年に死んだ。

皇帝フリードリッヒ二世の生涯　上＊目次

読者に　10

第一章　幼少時代　15
天幕の中で　16　ノルマン王朝　21　母コスタンツァ　24　「狼の群れの中の一匹の小羊」　28
独立宣言　34　ライヴァル・オットー　37　ベラルドとの出会い　39

第二章　十七歳にして起《た》つ　41
法王インノケンティウス三世　43　ドイツへ　47　「プーリアの少年」　51
フランス王フィリップ二世　54　「マグナ・カルタ」　57　法王と皇帝　59
アーヘンの誓い　61　ラテラノ公会議　65　ヘルマンとの出会い　67
法王ホノリウス三世　70　悪賢き二十五歳　72

第三章　皇帝として　81
ローマでの戴冠　84　法治国家への第一歩　87　「カプア憲章」　89　毒をもって毒を制す　91
南の国プーリア　95　サラセン問題　100　海軍再興　105　フォッジアの王宮　106
ヨーロッパ初の国立大学　111

第四章　無血十字軍　123

この時期の国際政治　127　出発までに　130　イェルサレムの王　133　難題の顕在化　137
アラビア数字　142　スルタン・アル・カミール　145　法王グレゴリウス九世　150
破門（一度目）　153　破門（二度目）　155　第六次の十字軍　159　聖地入り　165
接触再開　167　チェスの卓を中にして　171　講和成立　175　反対の大合唱　178
イェルサレムで　185　「キリストの敵」　191　帰還　195　アフター・ケア　198

第五章　もはやきっぱりと、法治国家へ　201

『メルフィ憲章』　204　国体　211　司法　213　経済　214　税制　215　見本市　219
通貨の確立　220　「異端裁判所」　227　当初の効果　235　息子ハインリッヒ　237

第六章　「フリードリッヒによる平和」（Pax Fridericiana）　251

平定と平和の関係　252　「ロンバルディア同盟」　258　「法王派《グェルフィ》」と「皇帝派《ギベリン》」　266
ヴェネツィア共和国　268　「コムーネ」（自治都市）のパワー　273　アッシジのフランチェスコ　276
第一次ロンバルディア戦役　281　フリードリッヒ式情報公開　289
第二次ロンバルディア戦役　293　大勝　298

図版出典一覧　303

皇帝フリードリッヒ二世の生涯　下＊目次

第七章　すべては大帝コンスタンティヌスから始まる
間奏曲（intermezzo）
第八章　激突再開
第九章　その後
年表
参考文献　　図版出典一覧

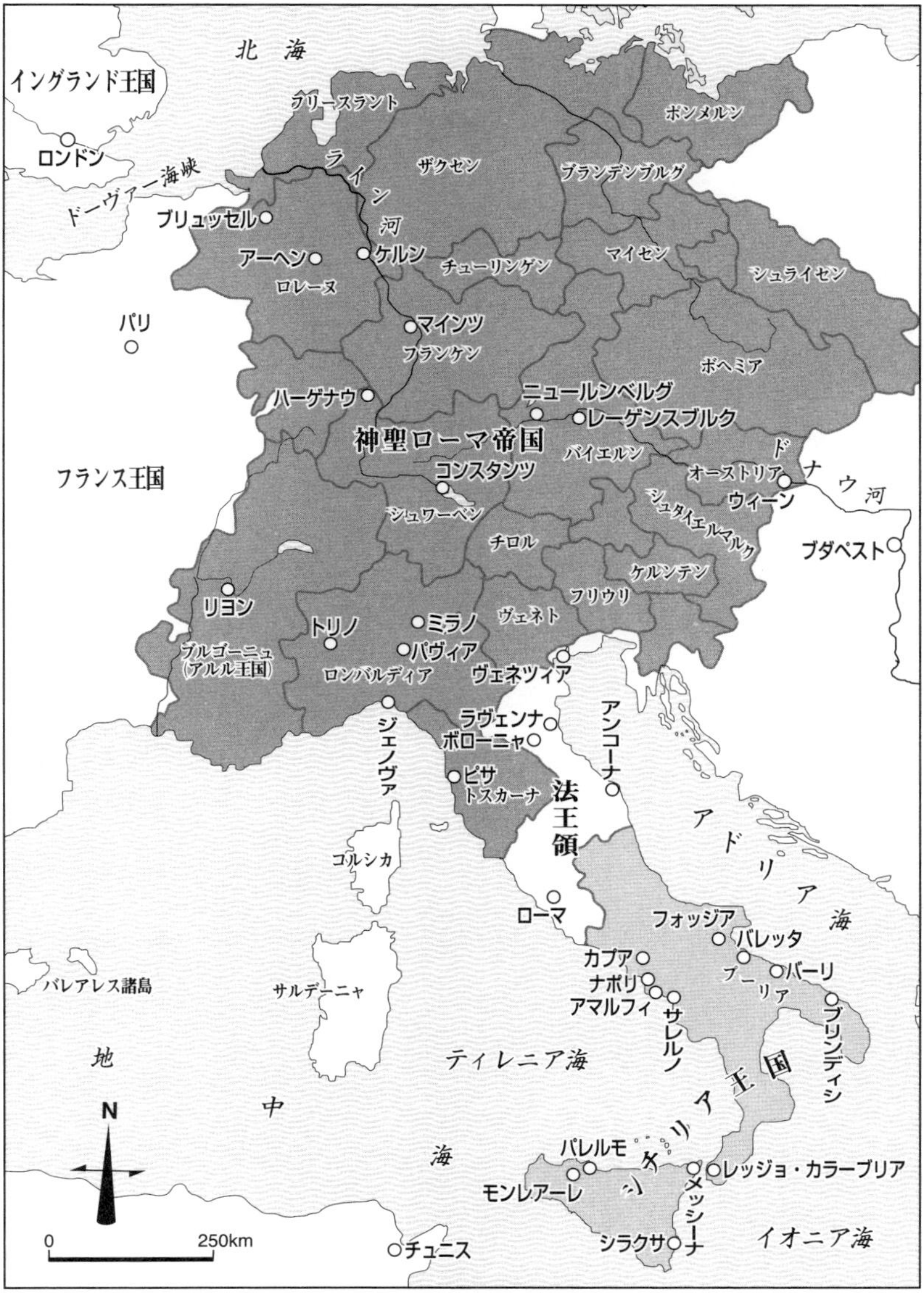

フリードリッヒ二世の時代のヨーロッパ

読者に

昭和四十三年だから、四十五年も昔の話になります。当時「中央公論」誌上で処女作になる『ルネサンスの女たち』を書き終えていた私は、雑誌掲載中に、「面白く読んだ」と書いてくださった林健太郎先生に、お会いする機会を得たのでした。そのときの先生と私の会話。

「これからは何を書いていくのですか」

「いずれ、フリードリッヒ二世を書きたいと思っています」

「ほう、なぜ?」

「なぜかはまだわからないのです。ただ、なぜか気になる男なので」

「カントロヴィッツの評伝があるけれど」

「あれはもう買ってあります。でもまだ読んではいないんですが」

先生は微笑されただけでした。東大の総長に就任されるまでは、ドイツの近現代史を教えていらした歴史学者です。余計な説明などしないでもわかり合えるのは嬉しかった。

なにしろ新聞の時評という場で初めて言及してくださった方なので、その後も著作はすべて贈っていたし、帰国すればお会いしていたのですが、そのたびに先生は、フリードリッヒはいつ書くの、とおたずねになります。そのたびに私は、まだ順番がまわってこないので、と答え、先生はまたも微笑される、のくり返しでした。

順番がまわってくる、ということは、私のような物書きには重要なことなのです。心の準備ができた、ということだから。また、勉強と調査が完了したから書くというよりも、順番がまわってきたから書く、というほうが、書いていくうえでの姿勢もぴしりと決まるように思えるのです。

『ローマ人の物語』を完了したときにも、ある方から質問されました。次は何を書くのかと。それへの私の答え。

「ルネサンスを書き古代ローマを書いてきたら、まだ手つかずの一千年がその中間に残っていることに気づいたのです。中世と呼ばれるその一千年を、これから埋めていこうと考えています」

というわけで中世に挑戦することになったのですが、考えてみれば、以前に書いた『海の都の物語』の前半ですでに中世は書いていることを思い出したのです。ヴェネツィア共和国は中世とルネサンスの双方にまたがる時代の海洋都市国家だったのですから。西欧サイドに立って中世を見るのは、あれでひとまずは足りる、と。

しかし、中世となればキリスト教世界とイスラム世界の双方をより広く視界に入れる必要がある。それで、あの時代に地中海をはさんで相対《あいたい》していた、北アフリカに住むイスラム教徒と南ヨーロッパに住むキリスト教徒との対立を、海賊と海軍に光を当てることで書いたのが、『ローマ亡き後の地中海世界』の二巻です。

これに次いだのが、今度は北ヨーロッパのキリスト教世界と中近東のイスラム世界の激突をテーマにした、『十字軍物語』の四巻。

そして、これら中世モノの最後が、この『皇帝フリードリッヒ二世の生涯』です。今度はキリスト教世界内部の対立であり、聖権と俗権をめぐっての対決ですから、中世モノの「真打ち」という感じでもある。

とはいえこれらの諸作はいずれも、中世の一千年間を舞台にしていることでは同じです。同じ時代を、照明を当てる対象を変えながら書いていった、としてもよいかもしれません。

ゆえに私が、読んでくださるあなたに保証できることはただ一つ、これらを、とくに中世モノの真打ちの感ある「フリードリッヒ」をお読みになれば、中世とはどういう時代であったかがわかるということ。そしてその中世の何が古代とはちがっていて、なぜこの中世の後にルネサンスが起ってきたのかもおわかりになるでしょう。

また、古代と中世とルネサンスのちがいを最も明快に示してくれるのは、登場人物たちの「顔」を紹介できるか否か、にもあります。私の作品の中でも、古代モノとルネサンスモノではそれが可能でした。反対に、中世モノではそれができません。中世の有名人たち、リチャード獅子心王やフランス王フィリップやこのフリードリッヒさえも、肖像は描かれなかったからです。この中世で描かれた「顔」は、信仰の対象である神やイエス・キリストや聖者だけでした。

人間の「顔」がリアルに描かれるということは、人間性の現実を直視する態度と比例の関係にあります。ゆえにこれ一つ取っても、中世とはどういう時代であったかが想像できるのではないでしょうか。

二〇一三年、初秋　ローマにて

皇帝フリードリッヒ二世の生涯

第一章　幼少時代

天幕の中で

地中海の中央に向って長靴の形に突き出ているイタリア半島のふくらはぎにあたる地点に、イエージ(Jesi)という名の小さな町がある。東に二十キロも行けば海に突き当るのだから、地理上ならばアドリア海の沿岸地方にふくまれるが、すぐ近くにある古代からの海港都市アンコーナとちがって、海との縁は昔から薄い。農牧業をもっぱらとすることでつつましく穏やかに暮らしてきたためか、天才にも偉人にも縁がなかった。

そのイエージで、一一九四年、キリスト生誕祭のミサを終えて教会から出てきた人々は、この町ではついぞ見たこともない光景を前にして眼を丸くした。眼の前に広がる、と言っても小さな町のことだから広場も小ぶりなのだが、その、いつもは市《いち》でにぎわうだけの広場に、大型の天幕が張られようとしていたのである。皇后のコスタンツァが、数日前にこの町に到着していたのは、住民の誰もが知っていた。警護役として皇后に随行していたドイツ人の騎士たちの甲冑姿は、イタリア人の町であるイエージでは目立たないではすまなかったのである。

それにしても、この大型の天幕は何のために?

コスタンツァは、夫である皇帝ハインリッヒのシチリア王の即位式に同行しなければならない立場にあった。二百年もの間シチリアの王位を占めてきたノルマン王朝の、彼女こそが唯一で正統な継承者であったからだ。今では神聖ローマ帝国の皇帝位にあるハインリッヒだが、シチリア王国の主《あるじ》に収まる権利を手にすることができるのも、コスタンツァと結婚したがゆえなのである。

だが、その年のコスタンツァは懐妊中の身だった。しかも、ハインリッヒとの結婚生活も九年目に入ろうとしていながら、その間一度も授からなかった子が、ようやくにして授かろうとしていたのだ。そのうえ、産婦の年齢はすでに四十歳。あらゆる配慮が必要であることは、夫も承知している。とはいえ、即位式の先送りは許されない。皇帝だけでも、先を急ぐしかなかった。

フリードリッヒの誕生（同時代の年代記より）

ところが、ゆっくりとした旅をつづけながらも先行する夫に追いつくつもりでいたコスタンツァだが、シチリア王国の首都パレルモに渡るための船に乗る予定地バーリにはいまだ旅路はるかというイエージまで来たところで、急に産気づいてしまったのである。もはやここで産むしかなかったが、出産の場はどこでもよいというわけにはいかなかった。

皇后は、イエージの町では唯一多くの人が集まれる場所である、この町の主教会の前の広場の中央に、急ぎ大型の天幕を張るよう命じたのである。そして町の有力者たちを招き、イエージの住民全員が出産に立ち会うよう求めたのであった。

コスタンツァは三十二歳の年に、ときの神聖ローマ帝国の皇帝だったフリードリッヒ一世、歴史上では「赤ひげ」の綽名《あだな》のほうで有名なこの皇帝の、息子で当時はまだ二十一歳だったハインリッヒと結婚していた。政略結婚であり、十歳以上もの年齢差もあり、そのうえ八年以上も懐妊の徴候さえもなかったにかかわらず、結婚生活は幸せにつづいていたのである。

それだけにコスタンツァは、ようやくにして現実になろうとしているわが子の誕生が、誰一人疑問をさしはさむ余地のない状況下で成されねばならないと考えていた。生れてくる子は、現皇帝の子であるだけでなく、いずれはシチリア王国の王位に登る人である。また、四十歳という彼女の年齢からも、最初でただ一人のわが子、になる可能性のほうが高かった。だからこそ絶対に、彼女の腹から生れた子であることを明らかにしておく必要がある。イエージの住民全員に出産の場に立ち会うよう求めたのは、その証人になってもらうためであった。

キリスト生誕祭の翌日になる十二月の二十六日は、キリスト教会最初の殉教者として知られる聖ステファノの祭日になっている。クリスマスの翌日なので、キリスト教徒ならば、前日につづいて仕事は休んで祝う。その日の天幕の中は、運びこまれていた寝台に横たわるコスタンツァと、その周囲を囲むイエージの有力者の妻たちで、立錐《りっすい》の余地もないほどだった。男たちは天幕の外側を囲み、有力者でもない庶民や子供たちは広場を埋める。

正午近く、それまで広場を満たしていた不可思議な静けさを裂いて、元気いっぱいの赤子の泣き声が響いた。

皇帝の子であろうが農夫の息子であろうが、無邪気な赤子の泣き声は人々の心をやわらげる。天幕の内も外も、そして広場中が、幼な子の誕生という慶事には歓声《かんせい》をあげて祝福しあったのだった。

一一九四年十二月二十六日、こうして、後《のち》の皇帝フリードリッヒ二世は、華麗な宮殿や重々しい造りの城の奥深くではなく、小さな町イエージの広場に張られた天幕の中で、その生涯のスタートを切ったのである。この前日、父親のハインリッヒのほうは、望んでいたとおりにキリスト生誕祭の当日、パレルモの主教会《カテドラル》の中で、ナポリ以南の南イタリアとシチリア全島を統治する権利の証《あかし》である、「シチリア王」の王冠を頭上にしていた。

　庶民の子に生まれたのであれば、誕生後は母親の胸に抱かれて育つ。だが、神聖ローマ帝国皇帝を父に持ち、シチリアの女王を母に持った子にはそれは許されない。

　厳格な宮廷のしきたりがあったから、ではなかった。長かった中世も後半に入っていた十二世紀から十三世紀にかけてのこの時代、安定した社会を表わす計器でもある厳格な宮廷のしきたりなどは、ヨーロッパのどの国にも存在しなかった。この時代のヨーロッパを支配していたのは、弱肉強食の概念だけであったのだ。

イタリア半島

　生れたばかりのフリードリッヒが母親の体温を感ずることができたのは、母親のコスタンツァが体力を回復し、夫の許《もと》に向う旅を再開できるまでの数日間でしかなかった。コスタンツァは幼な子を、女官長という感じの立場にあったウルスリンゲン公爵夫人に託す。夫と再会した後で彼ら夫婦が直面するであろう困難を思えば、大切な一人息子は武器の音が聴こえないところで育てたいと願ったからだろう。ウルスリンゲン公爵は、中部イタリアにあるスポレート公国の領主であった。今ならばウンブリア州だが、ゆるやかに連なる丘陵とその間に広がる谷間が、四季の移り変わりを映して美しい。

　結局、フリードリッヒは、小都市ではあってもその豊かさで知られていたスポレートやペルージアやアッシジが点在するウンブリア地方で、三歳までを過ごすことになる。その間一度も、母親には会えなかった。父親とも、二歳になろうとしていた時期に受けた洗礼式が初対面になる。一度はもどっていたドイツから再び南イタリアに向う途中、皇帝ハインリッヒは旅程を変更してアッシジに立ち寄り、延ばす一方にしていた一人息子の洗礼に立ち会ったのだった。


　庶民の子ならば、洗礼というキリスト教徒にとっては重要きわまりない行事は、誕生後まもなく成されるのが普通だ。洗礼式を急ぐのは、もしもそれが成されない前に死ぬようなことになると幼児であっても天国には行けない怖れがあるからだが、フリードリッヒは、天国行きの保証のない状態で二年も過ごしてしまったことになる。また、母親に抱かれて頭部にちょっとばかりの聖水をたらされるのが洗礼式の普通の型だが、フリードリッヒはすでに二歳になっていた。自分の足で立っている幼児に洗礼を与えることからして、珍しい光景であったにちがいない。

　それでも、皇帝でありシチリア王でもある人の一人息子である。アッシジの主教会《カテドラル》で行われた洗礼式には、アッシジだけでなく近くのスポレートからもペルージアからも司教や司祭たちが馳せ参じ、教会の中は金銀のぬいとりも華《はな》やかな祭礼用の聖衣姿で埋まっていた。アッシジの町の有力者たちも、妻や子供たちまで総動員しての列席だ。その日教会を埋めていた多勢の人の中の一人はほぼ確実に、アッシジの有力者だった織物商人ベルナルドーネの一人息子、当時は十四歳だったフランチェスコであったにちがいない。アッシジの少年たちが、洗礼式が行われる間中つづく聖歌を唱うことになっていたのである。

　遅れはしても洗礼式は挙げてもらえたフリードリッヒだったが、それで親の義務は果したと思ったのか、父親のハインリッヒはその翌日には早くも南イタリアへ向って旅立った。シチリア王国が二歳の幼児を連れていける状態になっていなかったからだが、洗礼の日が、フリードリッヒが父と会った最初で最後になる。その後の一年間、幼な子はそのままウンブリア地方に留め置かれた。

洗礼式に出席していたにちがいないアッシジの有力商人の息子フランチェスコだが、この時期はまだ、後の聖人の面影はまったく見られない。金持の息子そのままに同じような生れの仲間たちと遊びまわることしか頭になかったからだが、突如神の啓示を受けて修道僧になるのは、この八年後になってからである。それゆえ、たとえ同じ町に住んでいても、公爵の城の中で大切に育てられていた三歳と、町中で若さを謳歌していた十五歳は、別の世界で生きていたのだろう。

しかし、この二人、アッシジの聖フランチェスコと皇帝フリードリッヒ二世の二人こそ、中世に生きながらもルネサンスに向う扉を開く人になるのである。生きた世界が、聖職界と俗人の世界のちがいはあった。それでも二人ともが、中世を支配してきた固定観念を打ち破ったことでは同じであったのだから。そのうえ、なぜか二人ともが、今で言えば「ハーフ」の生れだった。

十二歳年上のフランチェスコは、イタリア人の父とフランス人の母の間に生れている。イタリア語読みならば「フェデリーコ」となるフリードリッヒのほうは、ドイツ人の父と、フランス系イタリア人の母の間に生れたのだった。

ノルマン王朝

フランス系イタリア人、については、少々の説明が必要かもしれない。

フリードリッヒの母のコスタンツァには、彼女の生家であるノルマン王家の姓という感じで、「アルタヴィッラ」(Altavilla) がつきまとう。アルタヴィッラとはフランス語のオートヴィル (Hauteville) のイタリア語読みで、コスタンツァの家系も二百年昔に遡れば、フランスはノルマンディー地方のオートヴィル出身であったことを表わしていた。あの時代のノルマン男たちはすこぶる活動的で、イギリスに攻めこみノルマン王朝を創設した男たちもいれば、反対に南を目指した男たちは、シチリアを支配していたイスラム教徒を攻め、南イタリアとシチリアにノルマン王朝を創設したのである。

ただし、あの時代からは二百年が過ぎたコスタンツァの時代のノルマンの男たちは征服した地に完全に同化していたので、もはやイタリア人としてもよいと思う。英仏海峡に面した北フランスのノルマンディー地方とのつながりも、まったくと言ってよいほどになくなっていた。

ゆえにここでも、南イタリアを定住の地と決めて久しい「アルタヴィッラ一門」の人々の名は、当時では一般的に呼ばれていたイタリア語読みで通すことにする。シチリアのノルマン王朝最盛期の王であったルッジェロ二世も、その父の死後に生れたとはいえ娘ではあったコスタンツァも。そして、この時期よりは百年前になる第一次十字軍で活躍したボエモンドもその甥のタンクレディも、その全員が、南イタリアに定着して久しいノルマン系イタリア人であったのであった。

中世とは閉鎖的な社会であった、という後世のわれわれの思いこみを裏切るかのように、あの時代のヨーロッパは、意外にも風通しのよい社会であったのだ。混血児も、聖フランチェスコや皇帝フリードリッヒに留まらない。第三次十字軍で大活躍した獅子心王リチャードも、イギリスとフランスの血をともに受けている。イタリアの商人が商用で出向いたフランスで見染めた女を妻にしてイタリアに連れ帰り、その間に生れた子をフランス系と一眼でわかる「フランチェスコ」と名づけても〝いじめ〟に会うことなどはなかった時代なのである。

これがヨーロッパのキリスト教徒ならば、同時代のイスラム教徒たちが、民族別なんかで分けられるかと、一括して「フランク人」と呼んだのもわかる。ヨーロッパ人からして、自分たちをイギリス人、フランス人、イタリア人、ドイツ人、と分けていなかった。英仏海峡に面したノルマンディー地方に発して「オートヴィル」を名のっていた男たちが、南イタリアに定住するや「アルタヴィッラ」を名のるようになったのだから。

だがこの時代に、アッシジのフランチェスコも生き、フリードリッヒも生きるのである。

現代のヨーロッパのように各国別に分けるなどは不可能であった中世の時代だが、それでもなお、歴史のちがいからくるのかと思う「ちがい」はやはりあった。

父ハインリッヒ六世と母コスタンツァの結婚

フリードリッヒの父のハインリッヒ六世によるシチリア王国の統治は、これがドイツ式かと思うほどに強圧的で、今や主人はドイツ人で、ノルマン王朝の関係者であってもそれに従うべき、のやり方で通す。

反対に、二百年の間、南イタリアを支配してきたノルマン王朝は、被征服者である先住民族との融和策に成功したからこそ長年にわたっての繁栄を享受できた、その代表格がルッジェロ二世で、コスタンツァはその娘である。

夫が連発する強硬策には同意できなかったと想像するが、コスタンツァはそれでも受け容れた。ノルマン王朝時代の家臣たちに向けられた厳しい処遇も、黙って飲み下したのである。だが、シチリア王国内での皇帝ハインリッヒへの憎悪は、日を追うごとに増大していた。皇帝は十字軍遠征計画を打ち上げたが、遠いパレスティーナまでこの皇帝に従って行くのはドイツ人だけであろうと、南イタリアの人々はささやき合っていたのである。

そのハインリッヒ六世が、突然に死んだ。戦場で殺されたのではない。恨みをもつ誰かに、暗殺されたのでもなかった。まだ三十二歳の若さなのに、突然に起った体調不良がもとで、数日後に死んだのである。シチリア王国を手中にしてから三年目、一人息子の洗礼に立ち会ってから一年目のことだった。

神聖ローマ帝国皇帝とは、中世のキリスト教世界では俗界の最高位を占める人のことである。その人が、三十二歳という若さからも誰一人予想していなかった死によって突如退場したのだ。ヨーロッパ中に、地殻変動が起きずにはすまない。実際、皇帝の死が伝わるや、まずドイツで、そしてすぐつづいて南イタリアで、反乱が勃発した。しかもこの混乱に油をそそぐように、聖職界の最高位者であるカトリック教会の長のローマ法王までが死んだのだ。権威ある立場に立っての調停を期待できた法王と皇帝の二人までが、ほぼ同時期にいなくなってしまったことになる。コスタンツァには、夫の死を悲しんでいる暇などはなかった。

母コスタンツァ

ドイツでは、空席になった皇帝位をめぐって、亡きハインリッヒの弟のフィリップが早くも動き始めていた。コスタンツァにとっては、フィリップの動きが良き結果に結びつくほうが好都合だった。兄との関係が良好だったフィリップは、亡き兄の後を継ぐのは遺児のフリードリッヒであることを、未亡人になった直後のコスタンツァに伝えていたからである。だが、フィリップには強敵がいた。ザクセン公のオットー・ブルンスヴィックである。オットーは法王派を旗印にして、皇帝派のフィリップに対抗してきたのである。

中世の間中ヨーロッパを、まるで余震の絶えない地震でもあるかのように震駭《しんがい》しつづけていた法王派（グエルフィ）と皇帝派（ギベリン）の抗争だが、その実体は、宗教上の考えのちがいでもなく、統治面での考え方のちがいでもなかった。ドイツの「法王派《グェルフィ》」とは、コンラッド、その甥で赤ひげと呼ばれたフリードリッヒ一世、赤ひげ皇帝の息子のハインリッヒとつづいてきたホーエンシュタウヘン一門への反撥だけで集結したような諸侯で成っており、彼らが「法王派《グェルフィ》」の旗をかかげたのは、ホーエンシュタウヘン家出身の皇帝たちのイタリアへの野心に危機感をつのらせていたローマ法王庁と、この一事に関してならば利害が一致したからにすぎない。ローマ法王にとっての彼らドイツの「法王派」の存在理由は、前進する一方の皇帝という車輪の間にはさむ「棒」のようなものだった。つまり、日本で言う「横車」であったからこそ、ローマ法王もその「横車」堅持には、援助を惜しまなかったのである。ドイツとイタリアの双方を手中にした皇帝によって法王の座所のあるローマがはさみ討ちになるのは、カトリック教会が最も怖れていたことであった。

ドイツの地での義弟フィリップの動きがどのような結果につながろうと、未亡人になったばかりのコスタンツァには早急に解決しなければならない問題があった。夫が遺して行った、シチリア王国の統治である。亡き夫とともにイタリアに南下し、そのイタリア内で勢力を拡張していたドイツ人の家臣たちを、信頼することはできなかった。幼いフリードリッヒを預けていた先のスポレート公ウルスリンゲンにさえも、ローマ法王庁は、公国の領有継続の保証を餌に、ドイツの法王派の動きに同調するよう働きかけていたのである。

一方、このドイツ勢に押される一方であったノルマンの旧家臣たちも、信頼を寄せられないことでは同じだった。ドイツ系であろうとノルマン系であろうと、彼らは自分の領地の領有を最優先する封建諸侯なのである。領地の領有継続を保証されるならば、誰の側であろうとついて恥じない人々であった。

コスタンツァが頼ったのは、高位の聖職者たちになる。彼女が召集する王室最高会議に名をつらねるのは、パレルモ、モンレアーレ、レッジョ、カプアという、南イタリアとシチリア島を合わせた「シチリア王国」内のいずれも重要都市を任地にしていた大司教たちだった。この人々には少なくとも、露骨な領土欲だけはなかったからである。

これをスタートさせた後で初めて、コスタンツァは、スポレート公夫人に預かってもらっていたフリードリッヒを引き取る。幼な子は三歳になって、ようやく母親のふところにもどれたのであった。

年が代わった一一九八年の一月、ローマ法王にはインノケンティウス三世が選出されていた。三十八歳の若さでの即位は当時でも異例だったが、あの時代の二大最高学府であったボローニャとパリで学問を極めたエリート中のエリートで、その英才ぶりは広く知られ、法王選出も一度の投票で決まったほどである。日本の高校の世界史の教科書にさえも、ローマ法王の権力を最高度に発揮した法王、と書かれているこの人は、ローマの南にある小さな町アナーニに生れたイタリア人だった。

息子を手許に置けるようになったコスタンツァの次の望みは、いまだ三歳でしかない息子をシチリア王の地位に就けることである。この一事は、ライヴァルが名乗りをあげない前に成就されねばならなかった。そのことの早期実現のために、コスタンツァは、法王に即位したばかりのインノケンティウス三世に接近する。その法王がフリードリッヒのシチリア王即位を認めてくれれば、血筋上からも息子に権利のあるドイツの王への即位権を放棄する、という条件を提示しての接近だった。

ホーエンシュタウヘン家の男たちの、ドイツとイタリアの合併への野心は、歴代のローマ法王たちの頭痛の種になって久しい。赤ひげと呼ばれたフリードリッヒ一世の頃からだから、それを絶つことになれば法王庁にとってはこれ以上の朗報はなかった。コスタンツァの提案を、インノケンティウス三世は受け容れた。

もしかしたらコスタンツァには、愛する息子が成長した後で、野卑なドイツ人たちとの間で苦労するのを、望まない気持があったのかもしれない。気候温暖で経済的にも豊かで文明度も高いシチリア王国を与えるからドイツになどはかまうな、とでも思っていたのかもしれなかった。夫亡き後の夫の家臣たちの排除への彼女の熱心さは、コスタンツァのドイツ人嫌いをうかがわせないでもないからである。

とはいえこうして、いまだ三歳半でしかなかったフリードリッヒは、一一九八年の五月十七日、パレルモの主教会《カテドラル》でシチリア王に即位したのである。シチリアの王に加えて、プーリアの公爵とカプアの公爵の称号も受ける。つまり、ナポリにまで迫っていたローマ法王の領土と境を接する、南イタリア全域の統治権を得たということであった。しかもそれは、ローマ法王の正式な承認を得てのことだったので、封建諸侯の野心の渦巻く当時でも、容易には誰も手が出せない地位に就いたということでもある。そしてこの時点では、コスタンツァの選択は正しかった。ドイツでは、フィリップとオットーの間での抗争がつづいていたのだから。
だが、それからわずか半年後の一一九八年の十一月、コスタンツァに死が訪れる。病床に伏して数日後に訪れた死だったというが、後に残していくしかない四歳の一人息子の安全を託す人を選ぶという、このうえなく重要なことをやり終えた後の死であった。

死に行くコスタンツァが息子の後見人に頼んだのは、法王インノケンティウス三世である。このときに法王は条件をつけている。シチリア王国がローマ法王の領有地であると認めるならば、というのがそれだ。コスタンツァは、それを飲んだ。そのうえさらに、成年になるまでの後見料を払うという条件まで受け容れたのである。神に身を捧げる聖職者でも、後見はタダではしないというわけだが、支払いは成人になった後で、というところは良心的なのかもしれない。

インノケンティウス三世

それでも、後見人がローマ法王であることの利点は大きかった。法による秩序など夢でしかなかったのがこの時代だ。四歳の孤児とはいえその保護者は他でもないローマ法王となれば、いかなる無法者といえども容易には手を出すことはできなかったのが中世という時代でもある。死に行く母親にしてみれば、唯一可能で効果を見こめる選択だったろう。たとえ成年になるまでの後見料が、三百キロ以上の黄金という、莫大な額になったとしても。

「狼の群れの中の一匹の小羊」

三歳で父に死なれ、四歳で母にも死なれたフリードリッヒは、唯一人の叔父はドイツから動けないという状況の中で、天涯の孤児になってしまったのである。一人っ子だから、兄弟も姉妹もいない。ローマ法王が後見人ではないかというが、法王の関心はシチリア王国が法王の属国であることがはっきりし、シチリア王がローマ法王の臣下であることを認めたならばそれで充分で、いずれはその統治者になる幼児の養育などは特別に気にかけていたわけではなかった。

インノケンティウス三世は、ローマ法王は太陽で皇帝は月、と高言した人である。そしてフリードリッヒは、いまだ「月」でもなかった。また、この時期の法王は、第四次になる十字軍を東方に送り出すことで頭がいっぱいの状態にあった。この十字軍は結局はヴェネツィア共和国の深謀遠慮のままに終始し、法王は苦い想いで既成事実を認めるしかなかったのだが、これも、想定どおりにことが運んでいる間は能力は発揮できても想定外になるやお手あげという、エリートによく見られる限界も示している。とはいえこのような時期でもあったことから、幼いフリードリッヒの成長は、事実上は放っぽらかしにされた状態で進んだのである。

しかし、良きキリスト教徒になる道を説くことだけに熱心な聖職者や自分の学説のみに執着する傾向のある高名な教師陣に囲まれて育てられなかったことが、また一般の人々から隔離された環境で大切に育てられなかったことが、フリードリッヒにとっては幸いをもたらすことになる。家庭教師も、ただ一人の名しか知られていない。しかもグイエルモ・フランチェスコという名のその人物は、俗人の教師であって、聖職出身の教師ではなかった。後年になってフリードリッヒはこの人の息子を重用しているから、彼にとっては適したタイプの教師、ではあったのだろう。つまり、自分自身の思いこみを押しつける型の教師ではなく、必要な事柄だけはていねいに正確に教えながらもそれ以外は自由にさせるタイプの教師であったにちがいない。でなければ、幼少時からすでに「不屈の精神旺盛にして、万事につけて御しがたし」と評されたフリードリッヒと、うまくやって行けるはずはなかった。

天涯の孤児になって以後の十年間、満年齢ならば四歳から十四歳までの十年間を、フリードリッヒは、言ってみれば「独学・独歩」で通すのである。学ぶべきことを強いる人がいなかったのを幸いに、当時の貴公子には必要不可欠なこと以外にも、自らの好奇心のおもむくままに探求の分野を広げていったのだ。言語の習得に限ったとしても次のようになる。

中世の国際語であり、それゆえに公用語でもあったラテン語。

十字軍の公用語がフランス語であったという事情を反映して、当時では「話される国際語」のような地位にあったフランス語。

父方の縁からも、絶対に必要なドイツ語。

母方からと住んでいる土地ゆえに、必修課目ナンバー・ワンの「国語」であったイタリア語。

古典の書物から学びたいと思えば、死語どころか当時では生きていたギリシア語。

そして、シチリアの首都パレルモに住んでいる以上は自然に耳に入ってくるアラビア語。

この時代のパレルモは、カトリック・キリスト教徒でイタリア化して久しいノルマン系シチリア人と、ギリシア正教を信仰しつづけるギリシア系シチリア人、そのうえイスラム教を捨てないアラブ系シチリア人の三者が混然一体となって暮らしているという、当時では異色の社会を構成していたのである。

何を学ぶか、も自由に選択できたフリードリッヒは、どこに行くか、でも自由を満喫していたらしい。常に住んでいる「ノルマン人の宮殿」と呼ばれていた居城を抜け出し、従者も連れずにパレルモの町中に出て行ったっきり帰ってこない少年は、そばにつかえる人々にすれば、「万事につけて御しがたい存在」であったろう。しかし、この種の体験こそフリードリッヒにとって、成長後になって真に役立つことになる「人生の学校」であったのだった。

高位の人の近くには、聖職者が必ずいる。フリードリッヒのそばにも司祭がついていたのだが、この人の影響力はほとんどなく、司祭の仕事はフリードリッヒの日常を、上司にあたるカプアの大司教に報告することだけであった。カプアの大司教はそれを、ローマにいる法王に送るのである。この時期は異教徒相手の十字軍だけでなく、歴史上「アルビジョア十字軍」と呼ばれる同じキリスト教徒相手の軍事行動にまで手を出していた法王インノケンティウスだ。送られてきた報告書も、まあ元気でやっているのだろう、とぐらいの関心で眼を通すだけであったにちがいない。

とはいえ、後世のわれわれがこの時期のフリードリッヒをうかがい知るのに役立つ情報源は、これらの法王への報告書だけなのである。その中に散見するものを拾えば、少年フリードリッヒの像は次のようになった。


「背丈は中背で、低くはない。と言って、この年齢の他の少年たちと比べても高いほうではないが均整はとれている。また、体格は頑健に出来ているので、耐久力はある」

「武器を操るのが巧みだ。剣でも槍でも弓でも並以上の巧みさで操る」

「武術に集中している姿は、しなやかで自由自在でいてスキがない」

「馬に乗るのはとくに好みであるらしく、しかも気は荒くても走らせれば他よりは断じて速い馬を好む」

「朝起きた瞬間から夜の眠りに就くまで、じっとしている彼は見たことがない。この年齢を思えば当然かもしれないが、無為だけは自分のものではない、とでも思っているかのようである」

「日中でも唯一それを手にしているときだけ『じっとしている』と言ってよい読書だが、好んで読むのは歴史関係のものが多いが、人物やテーマを選んで読むというわけではない。何であろうと眼につき手に入る書物は、すべて読んでしまう。読書は、しばしば夜更けまでつづく」

「いつもは元気いっぱいで疲れ知らずの少年だが、王として振舞わねばならない場ではそれが一変する。立居振舞いは荘重になり、表情までが静かに変わる。そういうときの少年王は、貴人らしく凛《りん》とした美しさを漂わせ、会う人が自然に彼の占める地位を思い起さずにはいられないように仕向けてしまう」

「誰もが眼を見張るような美少年ではない。だが、広いひたいは心の広さを示し、強く相手に向けられた眼の光は、少年ながらその知力と胸中に宿る情熱を表わしている。それでいながら一方では、王という高い地位を占める人にはふさわしくない、庶民的な話し方で人々を驚かせることも少なくない」

「何であれあらかじめ定められていることに従うのを何よりも嫌うのか、罰を与えるとの脅しもまったく効果はない。すでにこの年齢で、自分の考えに従って行動すると固く決めているかのようだ。それゆえか、今なお後見人を必要とし周囲からは少年と見なされる現状には、我慢がならないでいるらしい」

どうやら、多民族・多宗教・多文化の入り混じる都市パレルモで好き放題に育っていたらしいフリードリッヒだが、それとて平穏無事な環境下で進んでいたのではなかった。孤児になって以後の十年間のシチリア王国は、一言で言えば無法状態にあったからである。数多くの封建諸侯が互いに争っていたからだが、これまた簡単にまとめれば、ドイツ派とイタリア派の抗争が絶えなかった十年間、と言ってよい。フリードリッヒの後見人は引き受けたローマにいる法王も、そのフリードリッヒが王のシチリア王国の統治には関心を払わなかったからでもある。だがそれゆえに少年フリードリッヒは、この両派の間で争われるボールのような存在になってしまった。なぜならこのどちらの派も、いまだ未成年のフリードリッヒを手中にし、その摂政になることでシチリア王国全体への勢力の拡大を狙っていたからである。司祭から大司教へ、そしてローマの法王へと送られた報告書が、このような状況下で起った事件の一つを記している。

一二〇一年十月のことだから、フリードリッヒはまだ七歳にもなっていなかった。イタリア派との勢力争いで優勢に立ったドイツ派は首都のパレルモにまで攻めこみ、この派の頭目のマルコバルドは部下たちを率いて、シチリア王の居城である「ノルマン人の宮殿《パラッツォ・デイ・ノルマンニ》」の城門の前に立ち、開門を迫った。抵抗は無駄と見た守備隊は、闘わずして城門を開く。マルコバルドの目的は王宮の占拠にはなく少年王の拉致にあったのだが、それに対しフリードリッヒは、七歳ではそれしかできなかったやり方で抵抗した。

自らの肉体を血がにじんでくるのもかまわずに掻《か》きむしりながら大声でわめく、というやり方で抵抗したのである。これには、少年の祖父の「赤ひげ」皇帝の率いていた十字軍にも参戦したという戦歴が誇りのマルコバルドも手が出せなくなった。少年王の拉致は、失敗に終わったのである。

だが、このエピソードを報告する司祭は、報告を次の一句で終えている。

「少年の王のこのときの気狂いじみたと言ってよい振舞は、恐怖や絶望から出たものではなかったのです。家臣の分際にすぎない人物から身体に手をかけられるという、王でありながらもその実権は持っていない自分の現在の状態への強烈な怒りから出た行為であったのでした」

幼少期からこれほどもの緊張の中で育てば、誰に対しても疑心暗鬼になったとしても当然である。周囲はすべて敵で、誰にも心を許せなくなり、その結果として信頼できる人に恵まれない一生を送ることになってしまう。

だが、フリードリッヒにはそれは起らなかった。乱読と言ってもよい読書への強い情熱が、閉鎖的な性格になるのを防いだのか。書物とは、ややもすれば思いこみに陥りがちの考えに、別の見方や考え方があることを教えてくれるものでもある。実際、成人して以後のフリードリッヒは、信頼できると見た人に対しては徹底して信頼を寄せたし、それゆえか、一貫して彼を支持しつづける友人たちに恵まれることになる。

しかし、七歳ではまだ成人への道は遠かった。その間フリードリッヒは、あいも変わらずの「万事につけて御しがたし」で育っていたのである。王国内の無政府状態はいっこうに改善されなかったが、少年の周辺は少しばかりにしろ落ちつきはとりもどしていた。あのときの断固とした、と言っても身体を掻きむしり大声でわめいたにすぎないのだが、とはいえ少年でも王だけに、あのときの振舞いは、少年王ゆえにどうにでもなると見ていた家臣たちに、強烈なインパクトとして残ったようである。少なくともその後は、彼の身体に手をかける者だけはいなくなった。

そして、少しずつ、少年の関心も広がっていただろう。もともとからして「独学型」だ。人生は学校、とは言っても、人々に混じっていればそれでこと足りる、というものではない。また、書物から得る知識も、それだけでは充分ではなかった。先入観に捕われずに虚心に観察するということも、立派に学校になる。パレルモとその周辺には、それこそ真の学校に値する学びの場が数多く存在した。

まず、冬季の居城だった「ノルマン人の宮殿」内部の、礼拝堂を中心にした王の居住区域。そこから歩いて行ける距離には、マルトラーナの通称で知られる、宮殿内の礼拝堂と同じに金色の地に色鮮やかなモザイクで美しい教会もある。また、夏を過ごす離宮としては、呼び名からしてアラビア語のヅィザやクーバがあった。そして、日帰りの旅を覚悟するならば、モンレアーレの教会とその回廊が「学校」になる。これらすべては、発注者はカトリック教徒であるシチリアの王たちでありながら、ギリシア正教徒のモザイク職人が壁面を飾り、イスラム教徒の職人たちが柱や床を飾ることで完成した、シチリアを治めてきたノルマンの王たちの開放路線が産んだ見事な果実であったのだ。それらすべては、フリードリッヒが中世的な固定観念から自由になることを助けたにちがいない。八百年後に彼とは同じドイツ人の学者の評した、「ドイツ人の君主の中では唯一と言ってよい創造的天才」の基礎は、実はこの時期、四歳から十四歳までの孤児であった時期に成されるのである。創造とは、異分子による刺激のないところ、つまり純粋培養だけのところ、には生まれえない精神活動でもあるのだから。

しかし、一二〇八年になると、フリードリッヒはいまだ十三歳の半ばでしかなかったが、これらの「学校《スコラ》」で学びつづけることは許されなくなる。その年の六月、叔父のフィリップが殺された。ドイツの地で十年もの間つづいていた皇帝派《ギベリン》と法王派《グェルフィ》の抗争が、法王派の勝利で終わったことを意味する。だが、この終わり方はフリードリッヒに、彼の終わりまでは意味しなかった。劣勢が決定的になったとはいえいまだドイツでは強力な勢力であった皇帝派の諸侯たちの視線が、ホーエンシュタウヘン一門の唯一の生き残りである十三歳に、あらためてそそがれることになったからである。

独立宣言

その年の十二月二十六日、十四歳になったフリードリッヒは成人に達したことを自ら宣言する。早くても十五歳、遅れたとしても十六歳か十七歳で成人式をしてもらうのが世の常だったが、十四歳になったとたんに勝手に成人を宣言し、これからはすべて自分でやると公表したのである。

後見人であるインノケンティウス三世も不意を突かれたろうが、それを知らされても法王は機嫌を悪くしなかった。側近には、次のように語ったという。

「彼の場合は、能力の歩みは年齢の歩みよりも早かったようだね。少年期から一気に高度の認識力が求められる年頃に突入したようだから」

しかし、法王もこうは鷹揚にかまえているわけにはいかなくなる。成人宣言から一ヵ月も過ぎないという一二〇九年の一月。いまだ十四歳でしかないシチリア王は、権威権力とも「太陽」と見なされていた四十九歳のローマ法王に盾突く行動に出てきたからである。パレルモの大司教の後任を選ぶに際し、法王が推挙してきた三人の聖職者の中から選ぶのを拒否したのだった。

これは実は、中世をゆるがせた叙任権をめぐる抗争の根幹にふれないではすまない大問題である。聖職者は、ローマ法王に任命権があるのか、それともその聖職者が聖務に従事する地を治める王にあるのか、という問題であるからだ。だがこのときは、インノケンティウス三世の対応は穏やかだった。フリードリッヒに送ってきた法王の手紙には、今回の若き王の態度は王のまわりにいる側近たちの無思慮によったのであろうから許そう、とあったからである。フリードリッヒのほうも、ここで一気に突っ走るよりも、一歩後退するほうを選んだので、ローマ法王とフリードリッヒの衝突の第一回になりかねなかったこのときの対立は表面化しないままに解消した。

若き日のフリードリッヒと従者たち

それでも法王は、暴れ馬になりきらないうちに手綱をつけてしまう必要は感じたらしい。この事故の一ヵ月後に早くも、フリードリッヒに結婚するよう推《すす》め、それだけでなく相手まで決めてしまった。妻になる人はアラゴン王の息女で、ハンガリーの王に嫁いでいたのが夫に死なれ、唯一得た息子にも死なれてスペインにもどっていた人だった。年齢は、フリードリッヒよりは十歳の年長になる。十四歳のシチリア王は、法王が手はずを整えたこの結婚話を受け容れた。

結婚式はその年の八月十五日に、パレルモの主教会《カテドラル》で壮麗に挙行された。八月十五日は聖母マリアの昇天を祝う祭日なので、キリスト教世界ではその日に重要な儀式を行うことが多い。同時代の記録では、兄に伴われてスペインからシチリアに嫁いできた花嫁については何も書いていないが、花嫁が持参金代わりに連れてきた五百人の騎士については書き残している。まるでフリードリッヒの関心が、花嫁よりもこの五百騎にあったとでも言うかのように。実際、それは事実であったのだが。

だが、名もコスタンツァでフリードリッヒの母と同じだったこのアラゴン家の王女は、法王の期待した「手綱」にはなれなかったが、フリードリッヒにとっては良き伴侶でありつづけた女人であった。自らも人生の苦を味わったせいか、緊張の解けない日々を送る若い夫の心を、優しく穏やかに包みこむことによって解きほぐせたのかもしれなかった。二年後には、フリードリッヒにとっては初めての男子を出産する。

アラゴン家の王女が持参金代わりに持ってきた五百人の騎士は、勝手に成人入りを宣言し、これからは自分ですべてを決めると宣言したフリードリッヒにとっては、どこかの領地よりも重要であったろう。なぜなら、成人宣言直後のこの時期、フリードリッヒは、長年にわたって無政府状態にあったシチリア王国に王の直接統治による秩序を回復するという、大変な難事業に着手していたからである。無政府状態とは、王国内の封建領主たちがそれぞれ勝手に振舞っていたから起った状態だが、その結果、王国の国庫には税金が入らなくなり、当然ながら王の使える軍事力も無いに等しい状態になっていた。五百騎が、ありがたかったわけである。

ちなみに、王の直接統治によって王国の秩序回復を期す、とは言っても具体的には、それが機能していたグイエルモ二世の統治時代（一一七一年から一一八九年）にまでもどって、諸侯たちの領地を再検討することから始めねばならない。もどすと言っても、二十年前にまでもどすということになる。なにしろこの二十年のうちで王による統治が曲がりなりにも機能していたのは、フリードリッヒの父が統治していた三年間とその死後の母による一年間の統治の計四年足らずでしかなく、その後にはフリードリッヒの未成年時代の十年間がつづく。つまり、南伊とシチリア島から成る「シチリア王国」は、二十年間のほとんどが、封建諸侯たちの天下であったということだ。

それをフリードリッヒは、再検討したうえで再編成すると宣言したのである。当然、ドイツ派イタリア派の別なく、既得権者である封建諸侯たちは大反対する。十四歳のフリードリッヒがやろうとしていたのが大変な難事業にならざるをえないのも、この「二十年」ゆえであったのだった。

それでもフリードリッヒは、結婚式の二週間後には早くも、諸侯の領地の再検討には欠かせない、王国各地への視察行に出発している。護衛兵たちは連れていた。しかし、反対派による敵対行為は充分に予想できたのだから、リスクは覚悟しての行動であった。

ライヴァル・オットー

一方、ローマにいる法王インノケンティウス三世は、そんなフリードリッヒは眼中にも入れていないかのような行動に出ていた。それまでは非公式に成されていたザクセン公オットーへの支援を、公式な支援に転換したのである。長年にわたってオットーの敵であった、フリードリッヒには叔父にあたるフィリップが暗殺されてしまったので残ったオットーを選ぶしかなかったのだが、ザクセン公オットーは法王派《グェルフィ》の頭目だ。そのオットーがイタリアにまで食指をのばし、シチリア王国をも手中にすることで中部イタリアに位置する法王庁領土を、北と南からはさみ討ちにするような行動に出るはずはない、と予想したのだった。ドイツとイタリアがただ一人の君主の手に帰すことくらい、ローマ法王にとっての悪夢もなかったのである。

一二〇九年の十月、ローマでは、ドイツから南下してきたオットーを迎えて、法王による神聖ローマ帝国皇帝の戴冠式が行われていた。法王インノケンティウス三世も、これで正式に皇帝になったオットーの年齢が二十七歳と若いところから、しばらくはこの状態でつづくと思っていたにちがいない。北のドイツはオットーが、南のシチリア王国はフリードリッヒで、その中間に位置するローマもこれで安泰だ、と。分離して統治せよ、とは、古代ローマの統治原則であり、戴冠式の前に法王は、オットーから、イタリアには手を出さないという約束をとりつけていた。

ところが、戴冠式を済ませるやいなや、新皇帝オットーはその約束を忘れた。忘れたというよりも、まとっていた羊の皮を脱ぎ捨てて狼にもどった、としたほうが適切かもしれない。新皇帝の野心はまず、法王庁領土の北と境を接するトスカーナ地方に向けられる。しかもすぐつづいて、シチリア王国の領土である南イタリアにまで軍を進めてきたのだった。

このオットーに法王は激怒したというが、ローマ法王は自前の軍勢を持っていない。宗教上の組織が軍事力をもつわけにはいかないからだが、宗教組織ゆえの「武器」は持っていた。そしてそれが、オットーの軍勢に自領の北に位置するカプア、ナポリ、サレルノ、アマルフィと次々に占拠され、絶体絶命の状態になっていたフリードリッヒを救ったのである。

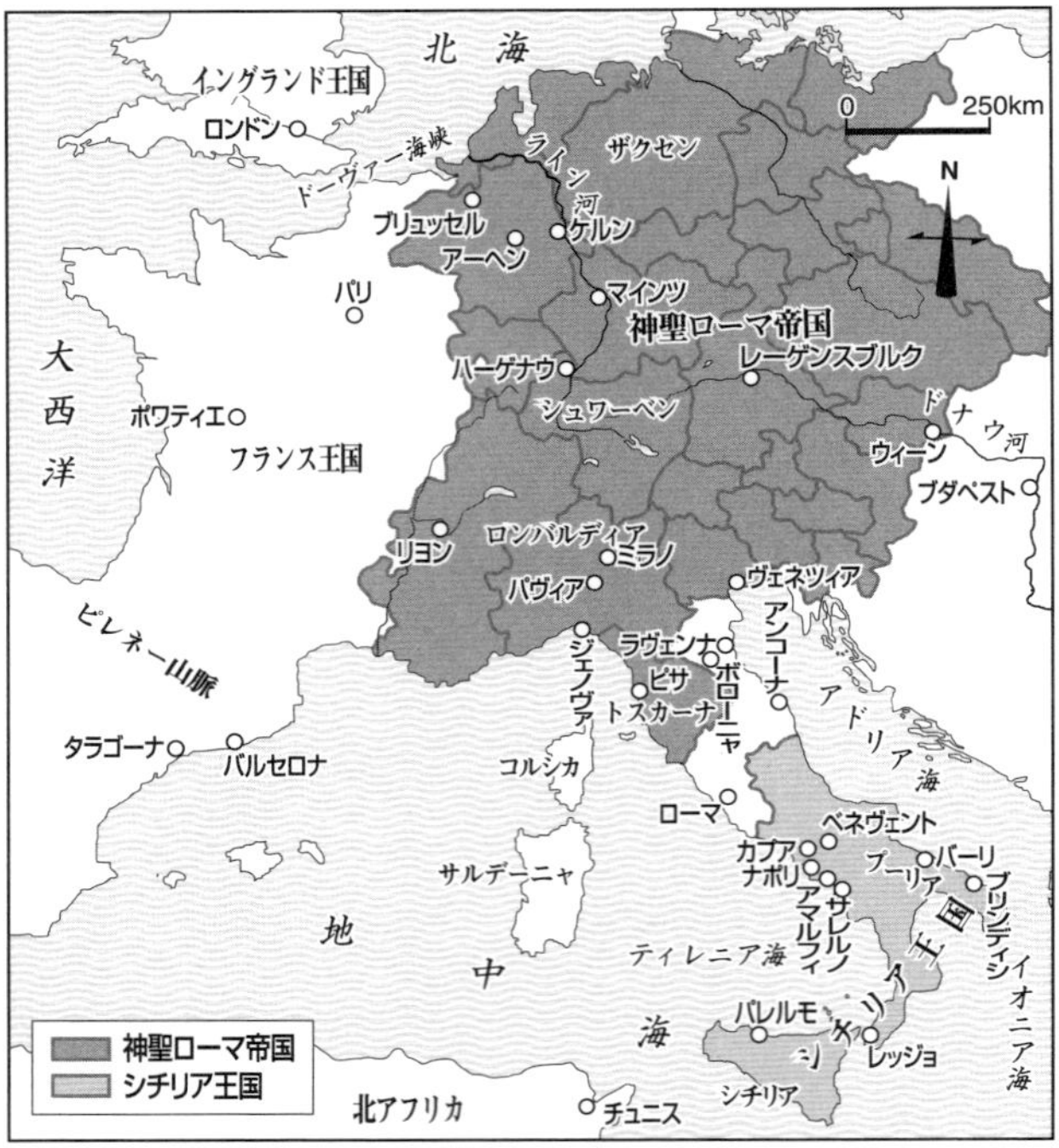

13世紀初頭のヨーロッパ

年が代わった一二一〇年の十月、ローマ法王インノケンティウス三世による、神聖ローマ帝国皇帝オットー四世に対する破門が公表された。

その破門が、法王がオットーの約束違反に激怒してから一年も過ぎた後で成された理由は、第一に、オットーに代える人の人選に手間どったこと、第二に法王庁が、イタリア半島に留まって勝手放題をしているオットーの軍勢を怖れていたことにつきる。それでも法王は、「太陽」であることの権威にかけても「月」に対して断固たる処置に出る必要があったのだ。

とはいえ、このときの破門は、すぐには効果をもたらさなかった。破門などは気にしないとでもいうように、オットーは、ローマ時代からの古都カプアで南欧の穏やかな冬を満喫していたし、法王がオットーという馬から乗り換えるつもりになっていたフリードリッヒは、同じく南欧にいながら温暖な冬を満喫するどころか、自国の防衛に奔走する日々を送っていたからである。

そのオットーが軍勢とともにドイツにもどって行ったのは、ローマで戴冠してから二年後、破門されてから一年後の一二一一年になってからだった。破門による影響を、気にし始めたからではない。ドイツの地で広まり始めていた反オットーへの動きを、無視できなくなったからである。この人は、武将としてはなかなかの能力の持主だったが、なぜか諸侯にも兵士にも人気がなかった。縁つづきにあったことからも少年時代のオットーの憧れの人であったという英国のリチャード獅子心王が、諸侯から兵卒に至るまで人気が高かったのとは反対に。

ベラルドとの出会い

オットーからフリードリッヒに乗り換えた法王インノケンティウスだが、乗り換えはしたものの十六歳ではやはり心もとなかったのかもしれない。破門されたにかかわらずオットーがまだイタリア半島に居坐りつづけていた一二一一年の春、ある人物を相談役にするようフリードリッヒに推めてきたのである。

その人の名は、ベラルド・カスタッカ。中部イタリアのアブルッツォ地方の貴族の出身だが聖職界に身を置く人で、この時期は南伊にあるバーリの大司教の地位にあった。相談役ならば王のそば近くにいるべきと思ったのか、法王はまもなくこの人を、パレルモの大司教に任地換えしている。ゆえにこれ以後は、「パレルモの大司教ベラルド」が、この人の歴史上の名になる。

法王の真意は、大司教ベラルドを通してフリードリッヒをコントロール下に置くことにあった。初めて会ったときの二人の年齢が、フリードリッヒは十六歳で、ベラルドは三十三歳であったから、年齢的にもお目附け役には最適であったのだ。また、当時からすでに、大司教ベラルドの知見の高さは広く知られていた。

この人をそば近くに配せば、何ごとも御しがたい奔馬《ほんば》のコントロールも可能になると思ったのだろう。だが、法王の期待はほとんどすぐに裏切られた。三十三歳が十六歳に何を見い出したのかは、大司教が何も書き残していないのでわからない。はっきりしているのは、これ以後のフリードリッヒの生涯を通じてのこのうえなき伴走者になるのが、パレルモの大司教ベラルドになるということである。この一年後から始まる、冒険行としてもよいほどに先の見えなかったドイツ行きを決行するフリードリッヒに、当初から行動を共にしたのもベラルドであった。

第二章　十七歳にして起《た》つ

ようやくイタリアを後にドイツにもどって行ってくれたオットーと入れ代わるようにして、一二一二年と年が代わった一月、ドイツからの一行がフリードリッヒの許《もと》を訪れた。いずれも反オットー派の面々で、彼らはフリードリッヒに、ドイツに来るよう求めたのである。ニュールンベルグに集まった反オットー派の諸侯たちが自分たちの皇帝としてフリードリッヒを選んだから、それを受け、それを確実にするためにドイツに来られたし、という要請だ。

ザクセン地方を本拠にするオットーの地盤が北部ドイツであったのに対し、ホーエンシュタウヘン一門の地盤は南西部のドイツにある。南のドイツが北のドイツに反撥したというより、オットーの乱暴で強圧的な統治に、もともとからして肌が合わなかった南西部が反撥し、オットーに代わる皇帝にフリードリッヒを選び出し、その彼に自分たちのリーダーになるよう求めてきたということであった。

祖父も父も、皇帝に即位し皇帝として死んでいる。自分がその後を継ぐのは、フリードリッヒにしてみれば当然の権利であった。だが、即・快諾、にならなかったのは、多くの障害が立ちふさがっていたからである。

第一に、王の直接統治によるシチリア王国の再編成という当初の目標が、いっこうに進んでいなかった。オットーの南下は、本音は既得権を守りたいだけの封建諸侯たちに、各自の領地の防衛が最優先するという格好の大義名分を与えていたからである。具体的には、フリードリッヒの命じてきた城塞の返還に応じなくなっていた、ということであった。

第二は、直接統治の実現が遠のいた結果にしろ、フリードリッヒのカネなし兵なしの状態はあい変わらずであったということだ。妻が持参金代わりに持ってきた五百の騎兵は、慣れない地での激務ゆえか疫病にかかってその多くが死んでいた。

しかし、ドイツからの要請を、受諾しなかったり先送りした場合のデメリットも大きかったのである。

第一に、現時点では法王から破門されたり諸侯たちに反旗をひるがえされたりして守勢に立っているオットーだが、まだ三十歳と若い。フリードリッヒがドイツ行きを延期したりすれば、その間に勢力を挽回する可能性は高かった。

第二は、足もとが堅固になっていない状態でドイツ行きを決行できるのか、という問題である。だが、王の直接統治によるシチリア王国の再編成という、既得権階級と激突すること必至の難事業が、いつになれば実現するかの見こみはなかった。

十七歳は決めたのである。フリードリッヒは、足もとを固めたうえで次の一歩を踏み出すのではなく、まずは一歩を踏み出すほうを優先し、それが成った段階で足もとの問題の解決にもどる、とでも考えたのかもしれない。こうして十七歳による、〝ないないづくし〟下での冒険行はスタートすることになったのだが、実際に旅立つ前にやっておくべきことがまだあった。

法王インノケンティウス三世

十七歳で飛び立とうとしていたフリードリッヒにとって、無視は許されなかったこの時期の重要人物は次の四人であった。

ザクセン公オットー　三十歳
法王インノケンティウス　五十二歳

英国王ジョン　四十五歳
フランス王フィリップ　四十七歳

法王インノケンティウスはオットーを破門に処したくらいだから、法王にとってオットーは敵になる。そのオットーは、伯父にあたる英国王のジョンと同盟関係にあった。そのジョンだが、フランス王のフィリップと、フランス内にある英国王の領土をめぐって敵対関係をつづけている。そして、フランス王の領土の東側は、フリードリッヒのドイツでの地盤になりうる南西部ドイツと境を接していた。それゆえ論理的にも、フランス内から英国勢力を追い出すことに執念を燃やすフランス王と、英国王と結んだオットーを破門した法王は、利害が一致する、つまり「味方」の関係になっていたのである。

フリードリッヒのドイツ行きの目的は、ドイツの諸侯たちが提供する皇帝位を確実なものにすることにある。それには、ドイツ南西部に広がるホーエンシュタウヘン一門の領土の再復が欠かせない。そしてそれには、すぐ西隣りにいるフランスとの関係を良好にする必要がある。十七歳は、オットーから彼に乗り換えたことで示した法王の彼への支持を、より堅固にする策を優先することにしたのだった。

しかし、歴代のローマ法王にとっての悪夢が、ドイツのある北方とシチリア王国のある南方が、同一君主に支配される事態になることであり、それを避けるためならば何であろうとやる人々であることも知っていた。だが、今、シチリア王である自分はドイツ諸侯の招聘《しょうへい》を受けて、皇帝の地位を確かなものにするためにドイツに向けて発とうとしている。ローマ法王から悪夢の原因をとり除き、そのローマ法王からの彼への支持をより確固としたものにするには、やることは一つしかなかった。

ドイツからの使節を引見してから二ヵ月後、パレルモの主教会《カテドラル》で、一歳の誕生日を迎えたばかりの嫡男エンリコ、ドイツ語読みならばハインリッヒが、父フリードリッヒと母のコスタンツァの列席のもと、シチリア王国の王に即位したのである。これで、皇帝位と王位は別々の人が占める、という形になった。一歳の王の代わりに王国の統治を行う摂政には妻のコスタンツァを任命し、その彼女をささえる行政府の陣容を整えることは、すでにやり終えている。息子の即位式が、これらの事前準備の最後を締める行事であったわけだ。この即位式の二週間後、すでにフリードリッヒは北に向う船の上にいた。

なにしろ、ないないづくしでの旅立ちなので、皇帝位を受けに行く人というのに随行者もあきれるほどに少ない。ドイツから来た使節もふくめて、また大司教ベラルドを加えても、たったの七人である。この他に二人が随行したが、彼ら二人の仕事は秘書から書記から何もかもで、随行者に加えるわけにはいかない。いくら何でも護衛役の兵士は従っていたと思うが、当時のどの記録もそれについてはふれていないので、ふれるに値する数ではなかったということだろう。

しかも、フリードリッヒを乗せて北に向う船からして、自前の船ではなかった。この時期のシチリア王国には海軍はおろか商船団さえもなかったので、海洋都市国家のジェノヴァの船に乗るしかなかったのである。

ただし、この時期のジェノヴァは同じ海洋都市国家仲間のピサとの間で戦闘関係にあった。それでジェノヴァ船の船長はフリードリッヒとその一行を乗せることは承知したものの、フリードリッヒの望むローマまでは行けないという。途中のガエタの港で降ろすから、そこからローマまでは陸路を行ってくれ、というのだ。ローマ近海からピサまでの間の海域はピサ海軍の制海権海域なので、ジェノヴァ船では乗客の安全を保証できないというのだった。

というわけで途中のガエタで降ろされてしまったフリードリッヒだが、幸いにもガエタの住民たちはシチリア王国に良い感情を持っていた。それで、彼らが提供してくれた船でローマの外港オスティアまで行くことができたのである。盗賊の出没が日常茶飯事になっている陸上の旅は、避けることができたのだった。こうして、シチリアを後にしてから二週間後の四月、フリードリッヒとその一行はローマ入りを果たす。少人数の一行の先頭に立って入ってくる若いフリードリッヒを、それでもローマの民衆は歓声で迎えた。

法王インノケンティウス三世との初対面は、復活祭の当日に実現する。十四年前に母を亡くした年から、この法王がフリードリッヒの後見人になっている。五十二歳になっていた法王はこのとき初めて、自分が親代わりということになっていた孤児の成長した姿を見たことになる。

印象は、大変に良かったらしい。フリードリッヒには会った人をたちまち魅了してしまう才能があったが、法王インノケンティウス三世も、中世の権化とされているにしては意外にも、時代の先を見る若者に対して敏感なところがあった。

この二年前、二十八歳だったフランチェスコ率いる修道会を公認したのは、法王インノケンティウスである。愛と貧しさを説くことで当時のキリスト教会とは反対の方向に進んでいたのが、アッシジのフランチェスコであった。もしもローマ法王によって反カトリック的と断じられていたならば、フランチェスコとその彼に従う若者たちは火あぶりにされていたかもしれないのである。それなのに、当時のキリスト教会の最高位者は、この若者たちの集団を公式に認めたのだ。聖フランチェスコ修道会のその後の発展に、強力な後押しを与えたということでもあった。

思えば皮肉だが、アッシジのフランチェスコと皇帝フリードリッヒ二世という、中世に生れながらルネサンスの先駆者になる二人ともが、中世そのものという感じのこの法王に認められたことで飛躍の機会をつかんだのだから面白い。

そして、インノケンティウスが十七歳のフリードリッヒに与えた援助も、フランチェスコの場合と同じに、この若者が今現在最も必要としているもの、であったのだからなおのこと面白い。フリードリッヒの場合のそれは、法王からの彼への強力な支持を公文書にして各国の君主や各地の大司教に送ることと、ないないづくしの十七歳にとっては何よりもありがたかったにちがいない、金銭上の援助であった。

法王はフリードリッヒに、ローマ滞在中の費用はもとよりのこと、ローマを発ってドイツ入りするまでに必要な全費用まで援助したのである。ただし法王庁は、支援のカネを用立てるのと借金を取り立てることは別ものと思っていたらしく、成年までの十年間の法王による後見料は払うよう求めた。黄金三百十八キログラムという莫大な金額だったが、フリードリッヒはそれを、自国内の一地方であるフォンディの領地と交換することで話を終らせてしまう。生涯最初の大勝負に出るというのに、借金支払いをめぐる交渉のようなことで行動がストップされる事態を避けたのであった。

それでも法王インノケンティウス三世は、十七歳には優しかったのだ。ローマから北イタリアまで彼を乗せていくジェノヴァ船に、法王の旗をかかげて航海することを認めたのだから。これでは、いかにジェノヴァとは犬猿の仲にあるピサも手が出せなかった。おかげでフリードリッヒも、ピサの領海内であろうと安全に航海をつづけ、ジェノヴァの港に上陸できたのである。

だがここからは、ドイツに向うには陸路を行くしかない。その途中で出会う障害はアルプス山脈ではなく、アルプスの南側に広がる北イタリアにあった。そして、今度の障害は、盗賊の群れなどではなく、北イタリア一帯に点在する「コムーネ」、つまり自治都市を旗印にかかげる諸都市になるのだった。

ドイツへ

後にフランス人が輸入して「コミューン」と呼ぶことになる「コムーネ」(Comune)だが、もともとは地方自治体の意味しかない。それが中世では「自治都市」を意味するようになったのは、地方自治体規模の町でも「住民による自治」を旗印にかかげていたからである。とはいえ、旺盛な彼らの自治への情熱も、その本音は、誰にも規制されたくない、とくに税をいくら払うかについては誰であろうと口を出すのは拒否する、にある。そして、このようなことに口を出すのは、法的には北部イタリアの統治権を持っていた、神聖ローマ帝国の皇帝だった。ゆえにこれら北イタリアの諸都市が、反皇帝派になったのである。

それがイコール法王派になったのは、経済人が主体のこれらのコムーネの住民が、特別に信仰心が厚かったからではない。経済人だから、比較すれば薄いほうに属する。それでも法王派を唱えるようになったのは、北伊に皇帝の勢力が確立するのを嫌ったローマ法王が、裏では支援を惜しまなかったからである。それに法王庁は経済人の集まりではないので、経済に口出しする能力もなかった。だがこれだからこそ、北伊のコムーネにとっては「法王派《グェルフィ》」を名乗ろうと、不都合はなかったのである。

「ロンバルディア同盟」(Lega Lombarda)と総称されるこれら北伊のコムーネは、代表的な都市をあげるだけでも次のようになる。

ミラノ、クレモナ、パルマ、ボローニャ、フェラーラ、ヴェローナ、ブレッシア。

ジェノヴァとヴェネツィアとピサは海洋都市国家として海外との通商が主力であったので、手工業と金融業で経済力を向上中の「ロンバルディア同盟」の諸都市とは同列には論じられなかったし、コムーネのほうも同類とは見ていなかった。

しかし、これら北伊の「コムーネ」が常に団結し共同歩調をとっていたのであったのならば、それはそれでよかったのだ。指揮系統が一本であれば、話し合う相手も一人ということだから、歩み寄りへの道も開かれる。ところが、「ロンバルディア同盟」の実体はまったくそうではなかった。

近くに位置しながらピサとジェノヴァは熾烈《しれつ》なライヴァル関係にあり、ジェノヴァはヴェネツィアとも抗争する関係にあったのに似て、ミラノは常にクレモナと仲が悪く、クレモナとボローニャが良い間柄になったこともなかったのである。中伊では、フィレンツェが近くにあるアレッツォを眼の仇にすれば、アレッツォはフィレンツェの近くにあるシエナと結ぶというわけだ。

しかも、この問題をさらにややこしくしていたのは、法王派《グェルフィ》を名乗る都市が常に法王派であり、反対に皇帝派《ギベリン》であれば一貫して皇帝派であるとはかぎらないという事情にあった。なにしろ同じコムーネ、つまり同じ都市内でさえも敵味方に分れ、互いに相手の追い落しを狙っていたのだから、シェークスピア作の『ロミオとジュリエット』そのままである。ロミオの属すモンタギュー家が皇帝派《ギベリン》であれば、ジュリエットの実家のキャプレット家は法王派《グェルフィ》になるのは確実だった。その結果、モンタギュー一門が支配をにぎればヴェローナは皇帝派《ギベリン》になり、反対にキャプレット家の天下になればヴェローナは法王派《グェルフィ》に変わる、ということになる。

この地方を地図で示す場合も、皇帝派と法王派を確定した形で示せない理由もここにあった。だが、この北イタリアを通過しないでは、ドイツに向えない。フリードリッヒにとってのこの年の北イタリアはただ単に通過するだけの地方にすぎなかったのだが、その通過さえ容易にはいかない理由もここにあったのだ。なにしろ、確実に皇帝派である都市を選んで旅しなければならなかったのだから。

その中でも反皇帝で一貫してきたのが、「ロンバルディア同盟」のリーダーと自他ともに認めるミラノである。ミラノは、「赤ひげ」と呼ばれた皇帝フリードリッヒ一世に徹底的な敗北を喫した過去があり、しかもその敗北を肝に銘じさせるとでもいうように、赤ひげの息子ハインリッヒとノルマン王朝の後継者のコスタンツァとのミラノの主教会《カテドラル》での挙式さえ耐えさせられたのである。ホーエンシュタウヘン一門に対するミラノ人の恨みは深く、フリードリッヒは、赤ひげの孫であり、ハインリッヒの息子なのであった。一二一二年のフリードリッヒの北伊横断も、単なる横断で済むわけがなかったのだ。

ジェノヴァからは北に道をとってミラノに向い、そのミラノの北にあるコモ湖を渡ることでアルプスを越えるのが、ドイツに向うには最も近道になる。だが、その道はとれない。フリードリッヒとその少人数の随行者たちは、ジェノヴァからはまずパヴィアに向う。この時期のパヴィアが皇帝派であったからだが、それゆえの大歓迎を受けたパヴィアを後にしてからは、北にあるミラノは避けながら道を東にとり、ミラノには気づかれないように注意しながら、これまた皇帝派であること確かなクレモナを目指す。だが、ミラノは、ジェノヴァに上陸してからのフリードリッヒの動静を追っていた。ミラノからも距離はあるがクレモナにもまだ距離がある、という地点に達していたフリードリッヒとその一行を、武装した一群の男たちが襲撃してきたのである。

フリードリッヒをふくめても、わずか十人の一行だ。全員が馬に鞭をくれ一目散に逃げたのだが、ミラノ側がこの地点でフリードリッヒを襲ってきたのは、ここで若者とその一行を拉致しようと考えたからだ。クレモナに入られてはそれができなくなるからだが、そこに行き着くには大河ポーの支流の一つのランブロ川を越えないと到達できない。

というわけで、一目散に逃げるフリードリッヒの前に、ランブロ川が立ちはだかる。ミラノとクレモナの関係を反映して、橋はかかっていない。渡し舟もない。十七歳は、

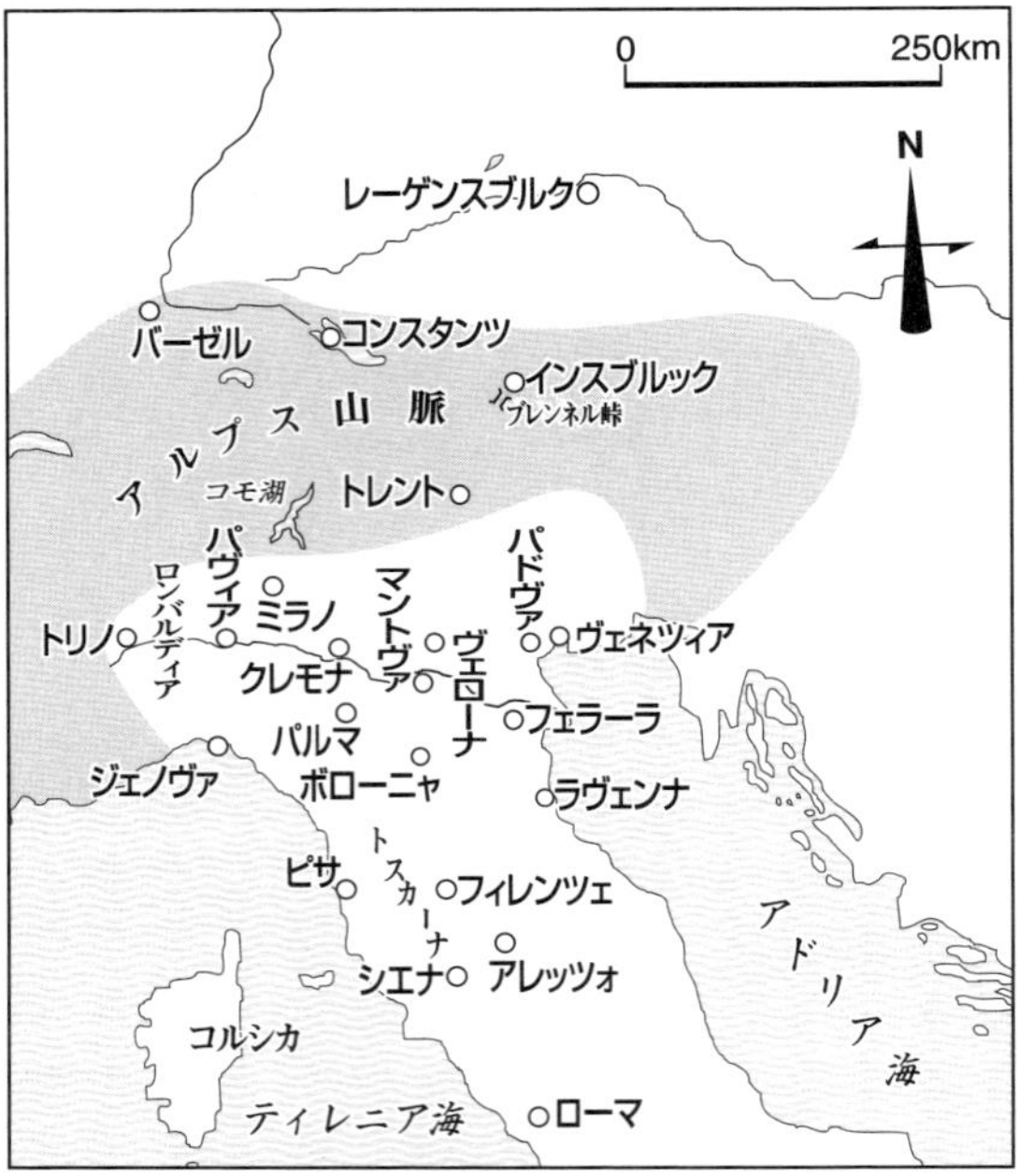

アルプス山脈と北イタリア周辺

馬もろとも川に乗り入れた。パレルモの大司教ベラルド以下の全員も、その彼につづく。幸いにも季節は、水量が少なくなる夏。水面に出ているのは馬と乗り手の上半身だけという状態だったが、追っ手をかわすことには成功したのである。

びしょ濡れのままでそれでもクレモナへの道を進むフリードリッヒとその一行は、ほどなくしてクレモナの方角から近づいてくる兵士の一団と出会した。ミラノが若き皇帝の動静を追っていたのだから、クレモナも追っていたのである。フリードリッヒの接近を知るや送り出していたクレモナ側の警備隊に、ランブロ川を渡った後で出会したというわけだった。この二日後、フリードリッヒはクレモナで、住民あげての大歓迎

を受けていた。

このクレモナを後にマントヴァとヴェローナを経由してトレントまでの旅は、妨害にも出会うことなく安全に消化した。いずれも皇帝派を名乗る都市を、選んでの旅であったからだ。トレントからは、アルプス越えに入る。その頂上にあるブレンネル峠を越えれば、そこはもうドイツだ。ところが、そのトレント滞在中にフリードリッヒが受けたのは、ドイツ内の法王派がブレンネル峠で待ち伏せしている、というものであった。

ここでまた、逃避行再開である。ブレンネル峠を越えていく古代ローマ時代からの幹線路からは大きく迂回し、まるで密輸業者のように、二十一世紀の今ならば不法入国者のように、森の中を進む細い道を伝って行くことで、アルプス山脈を越えたのである。八月のことであったから、学者たちでさえ「大胆不敵な冒険行」と呼ぶこの旅も、十七歳ではさしたる苦も感じないでできたのかもしれない。シチリアを後にしてから、すでに六ヵ月が過ぎていた。

「プーリアの少年」

八百年昔に遡ればフリードリッヒの領国であった南イタリアのプーリア地方で産する葡萄酒の一つに、「Puer Apriae」(プエル・アプリアエ)と名づけられた一本がある。フランスはボルドーで産する高級品に比べれば地酒と言うしかない赤だが、モーゼル産の白を飲み慣れた人が飲んだら足をすくわれるのではないかと心配してしまうくらいに、豊潤で強烈な酒である。

八百年昔のドイツ人にとって、プーリアと言えば南イタリアのことであった。その地で生れ育ったフリードリッヒは、ドイツ人の血を引いていようとあくまでも「プーリアの少年」であったのである。

ザクセン公オットーは、それまではフリードリッヒの存在などは問題にもしていなかったのである。だが、そのオットーも、眼を開かざるをえなくなる。事態の進展がこうも早くとは予想していなかっただけに、この若いライヴァルのドイツ入りにはさすがに気を引き締めざるをえなかったようであった。ブレンネル峠での妨害も失敗に終わったと知ったオットーは、フリードリッヒはまずはコンスタンツに向うと見る。それでコンスタンツに先まわりし、そこで彼自らがフリードリッヒの前に立ちはだかると決めたのである。

ところが、十七歳のほうが早かった。わずか二時間の差で、オットーは遅れをとってしまったのだ。早くもコンスタンツ入りを果していたフリードリッヒを、城壁の外から見ることになってしまう。なぜなら「プーリアの少年《プエル》」はオットーの前に城門を閉ざさせ、実力を行使してもこれを破って入るか、それとも退《ひ》くか、を突きつけてきたからだった。オットーは、退くしかなかった。

このコンスタンツで冒険行の疲れを癒やし、眼前に広がる美しい湖を眺めながらの日々を過ごすなどは、フリードリッヒは考えもしなかったらしい。ドイツの地を踏んで以後の情況は彼に有利に進んでいたが、諸侯の来訪を坐って待っていられる状態ではなかった。これら諸侯の表明する彼への支持を確実にするには、彼のほうから諸侯のところに出向いて行くしかない。バーゼルへ向ったのも、ライン河上流一帯を領する諸侯の支持を確かにするためであったのだ。

この「戦略」は成功する。若い、それでいて皇統を継ぐ人にふさわしい品位と振舞の「プーリアから来た少年」は、ドイツの有力者たちを魅了した。彼らはあらためて、眼の前にいる十七歳が、二十二年昔に十字軍遠征中にオリエントで死んだ、皇帝フリードリッヒ一世の直孫であることを思い出したのである。赤ひげの愛称で親しまれたこの皇帝は、ドイツ人にとっては、思い出すも誇らしい、最も皇帝らしい皇帝であったからだった。

しかし、忘れてはならないことは、この時期のフリードリッヒは、祖父が持っていたパワーさえも持たない身で、支持者獲得を進めねばならない状態にいた、ということである。つまり、軍事力を背景にして、ではなかったということだ。したくても持っていなかったからだが、それゆえにかえって、ドイツの有力者たちがフリードリッヒに見たのは、軍事力を前面に立てないでも秩序回復を実現できるリーダー、であった。

これには、同行していたパレルモの大司教ベラルドもおおいに力を発揮する。大司教は、ローマ法王のフリードリッヒへの支援と好意を強調し、フリードリッヒの教養の高さと公正な統治への意欲を、ドイツの有力者たちに説いてまわった。このことは自然に、粗野で高圧的で、教養ある人の証《あか》しでもあったラテン語はおろかドイツ語さえも駆使できなかったオットーを、これらの人々に思い起させることにつながったのである。

また、税という形にしろ取り上げることしかしてこなかったオットーとは反対に、フリードリッヒは、あいも変わらずの金欠状態にありながら、取りあげるよりも与えるほうが重要だということをことあるごとに示す。要するに彼らが享受してきた既得権を気前良く認めたということだが、ドイツではとくに、封建諸侯も大司教も、自領を持つ領主であることでは変わりはない。ゆえに「プーリアから来た少年」の示す寛容路線が、彼らから歓迎されたのも当然であった。

こうして、バーゼルで一仕事終えた後は、ライン河の流れに沿って北を目指す。十二月の初めには、フランクフルト入りを果していた。その地で、高位の聖職者でありながら一貫して反法王派であった、大司教ジーグフリードと出会う。四日後、マインツの主教会《カテドラル》で、この人の手から皇帝の冠を受けた。礼装に身を包んだ大司教ジーグフリードは、厳かに響くラテン語で、「フリードリッヒ、神の恩寵《おんちょう》によって皇帝に、同時にシチリアの王に」と言いながら、皇帝の礼装でひざまずくフリードリッヒの頭上に、帝冠を置いたのである。

ドイツとイタリアが唯一人の君主の手に帰すくらいの悪夢はないと思っているローマの法王が聴いたら、卒倒しかねなかったろう。だが、この時代のニュースの伝達速度は、ドイツとイタリアの間でさえも一ヵ月はかかる。その間に、法王が卒倒しない程度の対策は立てられるのであった。

マインツでの帝冠授与式に、早くも反応してきたのがフランスの王である。マインツとローマよりもマインツとパリのほうが距離的にも近いから、ニュースもより早く伝わったのだろう。だが、フランス王のいち早い反応の理由は、それだけではなかった。

フランス王フィリップ二世

フランス王フィリップ二世は、その時期は四十七歳だったが、十五歳の年からフランスの王位にある。つまりこの時期は老練な政治家ということで、それはイコール、政治的感覚が鋭いということだ。

ただし、軍事面の才能は、政治上の才能に反比例するかのように低かった。おかげで、武将としては衆に秀でたリチャードが英国王であった時代は、フランスはイギリスに敗れてばかりいたのである。だが、「獅子心王」と呼ばれたリチャードも、三年前に戦死している。そしてその後の英国の王位には、リチャードの弟でありながら軍事上の能力は、その面ではからきしダメなフィリップにさえも劣る、ジョンが就いていたのである。

老練なフィリップは、今こそフランス内からの英国勢一掃の好機と考える。そして、その彼のカンは正しかった。ただし、不安材料が一つある。ジョンの側に、軍事面ではなかなかの能力のある、オットーがついていることだった。フリードリッヒの支持者獲得作戦が相当な効果を上げつつあるドイツの現状は、そのフィリップにとって、オットーの力を削ぐ好機と映ったのである。

フランス王との共闘は、フリードリッヒにとっても望むところであった。王も、長男のルイをフリードリッヒとの会談に送ってくる。そのルイとの会談で、ドイツとフランスの同盟は成立した。これでフリードリッヒは、オットーを追いつめることだけに専念できることになった。

面白いのは、現実的な政治家であったフィリップはフリードリッヒの金欠状態を知っていたらしく、同盟相手の支度金とでもいう感じの、二万マルクもの銀貨を贈ってきたことである。だがこのカネもフリードリッヒは、自軍を創設するためには使わず、言葉だけではその支持を確実にするまでには至らなかった、封建諸侯の買収工作に使ってしまった。だがこれがまた、若き皇帝の平和的な印象を、強めるのに役立ったのである。この面でのフリードリッヒの鷹揚さは、なおのことオットーの強欲さと比べて噂されるまでになっていた。「プーリアの少年《フェル・アプリアエ》」は、十七歳でありながら、広報宣伝の重要さも知っていたようである。

シチリアを後にドイツに向うと決めたときにフリードリッヒの頭にあったのは、

第一に、ローマに立ち寄って、法王インノケンティウス三世の彼への支持を確実にすることであり、

第二は、反オットーでそれゆえに皇帝派が優勢な南西ドイツを巡回することで、封建諸侯と大司教というこの地方の有力者たちの支持を確実にしていくこと。

そして第三は、この地方と境を接しているだけでなく、リチャード獅子心王亡き後のヨーロッパでは最も強力になりつつあったフランスの王を味方につけること、であった。

この三つともをフリードリッヒは、一二一二年の三月半ばから同じ年の十二月半ばまでという、わずか九ヵ月の間に成し遂げたのである。数多くの妨害に会いながらも、十八歳の誕生日が訪れる前にやりとげたのであった。

ただし、切り開いたのは道でしかない。その道をより充分に機能させるには舗装の必要がまだあったが、それを行うのはこれ以後の彼の仕事になる。そして、この意味での舗装工事を充全にしていくこと自体が、そのまま敵オットーの追い落しにつながっていくのだった。

ライン河上流一帯では最も重要な都市ストラスブールから三十キロ北に行ったところに、ドイツ語ではハーゲナウ（Haguenau）という名の町がある。アルザス地方の北に位置し、十七世紀からはフランス領に変わるので、それからは名もフランス語読みに変わって「アグノー」と呼ばれるようになる。だが、中世時代

はドイツ領で、皇帝たちの居城を中心に生れた町だった。

ライン河には二十キロほど離れているが、支流の一つのモーゼル川はすぐそばを流れている。広大な森に囲まれ、平野にありながら丘陵も点在するという、狩りを楽しむには最適の地であった。百年も前からホーエンシュタウヘン家の領土で、城も、赤ひげ皇帝の時代に大幅に増築されている。

だが、このハーゲナウが一般の人々の眼にも、神聖ローマ帝国皇帝の居城と見なされるようになるのは、フリードリッヒによってであった。彼はここを、単なる狩りのための城ではなく、統治機構のすべてが入りしかも充分に機能できるように改造する。もちろん、少年の頃から狩りには眼がない彼のことだ。ハーゲナウはその彼にとって、狩りへの情熱を全開できる地でもあったろう。このハーゲナウの城で、フリードリッヒは十八歳を迎えた。


中世とは、支配者が各地を巡回してはその地の有力者や領民の代表たちと会い、彼らの前に自らの肉体をさらすことで支配権を確実にしていた時代でもある。ハーゲナウが気に入ったからと言って、快適に住めるように改造したからと言って、そこに居つづけることは許されなかった。これ以後もフリードリッヒは、子供の頃の「じっとしていない」そのままにあちこちに出向き、そこで「ディエタ」(dieta)と呼ばれる会合を開くのをつづけることになる。

この「ディエタ」という言葉だが、辞書では神聖ローマ帝国時代の議会、と説明しているだけだが、フリードリッヒが「ディエタ」で顔を合わせるのは、後世のわれわれが考える議員ではない。その地の封建領主たちなのである。そして、十八歳を迎えて以後のフリードリッヒが召集する「ディエタ」の開催場所が、少しずつ北に移りつつあることもわかる。北部ドイツのザクセン地方を本拠にするオットーへの追いつめ作戦が、「ディエタ」開催という形をとりながらも始まっていたということであった。

だが、もしも今なお正式な皇帝は自分だと主張し、それゆえにフリードリッヒにとってはライヴァル・ナンバーワンであるオットーが、いまだ三十一歳という自分の年齢を直視し、あせらずにフリードリッヒとの正面対決のみに勝負を賭けていたならば、「プーリアからの少年」にとっての問題解決は遠のいていたであろうと思う。なにしろ、一度は考えたオットーの本拠地ブルンスヴィックに軍勢を派しての攻略も、あきらめねばならなかったのだ。フリードリッヒはまだ、軍事力と呼べる軍勢を持っていなかった。ところが、この強力なライヴァルは、自ら墓穴を掘る行動に出る。伯父でもある英国王ジョンの要請を断われなかったからでもあるが、フランス王を敵にまわすとわかっていながらそのジョンと同盟を結んだのはオットーであった。

「マグナ・カルタ」

一二一四年の七月、今ではベルギー国内でも当時はフランス領の北辺に位置していたブーヴィーヌ（Bouvines）の平原を舞台に、フランス王フィリップに対して英国王ジョンとドイツ皇帝オットーの同盟軍が対決した会戦は、フランス側の勝利で終わった。軍事の専門家から見れば興味をそそられること少ない戦闘だったが、政治上の、つまりは歴史上の、影響ならば大きかった会戦になった。

敗れたジョンはイギリスに逃げ帰ったので、フランス王フィリップ二世は、宿願であったノルマンディー地方からの英国勢の一掃を果たす。もう一人の敗者のオットーも、ザクセン地方に逃げ帰るしかなく、この会戦に勝利することで法王の下した破門を事実上無効にしようとした策も失敗に終わった。

反対に、フランスと同盟関係にあったフリードリッヒは、実際には参戦していなかったにかかわらず、勝者の一人になったのである。会戦終了後にフランス王は、敗走したオットーの荷の中にあった皇帝冠をフリードリッヒのもとに送るという、親切な配慮までした。フリードリッヒはこうして、真物の皇帝冠を初めて手にできたことになる。マインツのカテドラルで大司教ジーグフリードによって授けられた帝冠は、真物はオットーが持っていたので、それに似せて作らせた代用品であったのだから。

ブーヴィーヌで闘われた会戦が歴史上でも意味ある戦闘《バトル》になった理由のもう一つは、「マグナ・カルタ」（大憲章）誕生の起源になったことだ。敗れてイギリスに逃げ帰ったジョンを待っていたのは、今にも爆発しそうな英国民の不満だった。フランス王との戦費だからと高額な税を課されても我慢していた彼らだが、その結果がどう出たかを知れば我慢にも限度がある。もうこんな王には忠誠をつくす必要はないと、不服従をジョンに突きつけてきたのだった。要するに王ジョンは、配下のはずの諸侯から不信任されたということになる。

ジョンには、王権の縮小と諸侯の権利の拡大を明記した、「マグナ・カルタ」に調印するしかなかった。もしも五年前に死んだリチャードがいまだ英国の王であったとしたら、このようなことの要求などは一笑に付したであろうし、イギリス人がまず求めなかったであろう。

獅子心王リチャードはフランス王フィリップ相手に連戦連勝をつづけ、フランス内でのイギリスの領土は確固たるものでつづいていたのである。それがジョンの代になるや連戦連敗に変わり、果てはノルマンディー地方からさえも追い払われる始末。逃げ帰ったジョンに対して誰よりも先に忠誠の継続を拒否したのは、ノルマンディー地方に領地を持っていた封建諸侯であった。

「マグナ・カルタ」は歴史上では、市民の権利を支配者に認めさせた記念すべき成果、とされている。イギリスでは、デモクラシーへの第一歩、であったとさえ言われている。だが真相は、こうも能力に劣る人物をトップにいただきつづけていたのでは自分たちの将来は真暗だ、という危機感から出た行動の結果であったのだ。しかも、「大憲章」の中で当時の英国民が最も重視した条項は、これ以後は王といえども諸侯の同意がないかぎり、税金を上げることも新税を立ち上げることもできないと明記した項目である。「デモクラシーへの第一歩」もカネの問題から始まったことになるが、税金とはかくも重要な政治であることも教えてくれている。

なにしろ、「獅子心王」（Lion heart）の敬称づきで呼ばれたのはリチャードだったが、その弟ジョンにつけられた綽名は「失地王」（Lackland）である。あの時期の英国の王位にあったのが「失地王」でなければ、「市民の権利を支配者に認めさせた記念すべき成果」の実現も、もっと先のことになっていたかもしれないのだった。

ブーヴィーヌの戦闘が行われたのは、一二一四年の七月二十七日。

「マグナ・カルタ」が調印されたのは、一二一五年の六月十五日。

失意のうちにジョンが死んだのは、一二一六年の十月十八日。

日本では直訳で「大憲章」と訳している「Magna Charta」というラテン語だが、ラテン語の長女格になるイタリア語の発音は「マーニャ・カルタ」になる。だが、ラテン語でも日本ではドイツ語式の発音で定着しているようなのでここでもドイツ式に「マグナ・カルタ」と書くが、それが調印された一二一五年、このようなことを諸侯から要求されようものなら一笑に付したにちがいない人物がもう一人いた。その年には二十歳になっていた、フリードリッヒである。彼はこの若さですでに、自分が占める皇帝という地位が、何を責務として課されているかを明確に自覚していたのであった。

法王と皇帝

中世ヨーロッパのキリスト教世界は、二人の最高指導者の存在を認めていた。ローマ法王と神聖ローマ帝国皇帝である。

ローマ法王は、神の意を信者に伝えるとされている役割からもキリスト教会の最高位者であり、それによってキリスト教徒全員の精神上の指導者であるとされていたのだ。法王に背く者は破門に処されたのも、法王に背くことは神に背くことと同じ、と考えられていたからである。「精神上」ということは、当時では

「宗教上」ということであった。

一方の皇帝だが、皇帝でもオリエントの皇帝とはちがって、ヨーロッパにしか存在しなかった神聖ローマ帝国の皇帝である。ヨーロッパのキリスト教世界では、世俗界の最高位者、とされる存在だった。

言い換えれば、ローマ法王の責務が、信者たちが精神的ないし宗教的に安らかな生を送り安らかに死を迎えるのに責任をもつことにあるならば、皇帝の責務は、同じ信者が平和裡に生活でき、貧しさに苦しむことなく生きていけるよう努めること、にある。この二者に与えられた「権力」も、前者のそれが「聖権」で、後者は「俗権」と称されたのだから。

しかし、「聖権」と「俗権」に分れていようと、最高位者にのみ神が授けた権力、とされていたのが中世という時代でもある。それゆえ、ローマ法王も神聖ローマ帝国の皇帝も、世襲は認められていなかった。いずれも、選挙で選ばれる必要があった。

ローマ法王は、緋色の衣《ころも》の枢機卿たちの投票によって選ばれなければ、その中で一人だけ白衣を許される法王にはなれない。神聖ローマ帝国の皇帝も、「選帝侯」と呼ばれたドイツの有力諸侯たちに選ばれないかぎり、帝冠を頭上にすることはできないのである。

この点が、この二者と他の王侯たちとの最大のちがいだった。王権は、王の子に生れれば得ることのできる世襲の権利だが、ローマ法王と神聖ローマ帝国の皇帝だけは、地位は彼らより上とされていたことからも、世襲権ではなかったのである。

フリードリッヒがシチリア王国の王になれたのは、母方からの世襲権を行使したからである。この一点ならば、フランス王フィリップも英国王ジョンも同じだ。しかし、神聖ローマ帝国の皇帝になるには、祖父も父も皇帝であったということでは充分でなかった。彼自身が、選帝侯たちによって選出される必要があったのだ。

そのための選出はすでに、一二一一年の九月に成されていた。現皇帝であるオットーが法王に破門されたからという理由だけではない。これまでの彼の悪政に愛想をつかしていたドイツの諸侯がニュールンベルグに集まり、オットーに代わる皇帝としてフリードリッヒを選んだからである。

その知らせをフリードリッヒが受けたのは、一二一二年の一月になってからだった。そのとき初めて、フリードリッヒは、これまではシチリア王国の王だけであった自分が、祖父や父と同じに神聖ローマ帝国の皇帝になったことを知ったのである。

ゆえに、あの時期はまだ十七歳だったフリードリッヒは、ドイツに向って発つ前にすでに、自分が皇帝に選ばれたことを知っていたのだ。だがそれは、何もしないでも保てる地位ではなく、何よりも彼自身の努力によってしか確実にできない地位であった。なにしろ、ドイツにはオットーがまだ健在で、おとなしく皇帝位をフリードリッヒに譲るなどは、思いもしないでいたのだから。

そのオットーも、ブーヴィーヌでの敗北によってその持つ影響力を大幅に失っていた。だが、同盟関係にあった英国王ジョンがこうむったほどの、決定的な権力の失墜までには至っていなかった。ケルンから北のライン河下流地帯と祖先伝来の地であるザクセン地方は、確実に彼の手中にあった。しかも、いまだ三十二歳の若さ。捲土重来の可能性は充分にあったのである。

しかし、一度は後退しても再び盛り返せる才能は、年齢には関係のないものかもしれない。フリードリッヒがドイツ入りして以来、後退に後退を重ねたのはオットーのほうである。戦場で勝つのは主導権をにぎった側、と言ったのは古《いにしえ》のアレクサンダー大王だが、主導権をにぎらないと勝てないのは、戦場にかぎった話ではない。外交でも同じで、いまだオットーの本拠を攻略できる軍事力を持っていないフリードリッヒにとっては、今のところは外交の場だけが「戦場」だった。

アーヘンの誓い

現代ならばかぎりなくベルギーに近いドイツ領の西端になるが、ケルンから西に七十キロほど行ったところにアーヘン（Aachen）の町がある。中世にはラテン語風に「アクィスグラーナ」（Aquisgrana）と呼ばれていた町だが、この町は中世では、キリスト教徒が巡礼に行きたいと願っている地、イェルサレムやローマやスペインのサンチャゴ・コンポステーラに次ぐ巡礼地の一つとして知られていた。それは、このアーヘンが、神聖ローマ帝国の最初の皇帝として中世のキリスト教徒ならば誰でも知っていたシャルル・マーニュの終焉の地で、彼の遺体もこの地に埋葬されていたからである。

一二一五年、二十歳になっていたフリードリッヒは、このアーヘンに向う。七月二十五日、シャルル大帝の墓所を中心に建てられていたアーヘンの主教会《カテドラル》の中で、もはや親友の仲になっていたマインツの大司教ジーグフリードの手から、今度こそ真物の皇帝冠を授けられたのである。フリードリッヒの神聖ローマ帝国皇帝としての公式な始まりは、ホンモノの帝冠を頭上にしたこの日から始まる、とする研究者は多い。

アーヘンでの戴冠式の反響は、すぐに表われた。中部ドイツの諸侯たちが、オットーを見放してフリードリッヒの側についたのである。オットーは、後退に次ぐ後退をつづけるしかなかった。

戴冠式をアーヘンにまで出向いて挙行したのは、彼こそがシャルル・マーニュが創設した神聖ローマ帝国皇帝の正統な継承者であることを、ヨーロッパのキリスト教世界全体にアッピールするためであったのはもちろんだ。だが、このパフォーマンスの目的は、そのような「遠過去」を思い出させることだけにはなかった。「近過去」もあったのだ。フリードリッヒの祖父である赤ひげ皇帝も、四十年前にアーヘンで戴冠式を挙げていた。ドイツ人にとってはその死後も誇らしい存在でありつづける皇帝フリードリッヒ一世の直孫であることを示すのは、二十歳のフリードリッヒ二世にとって、何万の軍勢にも匹敵する効果を期待できたのである。

それゆえか、戴冠式の直後にアーヘンで、フリードリッヒは十字軍遠征を宣誓する。祖父の赤ひげも第三次十字軍でオリエントに向う途中で死に、父のハインリッヒも若死にしたから結局は実現できなかったが、シチリアの王位に就いた直後に十字軍遠征を宣誓している。第一次十字軍から百年余りが過ぎていたこの時代、胸に赤い十字をつけた軍装でオリエントに遠征するのはヨーロッパの諸侯の家業のようになっていたのだが、皇帝や王でもそれは変わりはなかった。

ただし、アーヘンでのフリードリッヒは、帝冠を頭上にしたばかりの二十歳だ。それに、何もこの時点で宣誓しなければならない状態にはなかった。アーヘンで戴冠式を挙げる条件に、十字軍遠征があったわけでもない。また、ローマにいる法王インノケンティウス三世からも、そのようなことの要請はなかった。アーヘンでの十字軍遠征宣誓は、フリードリッヒが自分で決めて決行したことなのである。

後年のフリードリッヒの十字軍遠征に対する考えを知っていれば、後世の研究者がそろいもそろって、なぜあの時点で宣誓をしたのか、と問うのも当然だ。だが、この人たちも答えを出せないでいる。ゆえに想像するしかないのだが、研究者の一人は、シャルル大帝の墓所を前にして行われた戴冠の式で、さすがのフリードリッヒもその年齢なりに興奮したのではないか、などと言っている。なにしろ、いかに早熟でも二十歳ではあったのだから。だが、フリードリッヒは、民衆の想いに敏感な君主でもあった。

もしかしたら、フリードリッヒは、戴冠式を挙げるためにアーヘン目指して北に向っていた途中のどこかで、彼とは反対に南に向う少年や少女たちの群れとすれちがっていたのかもしれない。この時期、十字軍の歴史では最も悲惨なエピソードになる「少年十字軍」が、初めはフランスで、次いではドイツで発生していたのである。ドイツでは、ケルンを中心にしたライン河沿岸に住む少年少女たちが、ニコルという名の少年を先頭にジェノヴァに向っていたのだった。

この、十字軍史上「少年十字軍」の名で呼ばれる自然発生的に起った少年少女たちによる行動は、船に乗ってオリエントに向うどころかその前に惨めな結果で終わってしまう。だが、あの時期の民衆の想いならば反映していたのである。

一〇九九年、第一次十字軍によって、長年にわたってイスラム教徒の支配下にあったイェルサレムが、キリスト教徒の手にもどってきた。この快挙をキリスト教徒たちは、異教徒イスラムからの「解放」と呼んだ。しかし、それから八十八年が過ぎた一一八七年、サラディンに率いられたイスラム側の反撃は成功し、イェルサレムはまたもイスラム教徒の支配下に入る。だが、それを機に、キリスト教徒の聖地巡礼が途絶えたわけではない。現実的な統治者であったサラディンは、キリスト教徒にとってはどこよりも重要な巡礼先であることでは誰一人異存のない、イエス・キリストの墓の上に立てられた聖墳墓教会は破壊もせずに温存したし、キリスト教徒の巡礼も以前と同じく認めたのである。とはいえ、イスラム教徒の許可を得て、参観料も払って、ではあったのだが。

しかし、十字軍運動そのものが、このような状態に我慢がならなかったから起ったのである。聖都イェルサレムが再び異教徒の支配下に入ってしまったことに怒ったヨーロッパ世界は、第三次十字軍を送ってその奪還を目指す。イスラム世界の雄サラディンとキリスト教世界の雄リチャード獅子心王の間で、「花の第三次」と呼ばれるくらいに華々しい戦闘がくり返されたが、聖都の奪還はついに成らなかった。

その後もヨーロッパは、フランスの封建諸侯を中心にした第四次十字軍を送るが、パレスティーナには向いもせず、ビザンチン帝国の首都コンスタンティノープルを陥落させただけで解散してしまう。

そしてその後は、諸侯も王も、聖都解放には関心を示さなくなっていた。フランス王フィリップも英国王ジョンも、ヨーロッパでの領土争いだけに熱中していたのだから。だが、その間ずっと、キリスト教徒にとっての聖都イェルサレムは、イスラムの支配下に入ったままでつづいていたのだ。この状態は、フリードリッヒがアーヘンで戴冠した一二一五年までの二十八年間、まったく変わらなかったのであった。

「少年十字軍」は、諸侯も動かず王も動かずという現状への、民衆の不満と怒りを代弁していたのである。分別もない少年や少女だからこそ、その不満と怒りを正直に爆発させたのだった。

そして、いかに早熟でも、フリードリッヒはいまだ二十歳であり、そのうえ、父方の大伯父コンラッドは第二次十字軍に、祖父の赤ひげは第三次十字軍に遠征した家系に生れている。これによる熱い想いが、二十歳の皇帝に、十字軍遠征を宣誓させたのかもしれなかった。いつ、どのようなやり方で実現するかについては後日決めればよい、とでも思いながら。アドバルーンはあげはしたものの決行に際しては現実的に進めるのは、彼のいつものやり方でもある。

そのうえ、これら一連の彼の行動は、ローマにいる法王に向って発せられた、遠距離メッセージでもあった。

ラテラノ公会議

法王インノケンティウス三世は、ドイツの地から送られてきたこのメッセージを正確に受けとったのではないかと思う。その規模では中世最大とされる、ラテラノ公会議が召集されることになった。

アーヘンでフリードリッヒの戴冠式が行われたのは、一二一五年の七月二十五日。

法王の召集によるラテラノ公会議の開催日は、同じ年の十一月二日。

フリードリッヒは、公会議開催を知るやただちに手を打つ。法王の実弟を、自分の領国内のソーラの町とその周辺一帯の領主に任命したのだ。どうやら三男で部屋住みの身分であったらしい現法王の弟は、これで自領を持つ立派な領主になったということであった。


この時代のローマ法王は、テヴェレ河の西岸にあるヴァティカンには住んでいなかった。古代ローマ時代の都心部はテヴェレの東岸一帯に広がっていたが、古代も末期になるとその南端にサン・ジョヴァンニ・イン・ラテラノ教会が建立される。建立時期は、ヴァティカンにあるサン・ピエトロ大聖堂よりも古い。ゆえに代々のローマ法王は、この由緒ある教会に隣接して建てられているラテラノ宮殿を、常の居場所にしてきたのである。一二一五年の十一月に開催された公会議が「ラテラノ公会議」の名で歴史に残るのも、この教会とそれに隣接した法王の公邸が会議場になったからだった。

「法王は太陽、皇帝は月」と豪語した法王インノケンティウス三世が召集しただけに、一二一五年のラテラノ公会議は、中世最大の規模という年代記作者の評そのものの豪華で荘厳な公会議になる。カトリックを奉ずるヨーロッパはもとより、ギリシア正教徒の住む国からも、また、イスラム世界の中にありながら今なお存続していたパレスティーナ地方の十字軍国家からも、聖職界を代表する人々が続々とローマに集まってきた。七十一人の大司教、四百人もの司教、八百人を越える修道院長という高位聖職者を始めとする全参加者のうちで、会場に席を用意されていた人の数だけでも二千三百人にもなったという。ローマ中が、聖職者とその関係者であふれかえっていたにちがいない。

また、法王の召集する公会議と言っても、参加者は聖職界の人にはかぎらなかった。フランスからもイギリスからもスペインからも、王の代理が参加していたからだ。これらの「代理」の任務は、公会議での決定が自国の王にとって有利に向うよう〝ロビー活動〟をすることにある。フリードリッヒがこの年のラテラノ公会議に送りこんだのは、もはや彼の側近ナンバーワンの観のある、パレルモの大司教ベラルドであった。

二十一世紀の今でも開かれるローマ法王が召集する公会議だが、その公会議の開催理由は、キリスト教会内部の諸々の考え方を調整し、以後のキリスト教会が進む方向を定めるところにある。では、一二一五年のラテラノ公会議では、何が決められたのか。

決議事項は七十一項目にも及んだが、その中でも重要な事項の第一は、異端者に対するこれまで以上の断固とした処置を決めたことだった。

「異教徒」はキリスト教以外の宗教を信仰する者のことだが、「異端者」となると、キリスト教徒でありながらその信仰のしかたが教会の決まりに反している、と断じられた人々を指す。当時では南フランスに多かったカタリ派や北イタリアに住むヴァルデージ派の信徒たちで、法王インノケンティウス三世にしてみればこれら異端は、ローマのカトリック教会にとっての反体制派でしかなかった。

史上「アルビジョア十字軍」と呼ばれる、同じキリスト教徒を軍事力を使って壊滅することを目的にした十字軍を起し、実際に七年前から南仏は戦場と化していたのである。ラテラノ公会議での異端弾劾の決議は、これからもアルビジョア十字軍を続行するという、カトリック教会による公式の宣戦布告であった。このようなことを強行しても誰からもどこからも異議が出なかったからこそ、インノケンティウス三世は中世キリスト教会の権威と権力を最大限に体現した法王、とされているのである。

ラテラノ公会議での重要決議事項の第二は、すでに破門に処しているオットーへの破門を再決議したことであった。これと同時に、フリードリッヒの皇帝就任を、公会議という、キリスト教会にとってはこれ以上の公式な場はないという席で認めたのである。インノケンティウス三世は、三年前にローマで会い、資金援助まで与えてドイツに送り出したフリードリッヒのその後の成果を、改めて公式に認めたことになった。もはや捲土重来などは不可能になったオットーは、この三年後に死ぬ。まだ三十六歳でしかなかった。

ヘルマンとの出会い

こうして、ドイツにいながら望んでいたものすべてを手中にしたフリードリッヒだったが、このときのラテラノ公会議には、パレルモの大司教のほかにもう一人の人物を送りこんでいた。

その人の名は、ヘルマン・フォン・サルツァ（Herman von Salza）。名からも明らかなように、ドイツの貴族出身である。年齢は、パレルモの大司教ベラルドよりは二歳年下。フリードリッヒよりは、十五歳年上になる。この時期は三十五歳だったこの人は、ドイツの貴族のみが入団資格をもつ、チュートン騎士団の団長でもあった。

生涯を通してのこの人のフリードリッヒへの献身は、ベラルドに優るとも劣らないと言うしかない。場合によっては悪賢く動くことは知っていたフリードリッヒだが、自らの立ち位置からは絶対に動かない以上、職業外交官的な技能は持っていなかった。そのフリードリッヒの協力者になって以後のヘルマンは、こういうドイツ人もいるのかと感心してしまうくらいに、外交に巧みな人になるのである。フリードリッヒから派遣されて彼に腹を立てている法王に会いに行ったときも、皇帝はああは言っていますが真意はそれほどではなく、とか何とか言いながら、ローマ法王の怒りをやわらげてしまう。聖地パレスティーナでのキリスト教徒の保護を目的に設立されたチュートン宗教騎士団のトップであるということも、法王相手の外交では有効な〝名刺〟になった。

　チュートン騎士団長ヘルマンとパレルモの大司教ベラルドの二人が、フリードリッヒにとっての有能な「外務大臣」であったとは、研究者たちの一致する意見でもある。妥協は好むところではなかった誇り高い青年君主の意向を、無用な衝突を避けながらもその実現を助けたのが、この二人であったのだから。ドイツとイタリアの血が流れていたフリードリッヒの「外務大臣」は、一人はイタリア人で、もう一人はドイツ人であったのだった。

　それにしても、皇帝フリードリッヒ二世はすでにこの時期に、いずれも十五歳は年長の絶好の協力者二人を得ていたことになる。なぜそれが、二十歳になるやならずの彼にできたのか。二人とも、フリードリッヒの側に立つことで、トクになることは何もなかった。それどころか、ソンになるくらいだった。それでも彼ら二人は、生涯を通してフリードリッヒの側に立ちつづける。チュートン騎士団長ヘルマンもパレルモの大司教ベラルドと同じように、「プーリアの少年《プエル》」に、夢を共有することで生きがいもともにできる相手を見出したからであろうか。ベラルドもそうだが、ヘルマンの徹底した協力ぶりは、彼が属す騎士団の利益のためという枠を完全に越えている。チュートン騎士団は二の次で、最大の目的はフリードリッヒの考えていることを実現するため、とでもいう感じだ。

　もしかしたらこの二人のこれほどの献身には、夢を、つまりは理想を共有していたことに加えて、フリードリッヒのこの二人の「使い方」にもあったのかもしれない。

　フリードリッヒはこの年長者二人を、徹底的に信頼し、徹底的にまかせることで活用したのである。徹底して信頼されたうえで徹底して活用されることも、男にとっては喜びになるのでは、と思ってしまう。それもとくに、冷徹に現実を洞察しつつも理想は持ちつづける、衆に優れた男たちともなればなおのこと。

そして、これだけの協力者ともなると、信頼おける情報の提供者にもなる。二十歳になるやならずでフリードリッヒは、正確で客観的な情報収集の必要性を知り、同時にその活用が重要極まりないことも知っていたようである。

また、中世の頃のローマの夏は、体力がある者にとっても耐えがたい。気温が高いだけではない。不潔なのだ。古代には充分に機能していた上水道も下水道も、中世にはメンテナンスを担当する機関そのものが消滅していたので、衛生状態は極度に悪化していたのである。

「法王は太陽で、皇帝はその太陽を受けて初めて輝くことのできる月」とまで公言し、中世キリスト教世界最高の権威と権力を行使した法王インノケンティウス三世だが、それを誇示したラテラノ公会議を成功裡に終えた直後から、体調がすぐれない日がつづくようになっていた。いまだ五十六歳だったが、三十八歳で法王に即位してから十八年が過ぎている。

それにこの時代のキリスト教は、肉体を清潔に保つという概念すら軽視していた。いや、軽視というよりも蔑視していた。入浴を、信仰を忘れさせる古代ローマ人の悪癖、としか見ていなかったからである。その結果、法王の住む地ゆえキリスト教世界全体の首都であったはずのローマでさえも、夏の訪れは疫病の流行と同意語になっていたのである。

このローマでは、ラテラノ宮殿に住んでいようと安全ではなかった。ローマ法王を始めとする法王庁全体の避暑地行きが毎年の恒例行事になっていたのも、疫病から逃れるためであったのだ。一二一六年の夏、法王インノケンティウス三世が滞在していたのは、中部イタリアの山間の町ペルージア。そのペルージアに、ドイツにいるフリードリッヒからの手紙が届いた。

法王にあてられたその手紙には、以下のことが書かれていた。自分がローマで戴冠した後も、シチリア王国の王は息子のハインリッヒであるという、以前に法王との間で交わした約束は守りつづける、とあったのだ。ドイツとイタリアが同一君主の支配下に入り、法王の住むローマがはさみ討ちになることくらいの、ローマ法王にとっての悪夢はない。ローマで法王によって戴冠式を行った後でも、つまりはもはやこれ以上の証明はないくらいに神聖ローマ帝国の皇帝になった後でも、皇帝である自分がシチリア王を兼ねることはない、と言ったのだった。このことは、四歳で孤児になったフリードリッヒの後見人を引き受けたときから常に、法王インノケンティウス三世が気にかけていたことであった。二十一歳が送ってきた「保証」に安堵したのか、五十六歳はその二週間後に世を去った。

法王ホノリウス三世

法王庁全体が、ペルージアに避暑中であったのだ。法王選出の有権者である枢機卿も、この時代は十人強という人数でしかなかったが、その枢機卿たちも全員がペルージアに滞在している。前法王の死の二日後に、次の法王が選出された。ローマの豪族サヴェッリ一門の出で、法王に選出後の名はホノリウス三世。すでに八十八歳の老齢で、穏やかな人柄で知られていた。新法王は、教義論争にはまったく関心を示さない人だった。つまり、前法王とは反対のタイプの法王であったのだ。ただし、望んで聖職界に入っただけに信仰心は厚く、二つのことだけは見て死にたいと願っていた。第一は、異端派の壊滅。これは南仏で進行中だった。第二は、聖都イェルサレムを再びキリスト教徒の手にもどすこと、である。こちらのほうは、「少年十字軍」で示された民衆の不満をよそに、王も諸侯もいっこうに動こうとはしなかった。

新たに法王位に就いたホノリウスに関する情報も、フリードリッヒは充分に得ていたにちがいない。フリードリッヒはこのホノリウスに対しては、前法王インノケンティウスの在任中には試みもしなかったやり方で臨むようになるのである。言い換えれば、遠慮しなくなった、ということであった。パレルモの大司教ベラルドとチュートン騎士団の団長ヘルマンが、シチリアに向った。

四年前にドイツに向けて発ったときにシチリアに残してきた、妻のコスタンツァと五歳になる息子のハインリッヒを呼び寄せるため、というのが公式の理由である。だが、理由がそれだけならば、側近中の側近を二人まで派遣するのは大仰すぎた。もしもローマ法王庁の情報収集能力が穏やかな人柄の現法王そのままに穏健化していなかったならば、この一事だけで法王庁内では警戒警報が点滅し始めていたはずである。

この時期三十七歳のパレルモの大司教ベラルドが側近ナンバーワンで、三十五歳のチュートン騎士団の団長ヘルマンが側近ナンバーツウ、と見るのは、フリードリッヒと知り合った時期が、前者が先で後者はその数年後、であったからにすぎない。当時は二十一歳だったフリードリッヒにとってのこの二人の存在意義は、ナンバーワンやナンバーツウとかで分けることはできなかった。それよりも日本で言う「右近の橘《たちばな》・左近の桜」と見るほうが適切だ。

二人とも、フリードリッヒよりは十五歳は年長になる。二人とも、聖職界の人間だ。前者は大司教だから当然にしても、後者も、宗教騎士団の団長の地位にある。宗教騎士団としては先行の「病院《ホスピタル》騎士団」や「聖堂《テンプル》騎士団」と同様に、「チュートン（ドイツ）騎士団」も、入団するや俗界の地位も肩書きも捨て、公爵も伯爵もなく全員が「修道士」に変わる。修道院にこもって祈りと労働に明け暮れる修道僧とのちがいは、聖地に巡礼に訪れるキリスト教徒を剣を手にして守るところにしかない。武装はしていようと身分は修道僧なのだから、妻帯は禁じられていた。

この二人を、フリードリッヒは活用したのである。特命全権大使としてだけでなく、外交面にかぎらず他の分野の相談役でもある、真の意味での重臣としても。活用の分野はあらゆる面にわたっていたが、とくにローマ法王に対してであったのは、二人ともが聖職界の人間であったからだろう。パレルモの大司教ベラルドの見識の高さと教養の深さは、その方面でのエリートが集まっていた法王庁内でも尊敬を払われていたし、パレスティーナで異教徒相手に身体を張って巡礼たちを守っているチュートン騎士団の団長には、法王庁内の誰もが一目置くしかなかったのである。

そのうえ、ベラルドはイタリア人で、ヘルマンはドイツ人だ。フリードリッヒの領国は、ドイツとイタリアにまたがっている。フリードリッヒの南伊不在は結局は八年間にもなるが、その間シチリア王国は安泰だった。この八年の間に何度となくアルプスを越えてはドイツと南イタリアの間の往復をくり返した、パレルモの大司教ベラルドの功績によるところ大、であったのは衆目一致している。

そして、相手がドイツ人になれば、威力を発揮するのはヘルマンになる。ドイツの封建諸侯たちは、彼らと同じ階級に属しながらも宗教騎士団に身を投じたヘルマン・フォン・サルツァを、ドイツ騎士の鑑《かがみ》と見ていたからだ。こうして、ベラルドが南伊を担当すれば、ヘルマンの担当はドイツ、ということにもなっていた。

この二人ともをフリードリッヒは、シチリアに送ったのである。家族を呼び寄せる旅の随行を命じた、だけであるはずはなかった。前法王とはちがう性格の新法王即位を機に始まった、フリードリッヒの国際政治の第一歩になるのである。

悪賢き二十五歳

一二一六年の秋も深くになってドイツ入りした皇后コスタンツァとその息子で五歳になっていたシチリア王ハインリッヒの一行の華やかさは、たちまち人々の口の端にのぼってドイツ中に広まった。それも、ただ単に豪華であっただけでなく、「右近の橘・左近の桜」を従えてのドイツ入りである。民衆への宣伝工作ならば豪華であるだけで充分だろうが、フリードリッヒが相手にしなければならないのは封建諸侯たちだった。しかもこの時期のフリードリッヒは、諸侯たちを服従させるに充分な軍事力を持っていなかった。

四年ぶりになる〝家族再会〟は、ニュールンベルグで実現した。フリードリッヒはこの町を、ドイツ中の封建諸侯を招いての「ディエタ」の開催地にしていたからだ。「ディエタ」とは後代の議会ではまったくなく、統治者自身が傘下の諸侯たちを召集し、この人々に自分が決めてほしいと考えていることを伝え、彼らの賛意を得る機会である。一二一六年の冬にニュールンベルグの「ディエタ」で決議されたのは、五歳のハインリッヒを、ラテン語ならばズヴェヴィア、ドイツ語ならばシュワーベン地方の公爵にするということだった。

ハインリッヒはすでに、「シチリア王」(rex Sicilie)である。それはそのままで、新たに「ズヴェヴィア公爵」(dux Svevie)も兼ねるということになったのだ。

バイエルン地方の西隣りに位置するシュワーベン公領は、歴史的にもホーエンシュタウヘン一門の領地として知られている。現代ならばスイス・フランス・ドイツにまたがる一帯で、主要都市としては、チューリッヒ、ストラスブール、コンスタンツがある。ドナウ河とライン河の源流が集まっているためか森と湖の地方と言ってもよく、ホーエンシュタウヘンという名そのものの町もあれば、今やフリードリッヒのドイツでの居城になったハーゲナウ、フランス語読みならばアグノーもふくまれていた。いかに五歳の幼児でも、ホーエンシュタウヘンの血を継ぐかぎり、領主になっても誰からも文句は出ない。世襲権の行使、にすぎないからである。フリードリッヒはその彼の政略(ストラテジア)を、誰も反対できないことから始めたのだ。ゆえに問題は、その後をどう進めていくのか、にあった。

フリードリッヒは、公文書ならばあらゆる文書に記されねばならない息子の肩書を、ニュールンベルグでの「ディエタ」の直後は「シチリア王」と「シュワーベン公爵」を併記させていたのを、少しずつ、「シチリア王」の肩書だけは記さないように変えていく。ただしこれは、もしもローマの法王庁がフリードリッヒの言行への監視を怠らないでいたならば、二十二歳になったばかりのこの若者が、南イタリアとシチリア島を合わせた「シチリア王国」を、再び公式にも自分の手中にもどしつつある徴候と見ただろう。

なにしろ、ドイツを本拠にする神聖ローマ帝国の皇帝でありながら同時にシチリアの王も兼ねるとなれば、これはもう、法王庁領土のある中部イタリアが北と南からはさみ討ちになるというローマ法王にとっての悪夢が、夢ではなくて現実に変わる怖れがある。ゆえに前法王のインノケンティウスもことあるごとにフリードリッヒに、そのような事態にはしないと誓約させていたのである。

しかし、ローマ法王にとっては悪夢であろうと、フリードリッヒには初めから、「シチリア王国」を手離す気などはなかったにちがいない。

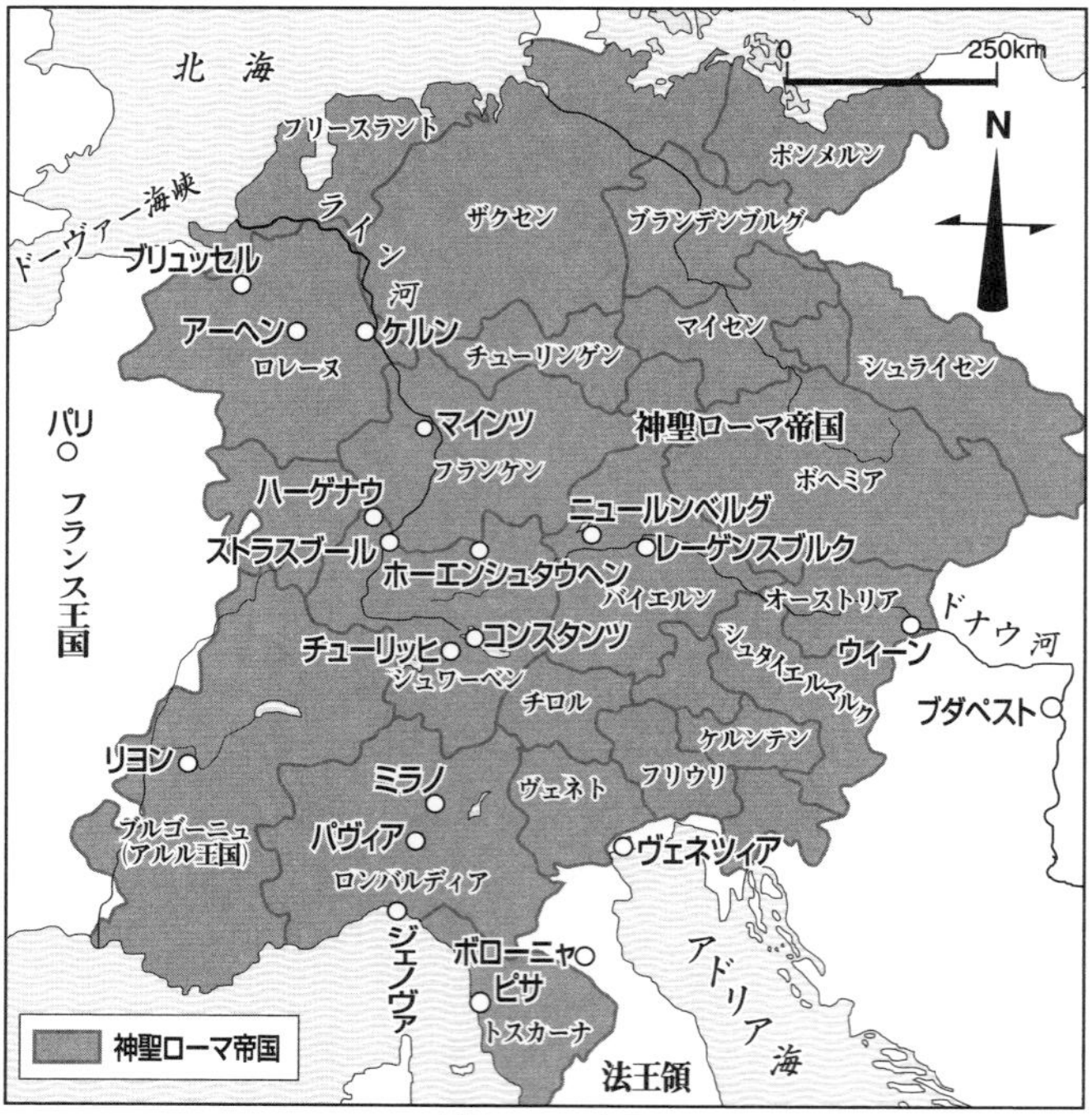

神聖ローマ帝国

フリードリッヒの領土は、地図でもわかるようにアルプス山脈の北側と南側の両方に広がっていた。二十一世紀の今ならば、北側のほうが、つまりはドイツやスイスや南東フランスのほうが、地理的にも広大で経済的にも強力であるのは明らかである。だが、現代よりは八百年も昔になる十三世紀には、南側に位置するイタリア半島のほうが、経済的にも文化的にも格段に豊かだった。また、豊かさを表わす計器の一つでもある人口密度でも、アルプスの南側のほうが断じて高かったのである。それに加えて、シチリアは、フリードリッヒが幼少期を過ごした地でもある。このようなセンチメントな感情は措《お》くとしても、中世時代の南イタリアは、アルプスの北側の君侯たちの願望を刺激しないでは済まない「レモンの香る南の国」であったのだ。レモンの香りにつつまれて育ったフリードリッヒに、南の国への甘美な想いがないはずはなかった。

とはいえ、アルプスの北と南の双方をともに領有しない、と誓約したのはフリードリッヒである。だから現法王のホノリウスは、前法王と交わした誓約違反になると、声を大にしてフリードリッヒを非難してもよかったのだ。だが、八十八歳の法王は、自分に息があるうちに十字軍遠征を実現することしか頭にない人だった。

当然フリードリッヒにも、十字軍を率いてオリエントに遠征せよと圧力をかけてきていたのである。アーヘンで、シャルル・マーニュの墓前で、十字架に誓ったではないか、というのが法王の言い分だ。この時代、「十字架に誓う」とは、「十字軍に遠征する」と同意語だった。

しかし、フリードリッヒには、やらねばならないことが山積していた。それで二十二歳は八十八歳からの圧力をかわしていくのだが、ただ単に言を左右にして逃げるのではなく、かえって活用するやり方を選ぶ。それを年代記風に列記すれば次のようになるが、この作戦は早くも一二一六年から始まっていた。

一二一六年の七月、法王インノケンティウス三世の死の後に新法王に選出されていたホノリウス三世に、フリードリッヒは法王就任を祝う手紙を送る。それに答えたホノリウスの手紙には、フリードリッヒに十字軍を率いて行く計画があるなら法王は全面的に援助する、と書かれてあった。

だがこの段階ではまだ、「圧力」にはなっていない。前皇帝のオットーは彼の地盤のザクセン地方の奥深くにまで追いこまれていたにしろいまだ存命で、しかもまだ三十四歳。このライヴァルを放置したままでオリエントに向えなどとは、法王でさえも要求できなかった。

それにこの時期の法王ホノリウスは、法王庁主導の十字軍派遣に自信を持っていた。前回の第四次十字軍が、フランスの封建諸侯を網羅して送り出したにかかわらずヴェネツィア共和国に利用され、あげくはギリシア正教徒とはいえ同じキリスト教徒の国であるビザンチン帝国を占領してしまった事実に、ローマ法王は満足していなかった。今度こそは法王が主導して編成した十字軍をオリエントに送り出し、イスラム勢力をたたくと固く心に決めていたのである。

それでフリードリッヒにはまだしばらくの時間の余裕ができたことになるが、聖職者主導の軍事行動がロクな結果に終らないことは、『十字軍物語』第三巻の第三章、「ローマ法王庁と第五次十字軍」に詳述したとおりである。ゆえに法王からのフリードリッヒに対する十字軍遠征への要請が「圧力」に変わったのは、「ロクな結果に終らない」ことが明らかになった後であった。そしてその頃にはオットーも、失意のうちに自然死で舞台から完全に退場していたので、フリードリッヒには、法王からの圧力をかわす理由の一つが失われていたことになる。


一二一八年の末近くになって、ということはエジプトのダミエッタへの上陸から始まった第五次十字軍の苦戦が明らかになった時期ということだが、フランクフルトに滞在中のフリードリッヒのもとに、ローマ法王からの手紙が届いた。それを要約すれば、正式に神聖ローマ帝国の皇帝になりたければ十字軍を率いてエジプトに向え、につきる。

これに対してフリードリッヒも返書を送ったが、それも要約すれば次のようになった。

その気になれば、翌・一二一九年の三月には準備も終わり六月には遠征に発てるのだが、事情がそれを許さない、と書き、その事情とは、いまだローマで皇帝として戴冠していない自分には自前の軍を率いるだけの力はなく、傘下の諸侯たちの参加を欠くわけにはいかない、とつづける。一言で言えば、のらりくらりと逃げたのだが、気づかないうちに罠《わな》に近づいていたのは、フリードリッヒよりは六十以上も年長のホノリウスのほうであった。

沈黙してしまった老法王に、今度はフリードリッヒのほうが手紙を書く。それには、その気になれば遠征に発てると言った一二一九年の六月を、九月末まで延期することを認められたし、と書かれてあった。その理由も、諸侯たちへの説得のため、とあり、これでは法王も認めるしかなかったのである。

ところが、フリードリッヒはこの期間を、諸侯たちへの説得ということならば同じだが、それは十字軍遠征行への説得ではなく、いまだ幼い長男のハインリッヒをドイツの王にするための説得、のほうに使っていたのであった。

ただし、このときにフリードリッヒが法王あての書簡で使った「説得」という言葉だが、その真意に肉薄したいと思えば、辞書では「手なずけて抱き込むこと」と説明している、「懐柔」という言葉のほうが適切かと思う。

ドイツ入りしてすぐに、フリードリッヒは、ドイツ社会がシチリア王国とはちがう構成になっていることを学んでいた。ドイツでは、というより当時の情況からはアルプス以北の帝国領全土、ということになるが、そのドイツが主体になるこの社会では、「封建諸侯」と言っても実態は二種に分れていることを知ったのだ。

第一種は、封建諸侯の名そのものに、先祖の誰かが実力で獲得した領土を受け継いで統治している人々で、歴史上では「世俗の君主」と呼ばれている。

第二種は、歴史上では「聖職者の君主」と呼ばれる人々だが、この人々はもともとは大司教に任命されてその司教区を統治していたのだが、そのまま居坐ってしまい、もはや実態は世俗の君主と何ら変わらない、領主になっていた人々だ。

とは言っても、これら大司教たちにとっては上司にあたるローマ法王の眼から見れば、今では彼らが領主然と収まっている領地もあくまでも「司教区」であり、そこを統治する者は「聖職者」なのである。ゆえに、「世俗の君主」に比べてこれら「聖職者の君主」の地位は、法的な意味では安泰とは言いがたかった。

フリードリッヒは、祖父の「赤ひげ」皇帝の時代から「皇帝派《ギベリン》」であった「世俗の君主」たちの支持の強化には、さほどの策略を要しないでも成功していた。だが、聖職者という立場上「法王派《グェルフィ》」であるほうが当然の「聖職者の君主」たちの支持を獲得しないかぎり、このドイツ社会での彼の権力は確立できない。

それでフリードリッヒは、「聖職者の君主」たちの不安を取り除く法律を制定したのである。

ラテン語の原題だと、「privilegium in favorem principum ecclesiasticorum」となるが、このミもフタもないくらいに正直な原題が示しているように、「聖職者君主の優遇」法以外の何ものでもない。つまり、フリードリッヒは、「聖職者の君主」に対しても、既得権を認めるというやり方で、「世俗の君主」と同等の権利を保証したのである。

この法の制定は、フリードリッヒにとっては必要から生れたことであった。だが、これによってドイツは、連邦制の第一歩を踏み出すことになる。フリードリッヒは、アルプスの北側では南イタリアとちがって、ゆるやかな統治方法でもある地方分権制度が適している、と考えたのかもしれない。そしてなぜか、現代のドイツも連邦制の国家である。

一二二〇年四月、フリードリッヒからの召集に応じてフランクフルトに集まってきたのは、もはや「封建諸侯」という言葉で一くくりにしてもよいと思われる、「世俗の君主」と「聖職者の君主」たちであったのだった。この人々がこぞって、フリードリッヒの求めるままに長男ハインリッヒを、ドイツの王に選出したのである。ローマにいる法王への事前通告などはないままに、始まって終わった一幕だった。

これを知った法王ホノリウスからは、早速、詰問の手紙が送られてくる。それに対してフリードリッヒは、十字軍遠征に発つとなれば生きて帰ってこられるという保証はない以上、残していく領国の統治を誰に託すかをあらかじめ定めておくのは統治者たる者の責務である、と書いた手紙を送り返す。これにはまたも法王は、黙るしかなかったのである。

それにしても、二十五歳でしかないというのにこうも悪知恵が働くとは感心するしかないが、一二二〇年四月のフランクフルトでの決議は、フリードリッヒの考えていることにとっては重大な節目になるのである。

第一に、いまだ九歳になるやならずの長男の、神聖ローマ帝国皇帝になるうえでの「控えの間入り」、今風に言えば「ベンチ入り」を実現させたこと。

第二は、息子ハインリッヒを後継者にするという形をとりながらにしても、神聖ローマ帝国とシチリア王国の二つともが、ただ一人の君主の統治に帰すことを、ローマ法王に認めさせたことである。

だがこれで、前法王インノケンティウスと交わした誓約、アルプスの北と南の双方ともが同一君主の領有に帰さない、とした誓約は完全に反古《ほご》にされたことになった。

もちろん法王ホノリウスとて、納得のうえで認めたわけではない。だが、法王の頭はフリードリッヒを十字軍遠征に送り出すことで占められていたのだ。沈黙した、ということは、渋々ながらにしても受け容れた、という意味になる。そのうえ法王に、このフリードリッヒを十字軍に送り出すにはもはやローマで戴冠させるしかない、と思わせるまでにしたのだから、二十五歳の悪賢さも超一級であった。

息子の即位式終了後もフランクフルトに留まっていたフリードリッヒの許に、法王からの特使が訪れた。特使は、法王ホノリウス三世からフリードリッヒにあてた、戴冠式への招聘《しょうへい》状を持参していた。

第三章　皇帝として

ローマで行われることが慣例になっている、法王による戴冠式がなぜこうも重要な意味を持っていたのか、だが、これほども中世という時代を象徴するセレモニーもないからである。

前にも述べたように、西欧キリスト教世界の聖職界のトップであるローマ法王と、俗界のトップである神聖ローマ帝国の皇帝の二人だけは、世襲でもなく前任者による指名でもなく、選挙で選ばれることで初めて就任できると決まっていた。

ローマ法王を選ぶのは、「枢機卿」に任命されている高位聖職者たちである。

一方、皇帝を選ぶのは、「選帝侯」と呼ばれていた、封建諸侯の中でも有力な諸侯たちであった。

だがちがいは、それだけではなかった。

枢機卿たちは、キリスト教会の教理によれば、つまり建前では、彼ら自身の考えによって一票を投ずるのではなく、聖霊のお告げを受けて一票を投ずる、となっている。聖霊とは、神とその子のイエスと聖霊は三位一体とされているくらいだから、その聖霊が誤った人選をする心配はないと考えられていた。ということは、聖霊のお告げを受けて選ばれた法王は、選ばれた時点ですでに「適格者」と決まっていたということだ。

一方、皇帝を選ぶ選帝侯たちだが、この人々も生身の人間であることでは枢機卿と変わりはない。だが、俗界で生きる人々だけに、彼らには聖霊はささやきかけてはくれない。

それで、選帝侯たちによって選ばれた神聖ローマ帝国皇帝が適格者か非適格者かは、誰かによって判定さるべきとなり、その役割をローマ法王が担当することになる。なにしろローマ法王は、誤った人選をしないということならば保証つきの聖霊のお告げで選ばれた人なのだから、判定役には最適というわけだった。実際、前法王インノケンティウス三世は、皇帝を選ぶのはドイツの諸侯だが、その人物が適格か非適格かを決めるのはローマ法王である、と言っている。

それにしても、笑いを誘われないではいられないほどにややこしい論理だが、既得権を堅持しようとする側は、常にややこしい制度を考え出すものなのである。

とは言っても事情がこうでは、ローマを訪れて法王の手から皇帝冠を授けられることは、歴代の神聖ローマ帝国の皇帝にとっては非常に重要な儀式にならざるをえなかった。このセレモニーを済ませることで俗界のトップとして適格者であると認められたことを意味し、統治権の正当性を得たことになるからである。

ただし、いったん「適格者」と認められればそのままでつづくのかと言えば、キリスト教の世界ではそうではなかった。

「適格者」というおすみつきを与える権利を持つ者、つまりローマ法王には、そのおすみつきを取り上げる権利もあるということになるからである。この一事こそが、中世を震駭させた法王と皇帝の抗争の真因であり、法王派《グエルフィ》と皇帝派《ギベリン》の抗争の真因になるのである。

しかし、この種の危険はあったにもかかわらず、キリスト教が支配した時代としてもよい中世に生きる皇帝たちにとって、ローマで戴冠式を挙げることは重要だった。なにしろ、法王の手から帝冠を授けられたことによって初めて、民衆までがそれを知ることになるからである。また、戴冠式とは、皇帝が望むだけでは実現しない。法王が招聘して初めて実現する。そしてその招聘は、ついに届いたのだ。フリードリッヒは、時間を無駄にしなかった。法王の気が変わらないうちに、既定事実にする必要があった。

一二二〇年四月、フランクフルトで開かれた「ディエタ」で、長男のドイツ王就任を実現。

五月、ローマの法王からの招聘が届く。

フリードリッヒはただちに諸侯に、戴冠式のためのローマ行きに従える騎士と兵士の提供を命じた。皇帝として戴冠するために、ローマに向うのだ。相応の兵力を従えて行く必要はあったが、兵力提供を諸侯に命じられるまでになったこと自体が、フリードリッヒが封建諸侯たちの支持の獲得に成功していたことを示していた。

六月、ローマ行きの準備は着々と進む。

ローマには、皇后として戴冠する妻のコスタンツァは同行するが、ドイツの王になったばかりのハインリッヒはドイツに残る。フリードリッヒは、長男で後継者の九歳の息子の養育を、ケルンの大司教に託した。

七月、集結地に決まったアウグスブルグには、ドイツ各地からの兵士たちが集まり始めていた。配下の将兵を自ら率いて行くと決めた、封建諸侯も少なくなかった。

八月、到着したフリードリッヒを先頭に、一行はアウグスブルグを後にする。インスブルックを通ってブレンネル峠を越えれば、そこはもうイタリアだ。

九月、早くもイタリア入りを果したフリードリッヒは、そこからローマ法王の許に、チュートン騎士団の団長ヘルマンを派遣した。戴冠式挙行に際しての諸々の事務上の事柄を協議するため、とされたが、ヘルマンに託されたのはもっと重大なことの話し合いであったのだ。

ローマでの戴冠

アウグスブルグからインスブルックを通りブレンネル峠を越えてヴェローナに降りてくる道は、古代ローマ時代からあるアルプス越えの幹線道路である。その道を堂々たる行軍で南下中のフリードリッヒだったが、八年前になるドイツ行きのときはそうは行かなかった。彼を捕えようとしてミラノが放った一隊の追撃をかわすのに馬ごと川に乗り入れて逃げたり、敵方がブレンネル峠で待ち伏せしていると知るや迂回して森の中の細い道をたどるとかの、苦労を経てのドイツ入りであったのだ。インスブルックもアウグスブルグも、遠くから見ることさえもできないほどに間道を選んでのドイツ入りであった。

その八年前とは、フリードリッヒの立場は大きく変わっていた。かつての「プーリアの少年」は、今やミラノでさえも手出しもできない皇帝としてイタリアにもどってきたのである。十七歳だった「少年《プエル》」も、二十五歳になっていた。

十月、フリードリッヒとその一行は、中部イタリアまで南下したところでボローニャに立ち寄っている。ボローニャには、立ち寄るというよりも一週間近くも滞在した。このボローニャを単なる中部イタリアの都市以上に有名にしていた、ボローニャ大学の視察のためである。視察と言っても、このヨーロッパ最古の大学を見てまわっただけではない。当時この大学で教えていた、法律学者のロフレド・エピファーニオと会い、話を聴くためもあった。

ローマでの戴冠式は、一二二〇年十一月二十日に挙行された。ローマに着いてからも市壁の外側にあるモンテ・マリオの丘に天幕を張ってその日を待っていたフリードリッヒにとっては、永遠の都に入るのはこれで二度目になる。八年前は、もしも彼が皇帝になれるか否かの賭けがあったとしたら圧倒的な数の人が「否」に賭けたにちがいない十七歳も、戴冠式を挙げるためにローマにもどって来たのである。どういう想いであったのか、彼自身は何も書き残していない。

ローマを半周して法王の待つヴァティカンに向うフリードリッヒは、金と赤の刺繡《ししゅう》で埋まった華麗な服で白馬を駆るという姿で沿道の群衆の大歓迎の中を進んだ。ローマっ子は常に、この種の見世物に熱狂するのである。聖《サン》ピエトロ大聖堂の正面扉の前で待っていた法王ホノリウスも、金と白の刺繡で埋まった僧衣を身につけた姿だった。金と赤が皇帝の色ならば、金と白は法王の色なのだ。

大聖堂の中に導かれたフリードリッヒは、その彼に従う妻とともに法王主催のミサに参列する。ミサの後に祭壇前に導かれた皇帝は、そこに立つ法王の前にひざまずき、法王の手から帝冠を受けた。同時に、皇帝にのみ持つ権利のある剣と笏《しゃく》も授けられる。

と言っても、帝冠も剣も笏も、ヴァティカンが保有しているものを授けてくれるのではない。すでに皇帝が所有していた品をヴァティカン側に渡し、法王はそれを授けるのである。これで、俗界の第一人者として適格、と聖職界の第一人者が認めたことになった。

冠を頭上にし、剣を右手に笏を左手に持ったフリードリッヒは、荘重な声音で誓う。キリスト教会の守護者になること、十字軍の遠征に行くこと、異端者を撲滅することを誓ったのである。夫の後に、ひざまずくコスタンツァの頭上にも、皇后の冠が授けられた。セレモニーは、無事終了したのである。


三日後にはすでに、フリードリッヒは、ローマからは二百キロ以上も離れているカプアにいた。

ローマに長居はしなかった。いや、長居などはしないほうがよかった。なぜなら、戴冠式でああも荘重に誓っておきながら、フリードリッヒは法王ホノリウスから、十字軍遠征に発つ時期のさらなる延期を獲《か》ち取るのに成功していたからである。イタリア入りした直後に法王の許にチュートン騎士団の団長ヘルマンを派遣したときの表向きの理由は、戴冠式挙行に際しての諸々の事務上の調整、となっていた。だがほんとうの調整は、こちらのほうであったのだ。法王ホノリウスにしてみれば、戴冠式の挙行、つまり皇帝として適格、と公式に認めてやったにかかわらず、その代わりにフリードリッヒから受けたのは、十字軍遠征のさらなる延期、でしかなかったことになる。だが法王も、フリードリッヒのあげた理由、八年も留守にしていたシチリア王国の内政を確実にしないで遠いオリエントに向うことはできない、という理由は受け容れるしかなかった。とはいえこの「延期」も、いつまでと具体的に決まっていたのではない。ゆえにフリードリッヒには、この後もなおも、法王からのたび重なる圧力をかわしながら時間を稼いでいくという、離れ技をつづけていくしかなくなるのである。

法王ホノリウスの身になってみれば、気が気ではなかったにちがいない。苦戦の連続でフリードリッヒの参戦だけに望みをつないでいた第五次十字軍、法王庁主導で送り出した第五次十字軍も、やっただけ無駄、が明らかになる一方。聖都イェルサレムは、以前と変わらずイスラムの支配下でつづくのだった。

戴冠式さえ済ませてしまえば長居は無用、という感じで早々にローマを後に南に向ったフリードリッヒだったが、それは、自領である南イタリアに入ってすぐにある都市カプアに、ある人物を待たせていたからである。その人とは、ボローニャに立ち寄った折りに知り合ったロフレド・エピファーニオで、二十六歳になったばかりのフリードリッヒの頭にあることを実現に持っていくのに、聖職者でないためか発想も柔軟であったらしいこの法学者の協力が必要であったのだった。

法治国家への第一歩

ローマ法王からの十字軍遠征の延期を獲ち取ったこの時期のフリードリッヒが目指していたのは、法王に延期を願った際にあげた理由はウソではなく、南イタリアとシチリア島を合わせた「シチリア王国」の再編成であった。だが、若き皇帝はそれを、ドイツとはちがう形で実現に持っていこうと考えていた。

一言で言ってしまえば、連邦制ではなく、中央集権制である。さらに一言で言えば、封建社会の継続ではなく、封建制を壊すことによってしか成立しない、近代的な君主国への移行であった。

なぜなら、封建社会とは諸侯という強者たちが支配する社会だが、その強者から既得権を取り上げてそれを君主に集め、その君主下での法に基づいての運営を目指す国家を実現できれば、腕力だけがモノを言ってきた社会からの脱皮になるからである。

フリードリッヒの領国は、アルプスの北と南に分れていた。現代の国別で分ければ、ドイツとイタリアになる。そのドイツとイタリアを、フリードリッヒは、異なるやり方で統治しようとしていたのだ。そしてこれは、双方ともの諸々の事情を知ったうえで生れた、現実的な選択でもあった。

ドイツの地でフリードリッヒが持っていた権利は、封建諸侯たちが選出してくれたがゆえに享受できる、言ってみれば「託された権利」である。

一方、シチリア王国への統治権は、母親から相続した世襲権だから、「もともとから所有している権利」になる。

またドイツでは、封建諸侯とひとくくりにしても内実は、前に述べたように「世俗の君主」と「聖職者の君主」が混在している。大司教でも広大な領地の領主であるという実に中世的な現象は、当時のドイツでは見慣れた例になっていた。

反対に「シチリア王国」では、王国内の有力な聖職者であるパレルモやカプアの大司教でも、広大な領地までは所有していない。その理由は、二百年もの間イスラム教徒のアラブ人の支配下にあったシチリアは北部フランスから移住してきたノルマン民族が征服したことによってキリスト教圏にもどったからで、そのキリスト教圏復帰もローマ法王の関与なしに実現したという事情があるからだ。関与していないのだから、大司教は赴任させてもその大司教に、広い領地を与えよとまでは要求できなかったのである。これが、南イタリアとシチリア島には、ドイツでは一般的だった「聖職者の君主」という名の封建諸侯が、「見なれた現象」にはならなかった理由であった。

ただし、南伊とシチリア島から成る「シチリア王国」には、成立が、ノルマン人による征服という軍事的な形で実現したという事情もあって、「世俗の君主」に類する封建諸侯ならば、割拠しすぎると言ってもよいほどに割拠していた。この人々の既得権益を取り上げるのに成功しないかぎり、封建社会から君主制の国家への移行は実現しない。フリードリッヒはこれら諸侯への心理作戦として、戴冠式まで利用していた。ローマで行われた法王直々に帝冠を授ける皇帝の戴冠式には、ドイツから従えてきたドイツの諸侯をはるかに上まわる数の「シチリア王国」の封建諸侯たちが、フリードリッヒからの招待を受けて参列していたからである。言わずもがなのことだが、南イタリアからローマまで来て式に参列している諸侯たちに、お前たちの主人はもはや「王」のみではなく、今では神聖ローマ帝国の「皇帝」でもあるということを強く印象づけるためであったのはもちろんだ。

そして、ドイツとシチリア王国との事情のちがいの最後は、どれだけの数の優秀な官僚を動員できるか、であった。

封建制下での領主は、自領内でたいがいのことを自治で片づけるからこそ、封建領主なのである。だが、その彼らからこの既得権を取り上げて君主制の国家に移行するには、官僚制度の樹立が欠かせない。しかも、長官クラスの上級職から書記のような下級職までそろえねばならないのだから大変な数になる。

十三世紀初めのこの時代、文章が書けて法律にも精通している人々の供給先は、イタリアの中部から南部に集中していた。なぜなら、ある意味では専制君主国家であった法王庁という、需要先が常にあったからである。中部イタリアのボローニャに最初の大学が創設されたのも、単に神学を極めるためだけではなかった。ローマにある法王庁に、組織化されているからには必要な、〝法王庁官僚〟の供給先でもあったのだ。

ドイツには、法王庁は存在しない。ゆえにこの時期のドイツに専制君主国家を打ち立てたくても、君主の考える政策を実行に移せる官僚たちの確保までは期待できなかったのであった。

「カプア憲章」

一二二〇年の十一月も末になってカプアでおち合った皇帝と法学者だが、彼ら二人はこの時期、「シチリア王国」を統治するうえで不可欠ということでは二人とも一致していた、法制度の骨格づくりを始めていたのである。それは、統治は力ではなく法に基づいて行う、とした基本方針に立つものだが、この骨格への肉づけが完成するのは十年先のことになる。その十年はフリードリッヒにとってはやらねばならない諸々があったからだが、理由はそれだけではない。法律というものに対する考え方が、二人とも似ていたことも理由になったのではないか。「肉づけ」は、進行状態を見ながら進める、ということである。

法律には、二種ある。第一種は神が作って人間に与えたとされている法で、モーゼの十戒やコーランがそれにあたる。神や神とかぎりなく近い預言者が作ったのだから、人間ごときが変えてはならないとされてきた法であった。

第二種は、人間が人間の必要に応じて作った法を指す。代表的なのはローマ法だが、人間が作った法だけに、適応しなくなれば変えていっこうにさしつかえない、いや、変えるべき、とさえ考えられていた。

皇帝フリードリッヒと法学者ロフレドが考えていた法は、この第二種に属した。ただし、神の意を伝えるということを大前提にしている教会法が支配的であった中世社会では、既存の教会法とのすり合わせがやはり必要だ。教会法のメッカであったボローニャ大学で教えていた法律の専門家の協力が、フリードリッヒには重要きわまりなかった理由もここにあった。

「カプア憲章」(Sanctiones Capuanae) の名で発表された「骨格」だけでも、まとめてみれば次のようになる。

一、王国の統治は、力の論理を廃し、法に基づいて行われる。

諸侯といえども権利とされてきたことの行使は勝手に成されることは禁じられ、王が設立する裁判所に訴え、その裁定に従う。これに反した者は資産を没収されるだけでなく、死罪までも覚悟しなければならない。

二、王国内の諸侯たちが有する領地も、一一八九年にまでさかのぼり、その時期にすでに王から認められていた地の領有は今後とも継続して認められる。

ただし、一一八九年から今日までの三十年の間に不法な手段で取得して自領にしてしまった土地はすべて、いったんは王、つまりフリードリッヒに返還し、その後で王は正当な配慮に基づいて配分されることになる。

一一八九年とは、フリードリッヒの考えでは、彼には母の実家になるノルマン王朝の最後の王の死の年、になるのであった。ノルマン王朝最盛期の王が、ルッジェロ二世であることでは衆目一致している。この王の死の後を継いでシチリア王国の王になったのはルッジェロの息子のグイエルモ一世であり、その後は孫のグイエルモ二世が継ぐが、一一八九年とは、グイエルモ二世が死んだ年であった。このグイエルモ二世にとっては大伯母にあたる女人から生れたフリードリッヒは、「シチリア王国」を、それが王国として機能していた三十年前にもどす、という一事を彼の考える王国再構成の大義名分にすえたのである。平たく解せば、反対しようにも反対しにくい、からであったのだが。

カプア滞在中に形にした「骨格」の第三は、軍事的にも、諸侯の力を弱めて王に軍事力を集中するのを目的にして成された条項になる。ただしこの時点ではまだ、諸侯の持つ兵力を取り上げることまではしていない。地位は公爵でも伯爵でも騎士でも関係なく、フリードリッヒの王国内では、武力は維持していてもそれを勝手に行使することは厳禁したのである。資産没収と死罪に処すと決めることによって。

中世とは、「祈る人」(聖職者)と「闘う人」(騎士)と「働く人」(庶民)に三分されていた時代である。だが、フリードリッヒは、この三者ともをコントロール下に置かないかぎり、法に基づいた国家は創設できないと考えていたのだった。

しかし、この彼の考えは、既得権者に属す封建諸侯に真向から戦いを挑むことになる。領地のみでなく闘う権利まで制限されては、彼ら「闘う人」たちが生存の理由にしてきたことまでがおびやかされることになるからだ。シチリア王国内の諸侯たちが結束して、フリードリッヒに反旗をひるがえしたとしても当然だった。

だがそれは、起きなかったのである。なぜか。

毒をもって毒を制す

二十六歳の皇帝は、王国の各地方を担当する知事や、司法や警察等の長官を任命したのだが、任命されたのは他でもない、封建諸侯たちであったからである。何やらマフィア撲滅を目標にかかげた部署の責任者にマフィアの頭目を任命するのに似ているではないかと思うと笑ってしまうが、フリードリッヒは、領地を持つ諸侯ならば誰でも差別なく、この要職に就けたのではない。由緒正しいマフィアという言葉はないかもしれないが、由緒正しい諸侯はいるのである。だが、これが登用の基準になるとごく自然に、昔からの封建諸侯で一族には有能で教養も深い男たちが多く、それゆえに不法な行為にも無縁でこられた有力諸侯になるのだった。

こうして登用された人の好例は、エンリコ・ディ・モッラであろう。ナポリの後背地に広い領地を持っていた典型的な封建領主であったこの人物を、フリードリッヒはいきなり、司法長官としてもよい要職に任命したのである。三十年前にさかのぼって、つまりその当時の法に基づいて封建領主から取り上げて王の領土にもどす役割を、封建領主の一人にまかせたということであった。

どうやらフリードリッヒよりは十歳ほど年上であったらしいエンリコは、彼の死の年までの二十一年間、この職務を遂行しつづける。司法長官以外にも、抜擢し登用するが酷使もする、というフリードリッヒの人材活用法そのものに彼も他のあらゆる分野で〝酷使〟されるが、それも彼が、パレルモの大司教ベラルドやチュートン騎士団の団長ヘルマンという側近中の側近と同じに、フリードリッヒの宮廷の重臣になっていたことを示している。そして、このエンリコ・ディ・モッラに似た例は、彼以外にも四、五人は数えることができたのだった。

つまり、自らの王国の再編成を始めた当初にフリードリッヒが採《と》った戦術、マフィアの頭目をマフィア対策の最前線に立たせる、という言い方が悪ければ、毒をもって毒を制す、という言い方に変えるが、いずれにしてもその戦術は成功したのである。起ったとしても当然だった封建諸侯たちの反乱は、結局は起らなかったのだから。

とはいえ、単発的ならば、数件は起ったのだ。それらは直ちに制圧されたが、反旗をひるがえした側は軍事行動に出たことになる。カプアで決まった法によるならば、死罪に処され資産を没収されても文句は言えなかった。

しかし、法で決まっていることならばすべて厳密に実施してこそ正義の行使になる、と思いこんで疑わない人は、法が何たるかに無知な人である。フリードリッヒは、法的な解決を貫くよりも政治的な解決を採る。その男を殺させなかった。チュートン騎士団の団長ヘルマンに、身柄を預けたのである。聖地を訪れる巡礼たちの守護役が、この反逆者の第二の人生になった。体《てい》の良い国外追放、であったのは確かにしても。


カプアには、「カプア憲章」は書きあげたにしろ、一ヵ月滞在しただけだった。一二二一年と年が代わってすぐの一月、ナポリに移動している。そして、その月いっぱいを、ナポリからサレルノに至る南伊の視察に費やした。法学者のロフレドも、同行者の一人であったにちがいない。この時期、ナポリに創設することになる大学も、サレルノにすでにあった医学校のさらなる充実も、構想されたのではないかと思う。法科大学としてもよいナポリ大学はこの三年後に開校するが、その初代の学長に就任するのがロフレドになるからだった。大学開設の目的が優秀な官僚の養成にあったのは、言うまでもない。


ナポリからは内陸に入ったところにあるベネヴェント生れのロフレド・エピファーニオという名の法学者だが、イタリア法制史には欠かせない人物になった理由は、フリードリッヒの法律顧問を務めたから、だけではなかった。今なお国立大学として健在な、フリードリッヒをイタリア語式に発音した「フェデリーコ二世大学」が正式な名であるナポリ大学の、初代の学長に就任したというだけでもない。この人の代表作とされている『教会法と市民法に関する考察』(Libelli de iure canonico et civili)が、これより二百五十年以上も過ぎた十六世紀に入ってから、次々と各国で再刊行されるからである。

ローマ、一五〇〇年。アヴィニョン、一五〇〇年。ストラスブール、一五〇二年と一五一六年。パリ、一五一九年。ヴェネツィア、一五三七年。リヨン、一五三八年と一五六一年。ケルン、一五九一年。

キリスト教の考え方が日常生活のすみずみまでを律する社会に生きていながら世俗の法の公正な施行を実

現するにはどうすればよいか、という問題意識が、ルネサンスも盛期に入っていた十六世紀のヨーロッパ人に対しても強く働きかけていたという証拠ではないだろうか。ロフレドがフリードリッヒと共同作業をしていた時代には、この問題意識は、彼と皇帝の間にしか存在しなかったこと、であったのだが。

しかし、いかに高尚な問題意識を持っていようと、眼前に立ちはだかる課題を解決していかないかぎり、統治者でありつづけることはできない。問題意識を持つだけで充分な学者と、政治家ではそこがちがった。

一二二一年（二十六歳）、一二二二年（二十七歳）とついつい年齢まで書きたくなってしまうのは、この二年間はとりわけフリードリッヒにとって、席の暖まる暇もないくらいに南イタリアとシチリア島を巡行してまわった時期になるからである。どこそこには二泊、その後に向った町では一泊、という行動表だけを一冊に仕上げた研究書がドイツで出版されているが、それを眺めながら、若いとは言えこれでは従う人々のほうが大変だったろうと、若き皇帝には同情しなくてもその彼に随行していた人々には同情してしまう。

だが、この時期のフリードリッヒには、自領をくまなくまわることが必要不可欠であったのだ。三十年もの間の無政府状態をよいことに勝手に領地を増やしていた諸侯たちから、それを取り上げて王領にもどすために成された巡行だが、領地には必ず、そこからあがる税もついてくる。王の直接統治領を増やすことは、王の金庫に入ってくる税金を増やすことになる。一種の地方分権でもあった封建制度を廃して中央集権の国家にしたければ、税のほうも中央集権にしなければならないのである。いかに高邁《こうまい》な目標をかかげた政治改革でも、財源の確保なしには、学者の論議の域に留まるからであった。

しかも、この時期のフリードリッヒには、落ちつかないというほど各地を移動してまわりながらも、その間も執拗に追ってくる法王からの十字軍に遠征せよとの要求を、なだめてはさらなる延期を認めてもらうということまでしなければならなかったのである。失敗に終わった第五次十字軍の結果に絶望していた法王ホノリウスにとって、フリードリッヒを十字軍に送り出すことは、もはや老いの一念になっていたのだった。

十字軍遠征の延期をめぐって対立した観のある法王とフリードリッヒだが、所詮はこの二人の考え方のちがいから発していた。

ローマ法王にしてみれば、神聖ローマ帝国皇帝にとっての最優先事項は、オリエントに遠征して異教徒イスラムからイェルサレムを奪い返すことにあるべきだ、となる。

一方、皇帝フリードリッヒにとっての最優先事項は、自分の領国の統治の確立であった。その後ならば遠征に行くと言っているのだが、法王はそれでは遅いと言い張ってゆずらない。対立はここから生れていたのだが、十字軍遠征を誓うことでローマでの戴冠式まで獲ち取ったのは、フリードリッヒである。ゆえにこのときも、これまでのらりくらりで行く。ただし、ローマ法王の不興を買うというリスクは、冒しながらではあったのだが。

南の国プーリア

この時期のフリードリッヒの行動を逐一追った研究者によれば、フリードリッヒが初めてプーリアの土を踏んだのは一二二一年の二月十五日になる。となれば、カプアで法治国家の「骨格」作りを終えた後、ナポリに移ってそこに建てる大学を構想し、サレルノを訪れては医学校の強化の想を練ったその足で、プーリアに入ったことになる。ドイツにいた頃の彼は、ドイツ人から「プーリアの少年《プエル》」と呼ばれていたのだ。でいながらフリードリッヒは、それまではプーリアを見たことがなかった。幼少期を過ごしたシチリアから、そのままドイツに発っていたからである。

また、この時代のヨーロッパ人にとって、プーリアは、現代のような南伊の一州としてのプーリアではなく、南イタリア全体を意味していた。なにしろ南イタリア、それもとくに長靴のふくらはぎからかかとに至るまでのプーリア地方そのものが、当時の北ヨーロッパの人々にさえも馴染み深い地方であったのだから。

彼らにとっては聖地であるパレスティーナに発つ巡礼者も、そのパレスティーナで異教徒相手に闘うと決めた騎士たちも、アルプスを越えてイタリアに入り、プーリア地方の南端にあるブリンディシまで来てそこから船に乗るのは、通例になっていたからである。古代のローマ時代からブリンディシは、オリエントに向う海路の出発港であり帰着港であるという、長い歴史を持っていた。今なお太く高く繁るオリーヴの林の中を通りながら、この地方の古老の口からは、この樹は下を通って行く十字軍の騎士たちを見て育った、という言葉がもれたりする。

というわけで「プーリア」は、現代よりも中世の頃のほうが知名度が高かったと思うほどだが、このプーリアに初めて足を踏み入れたフリードリッヒは、三ヵ月かけて巡察していくうちに魅了されてしまったのである。

なぜか、を想像するのはむずかしくない。ドイツとイタリアを想い比べるだけでも、その半ばまでは容易に達せる。

フリードリッヒは、八年にわたったドイツ滞在の後に、初めて自分の眼で南イタリアを見たのである。あの時代のドイツは、南部でさえも、森と湖とか弱い陽光の国と言ってよく、その反対にプーリアは、広い平野となだらかな丘と強烈な太陽の国であった。

だが、ちがいがこれだけならば、今なお南の国への憧れが強く、休暇となれば南を目指して押し寄せてくるドイツ人の観光客と変わらない。フリードリッヒには、この人々とは別の何か、があったのではないか。

それは、プーリアでは森や湖は存在してもそれらは眼線をさえぎるほど深くも広くもなく、丘さえも平原の起伏程度にしか高くはなく、その間に横たわる平野には麦畑が広がっている。

つまり、強烈な陽光ということならば同条件の南イタリアの中でも、とくにプーリア地方は、視界をさえぎるものはほとんどないと言ってもよいくらいに広々としているのだ。

このプーリア地方にフリードリッヒが建てさせた城を見てまわるのは、微笑なしにはやれない旅になる。遠くから見ただけでも、彼が建てさせたり補強させた城だとすぐにわかる。城にはその周囲をまわる道をたどって近づくしかないが、それゆえに四方八方から城を見ながら接近していくことになるのだが、これをやりながら浮んでくるのは、フリードリッヒという男は視界をさえぎられることが何よりも嫌いだったのではないか、という想いだった。この想いは、城の内部に入ってそこから周辺を一望したときには確信に変わっていた。

フリードリッヒにとっての生涯を通しての情熱は、鷹狩りであった。自ら著作まで書いている。それを読むと彼についての多くのことがわかってくるのだが、鷹狩りのマニュアル書である以上、鷹狩りの達人にはどうすればなれるのか、について書かれているのは当然だ。

しかし、そこを読んでいくと、鷹を使っての超一流の狩人の域に達するには、優秀な鷹匠になっただけでは充分ではない、ということもわかってくる。

優れた鷹匠は、自分が放した鷹が飛んで行く姿の美しさ、は賞でることはできるだろう。だが、それだけでは充分でないのだ。空高く飛び立っていく鷹に、自分も乗り移ることが重要になる。それができて初めて、超一流の狩人の域に達せる。

そして、鷹になり変わって下界を見降ろしたとき、鷹は何を好むのか。視界をさえぎるもののない広い世界で、大きく羽ばたき、風に乗って悠然と飛ぶのを好むのではないだろうか。

フリードリッヒが、このプーリアに魅了されたのは当然だった。彼が母方のノルマン王朝から受け継いだ「シチリア王国」は、その名がいみじくも示すように、シチリア島が主体になった王国である。首都も、パレルモに置かれていた。プーリアという名でひとくくりにされていた南イタリアは、この「シチリア王国」の、附属ではなくても、都市に対する地方、のような存在であったのだ。

これが、フリードリッヒによって一変する。シチリアの重要度が落ちたのではない。「シチリア王国」の首都は以前と同じくパレルモであり、この王国内での宗教界のトップは、パレルモの大司教のベラルドであることも変わりはない。ゆえにフリードリッヒが行ったのは、「シチリア王国」の中での南イタリアの地位の向上である、と言ってよかった。ナポリに大学を創設し、サレルノの医学校を強化し、ブリンディシを始めとするプーリア地方の海港都市を整備し、フォッジアに王宮を建てることによって。

八百年後の今なおプーリア地方の人々が、「プーリアの少年《プエル》」(Puer Apriae)と名づけた葡萄酒を醸造するのは、このプーリアを愛しその良さを北ヨーロッパの人々にも知らせたのがフリードリッヒであるからだ。そして、シチリアに住む教養ある人々が、今なお幾分かにしてもフリードリッヒへの不満を口にするのは、この皇帝が南イタリアでは最初の高等教育機関である大学を、パレルモではなくてナポリに置いたことにある。民心とは、歴史学者たちの研究範囲を越えて、忘れられることなくつづくものなのである。

フォッジアに王宮が建てられるのは一二二三年。ナポリ大学が開校するのは一二二四年。彼が二十八歳と二十九歳の年のことであった。

こうも諸々のことにかかわっていたのでは席の暖まる暇もないくらいに各地を移動してまわっていたのも当然だが、この時期、皇后のコスタンツァを、マラリアで失っている。死去は一二二二年の六月二十三日で、この時期はプーリアにいたフリードリッヒは妻の臨終に立ち会うことができなかった。

だが、急使によって死去を知るや、二十七歳の夫はただちに巡行を中断し、葬礼が行われるパレルモに駆けつける。彼が手配させたという石棺はどう見ても古代ローマ時代の戦士が葬られていたものではないかと思うほど、キリスト教徒の女人の遺体を収める棺としてはふさわしくない浮彫がほどこされているものだが、大理石の質ならば最上級の品ではあった。

その内部に、これまたフリードリッヒが指示するままに、皇帝の色でもある真紅のブロケードの衣装を着けた遺体が納められる。遺体には、宝石がちりばめられた皇后用の冠がかぶせられ、彼女の持物だった宝飾品のすべてが納められた。死出の旅に、皇后として発たせるための心遣いであった。

死の年は三十九歳であったこの最初の妻コスタンツァは、フリードリッヒにとっては最良の伴侶ではなかったかと思う。穏和な性質で、手なずけるなど不可能な夫にさからうことなく、十歳は若い夫の思うままを常に受け容れてきたのである。ドイツに来いと命じられればドイツに行き、戴冠式は夫婦ともに行うと言われればローマに同行した。まだ幼さを残す一人息子を、皇帝の後継ぎゆえドイツに留める、と言われればそれにも反対しなかった。そのうえ夫が、ドイツ滞在中に愛人をつくり、その愛人からは息子より五歳年下になる男の子が生れていたと知っても、他の王妃たちのようにローマ法王に泣き言を書き送ったりはしなかったのである。

大司教ベラルドによって荘厳な雰囲気のうちに行われた葬礼の式は、最前列に立つフリードリッヒが見守る中で終わった。遺体が納められた大理石の棺には、フリードリッヒの命ずるままに、次の一句が刻まれていた。

——皇后でありシチリア王国の王妃であったコスタンツァ、ここに眠る。あなたのフリードリッヒ、それを記す——

それまでにパレルモの主教会《カテドラル》に葬られていたのは、ノルマン王朝最盛期の王のルッジェロ二世と、その娘でフリードリッヒの母であるコスタンツァ、その夫でフリードリッヒには父のハインリッヒ六世の三人であった。フリードリッヒの妻コスタンツァは、四人目になったのだ。そして、いずれはフリードリッヒも、彼らの一人になるのだった。

ちなみにフリードリッヒはこの後に三度結婚するが、その正妻たちの中でもパレルモの主教会《カテドラル》に墓を持ったのは、最初の妻であった彼女一人になる。彼女だけが、ローマで法王によって帝冠を授けられた、皇帝フリードリッヒ二世にとってはただ一人の皇妃、になるからであった。

妻を葬った後も、プーリアにはもどらずにシチリアに留まった。留まった理由は、ある問題を早急に解決しなければならなかったからだ。その問題とは、初めのうちは小規模の火事であったのがしだいに勢いを増し、断固とした処置に出ないかぎりは、全島に燃え広がりかねない状態になっていた、「サラセン問題」であった。

サラセン問題

シチリアは、地中海では最大の島である。最大というだけでなく地中海の中央に突き出ているという地理上の理由もあって、中世に入ってからも各時代の勢力者から常に狙われる運命にあった。

古代末期から中世初期にかけては、ビザンチン帝国の民であるギリシア人。

その後にシチリアを二百年の間支配していたのは、アラブ人。

そのアラブ勢を倒してシチリア王国を建設したのは、北部フランスから来たノルマン人。

このように、五世紀から十世紀までの五百年間に、ギリシア正教のキリスト教徒、イスラム教徒、カトリックのキリスト教徒と支配者が入れ代わってきたのがシチリアの歴史であった。だが、このいずれもが、勝者になっても敗者は一掃せずに共生の道を選んだことが、シチリアでしか見られなかった特異な現象になる。

共生と言っても、対等な立場を認めたうえでの共生ではない。

ビザンチン帝国に支配されていた時代、古代ローマの末裔《まつえい》であったラテン系の住民は、被支配者で我慢するしかなかった。

その後にシチリアを支配したアラブ人は、イスラム教徒である彼らにとっては異教徒であるにかかわらず、ギリシア人やラテン人の居住継続を認める。ただし、これら被支配者には、「ジズヤ」(jizya)と呼ばれる人頭税が課された。言葉上では、イスラム社会で暮らすキリスト教徒の保護のため、となるが、ほんとうのところろは、異教徒であっても居住を耐えてやる代わりに払う税金、である。これがイスラム教徒が自画自讃する「イスラムの寛容」の実態だが、この程度の寛容すらも拒否していたのが同時代のキリスト教世界であった。

だが、この「耐え代」を払っていたおかげで、イスラム支配下にあった時代でもシチリアには、キリスト教徒が住みつづけていたのである。遠く北フランスから来たために大軍勢ではまったくなかったノルマン人が、地中海最大の島シチリアを征服できたのには、この島に住みつづけていたキリスト教徒たちの後援があったからだった。

シチリアを支配下に置くようになって以後のノルマン人たちは、アラブ人よりもなお一層ヒューマンな統治方法を採用する。敗者であり被支配者になったアラブ人に、人頭税を払うことなしの居住継続を認めたのだ。それどころか、建築や水路工事に熟達していたり行政にくわしいアラブ人を、積極的に登用したのだった。なにしろ、ノルマンの王たちの宮殿に変わって以後は、「ノルマン人の宮殿」と呼ばれている、現代は州庁に使われているパレルモ第一の建物も、外観を見るだけでアラブ人による建造とわかる。征服者であるノルマン人の数があまりにも少なく、敗者でも数は多いアラブ人を活用したほうが、統治という視点に立てば現実的であったからだった。

キリスト教とイスラム教という一神教同士が敵視し合っていた中世、このシチリアが奇跡とさえ言われていたのは、パレルモとその周辺にある教会を見てまわるだけで納得するだろう。カトリックのキリスト教徒の王が依頼した聖者のテーマをギリシア正教徒のギリシア人がモザイクに作り、壁面や床を飾る多色の敷石は、アラブ人が作りあげた教会。これが、ノルマン王朝が支配していた時代のシチリアであった。ラテン人とギリシア人とアラブ人が、共生していたシチリアである。フリードリッヒが幼少期を過ごし、母方から相続したのはこのシチリアなのである。

しかし、時代が進むにつれて、理想的に見えた状態にも欠陥が出てくる。そしてそれは、このシチリア社会から取り残されたと感じた人々の不満が原因だった。

行政や技術や学問の分野では、この三民族の共生は、北ヨーロッパから来て聖地に向う巡礼たちの眼には醜聞と映るくらいに、非キリスト教的だった。パレルモの王宮にはターバンと長衣姿のアラブ人が自由に出入りしていたし、フリードリッヒの側近の中にも、名だけでアラブとわかる人が少なくなかった。モスクからは祈りのときを告げるモアヅィンが朗々と流れ、教会の鐘楼からは、こちらも祈りの時間になると鐘の音が鳴りひびく。ノルマン王朝の共生路線を継承するフリードリッヒが支配するシチリアでは、学識や技能に長じたイスラム教徒にとって、キリスト教徒の王なり皇帝なりの支配下で生きる不都合はまったくなかったのである。

しかし、農村地帯になると事情は変わってくる。農村では、学識や技能は関係なくなり、収穫による稼ぎの高《たか》が問題になる。どうやらアラブ人の耕す農地からの収益はキリスト教徒の農地よりも低いのが一般的であったようで、その原因は統治するキリスト教徒の王の同教の人々への優遇にある、と思いこんだのであった。こうなると、宗教のちがいが表面に出てきてしまう。人種差別や異教徒排撃の感情は常に、能力の格差が待遇の差別によると思いこんだ下層の人々の間から起ってくるものなのだ。一二二一年の冬、シチリアの農村地帯に住むイスラム教徒たちがいっせいに蜂起した。

だがこれも、首謀者の処刑で鎮静化したかに見えたのだが、それは表面的な現象にすぎなかった。シチリアの内陸部で起った不満の炎は島の南部に広がって行き、北アフリカに住むアラブ人たちとの共闘を謀るまでにエスカレートしたのである。シチリアと北アフリカのチュニジアやリビアの間は、海が間にあろうと近い。当時は海賊が襲ってこれる距離であり、今ならば難民がボロ船に乗っても着ける近さである。

ここまできてしまっては、フリードリッヒも座視は許されなくなった。シチリアのアラブ人と北アフリカのアラブ人が共闘するようになっては、シチリア王国全体が危険にさらされることになってしまう。

一二二三年の五月、フリードリッヒは強硬策に出た。シチリア在住のアラブ人の中で蜂起に加わった者の全員と、その家族を、強制的にシチリアから離し、プーリアに移住させたのである。二万人にもなったというこれら蜂起組のアラブ人を、北アフリカからは遠く離れた南イタリアの内陸部に、強制移住させたのであった。

イスラム教徒が、ヨーロッパのキリスト教徒ならばどこの国の生れであろうと関係なく、「フランク人」と呼んでいた一方で、ヨーロッパのキリスト教徒はイスラム教徒を、アラブ人であろうが北アフリカに多いベルベル人であろうが、アジア発生の民であるトルコ人であろうが関係なく、ひとくくりにして「サラセン人」と呼んでいたのが中世である。シチリア在住のイスラム教徒の多くはアラブ人だったが、彼らも「サラセン人」なのであった。

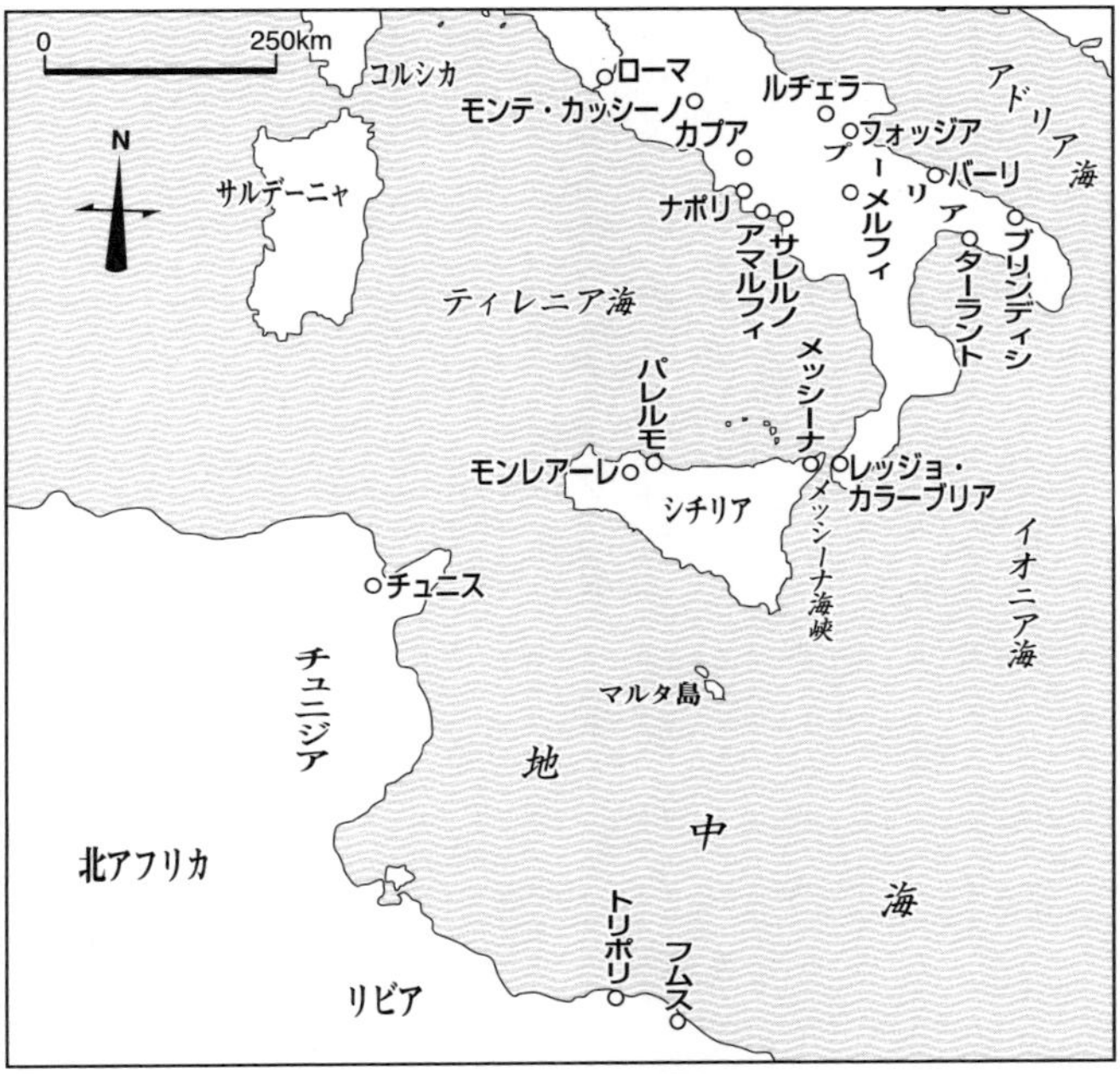

南イタリアとその周辺

それでこれらサラセン人の中の不満組の移転先と決まったのは、フリードリッヒの領国内の南イタリアだが、彼はこの人々を辺鄙《へんぴ》な山奥に追放したのではない。王宮が建設中だったフォッジアから、わずか十八キロしか離れていないルチェラに移住させたのである。この地ならば北アフリカからは離れており、しかも海からも離れた内陸にある。また、王宮を置くことで以後はパレルモに次ぐ重要な都市になるフォッジアからならば、監視の眼も届きやすいと考えたのかもしれない。

サラセン人を集団移住させたこの町に、フリードリッヒは、「サラセン人のルチェラ」を意味するラテン語の名まで与えた。

もしもここでフリードリッヒが、イスラム教徒であるこの人々を強制移住させただけでなく、またこのルチェラをサラセン人の町と定めただけでもなく、これら異教徒にキリスト教への改宗も強制していたのであったら、法王を始めとするカトリック教会から賞《ほ》められていたにちがいない。なにしろこの時代は、異教徒撲滅を旗印にかかげた十字軍の時代であったのだから。

しかし、二十八歳になっていた皇帝は、ルチェラに移住させたこれらサラセン人に対して、完璧な信仰の自由を認めたのである。ルチェラには数多くのモスクが建てられるようになり、そのモスクの尖塔からは一日に五度、祈りのときを告げるモアヅィンが響きわたるようになった。キリスト教世界の俗界の最高位者の王宮のある町から、わずか十八キロしか離れていないところで。法王領内最大の修道院でもあったモンテ・カッシーノの大修道院からは、百キロしか離れていないところで。

ルチェラに移住させたサラセン人に、フリードリッヒは生活の手段まで与える。若い男子には、彼が率いる軍に入って歩兵として勤務することを認め、壮年から上の男たちには、耕作と牧畜用の農地を貸与した。女たちには、王国の家臣や官吏の着衣に用いる布地を織る仕事が与えられる。わざわざオリエントにまで、外注する必要がなくなったことになる。

不思議と言うべきか、それとも当然とすべきか、これで、フリードリッヒが十字軍遠征延期の理由にまでしていた「サラセン問題」も解決したのである。ルチェラに住むアラブ人だけでなく、シチリアに住む他のアラブ人たちによる反乱は、これ以降は二度と起らなくなった。

海軍再興

しかも、この同じ時期にフリードリッヒは、もう一つのことにも手をつけている。それは、ルッジェロ二世の死の後は衰退する一方だった、シチリア王国自前の海軍力の再興であった。

フリードリッヒが相続した当時のシチリア王国の海上防衛は、いかに広くてもシチリアは島である以上は海上の安全保障は重要このうえもなかったのだが、その海上防衛はジェノヴァとピサに頼るしかない状態にあった。だがこの二つの海洋都市国家は、海外貿易を主な収入源にしている通商国家である。北アフリカから襲ってくる海賊への防衛を請負うのも、タダではしない人々だ。それで彼らが要求し受け容れられていた「請負い料」は、シチリアの西南部に位置し古代から良港として知られていたシラクサに、それぞれ独立した別個の居留区を所有することであった。

こうして、海港都市シラクサの中でも港に近い一等地は、ジェノヴァ居留区とピサ居留区で占められてきたのである。居留区は、この二海洋都市国家の性格からも、海軍基地であると同時に通商基地でもある。そしてこのシラクサでも居留区内は、当時の地中海世界の他の居留区同様に治外法権を享受していた。

フリードリッヒは、あらゆる分野で、シチリア王国の中央集権化を進めていた最中にある。シチリアではパレルモに次ぐ重要都市シラクサが、治外法権地区であることを認める気はない。また、通商面でも外国勢が自由に振舞うことを認めれば、それによる収益はジェノヴァやピサのものになり、シチリア王国の国庫には入ってこない。と言って、海上防衛を一任している以上、居留区から出て行けと言うこともできなかった。

フリードリッヒによるシチリア王国独自の海軍力再興は、王国の経済にとっては不利になるこの状態を、改善する意図から発していたのである。いつでもこちらにとって都合の良いときに居留区を引き払えと言えるように、まずは海上防衛の自前化をやりとげよう、と。祖父のルッジェロ二世の時代にはできたのだから、その半世紀後にできないはずはなかった。また、シチリアの内陸部には、造船に使える木材は豊富にあった。

こうして実現したシチリア王国海軍は、フリードリッヒが率いて行く第六次の十字軍では重要な役割を果すことになるが、それは五年先のことだ。再興に手をつけた当初の意図は、あくまでも海上防衛の自前化にあった。なにしろこれさえ実現すれば、シチリアに住むサラセン人と北アフリカに住むサラセン人という、両イスラム勢力の合流を阻止することにもなるからである。

王国の海軍再興というこの事業を、フリードリッヒは、もともとはジェノヴァ人だが生れはマルタ島、ということしかわかっていない、エンリコという名の人物に託す。この男の前歴は海賊で、海賊退治を海賊に一任したのだから愉快だが、このマルタ島生れのエンリコは、しばらくもしないうちにフリードリッヒの海軍の司令官に収まっている。五年後に始まる第六次十字軍では、陸上軍を率いたのは由緒正しいドイツ貴族でチュートン騎士団の団長でもあったヘルマンだが、海上軍をまかされるのは、由緒正しいとはとても言えないエンリコ・ディ・マルタになるのである。そして、ヘルマンも死ぬまでフリードリッヒへの忠誠を守り通すが、元海賊も、彼よりはいくつか年下であったらしい皇帝に生涯を捧げたことならば同じであった。

フォッジアの王宮

現代のフォッジアを訪れて、八百年昔には存在した王宮を想像するのは絶望的である。王宮の入り口の上半分とそこに彫られていた碑文以外は、まったく何ひとつ遺《のこ》っていない。フリードリッヒの死後二十年してようやく彼への報復を始めたローマ法王庁が、新たにこの地を領するようになったフランス人の王に命じて徹底的に破壊させたからであった。

しかし、破壊されても廃墟になって残るケースもある。だがそれは、人も住まなくなった場合にかぎられる。破壊された場所が都市内であったりすると、その近くに住む人々にとっての格好の建材徴集場になってしまうからである。すでに破壊されているので引きはがし取り出すのも簡単になった大理石や石は、そのまま建材として使えるからで、それらが持ち出された後は廃墟でさえもなくなってしまい、ゆえに遺跡として後世にまで残ることもなくなるのだった。

だが、なぜフォッジアの王宮だけが徹底して破壊されたのか。

フリードリッヒはまさにこの時期、一二二三年頃からプーリアの全域に数多くの城塞を建設していくが、その多くは八百年後の今なお、ほとんどそのままの形で残っている。それは彼の王朝の後にこの地の支配者になったフランス系のアンジュー家の王たちにとっても、それに次ぐスペイン系のアラゴン家の王たちにとっても、堅固で効率的に作られた城塞は有用であったからで、バーリの城塞に至っては今ではイタリア海軍が使っている。カステル・デル・モンテの城塞は、世界遺産に指定され観光客が絶えない。だから、フリードリッヒが建てさせた建造物ならば、何であろうと徹底的に破壊されたわけではなかったのである。

フォッジアの王宮がこれらとは別の運命をたどったのは、この建物だけがキリスト教的でなく、イスラム色が濃厚であったからではないか。

同時代人が書き残した記述によれば、フォッジアの王宮は、北ヨーロッパに見られるような、荘厳ではあっても冷たくストイックな城塞づくりにはなっていなかった。広々と開放的であちこちに豊かな水が流れ、樹々が繁り、花々で埋まり鳥が鳴き、その中を当時のヨーロッパでは珍しかったさまざまな動物が放し飼いにされているという、自然色豊かな庭園をもつ王宮であったのだ。

それが事実であれば、連想が及ぶのは、パレルモの郊外に今なお史跡として残る、「ヅィザ」（Zisa）である。パレルモの市内にある王宮が城塞づくりになっているのに対し、同じくアラブ式の建造物でも「ヅィザ」は夏用の離宮であるためか、広々とした庭園がめぐる屋敷づくりになっている。フリードリッヒが、幼少期を過ごした場所でもあった。

イスラム教徒にとっての天上の楽園は、地上では不足がちなものがすべてそろっている場でなければならなかった。豊かに流れる水、深々と繁る樹々、さまざまな色の花とその間を飛び交うこれも種々さまざまな鳥。

イスラム世界では、有力者ならば、地上でもこの楽園を愉しむ権利はある、と考えられていたのである。それゆえ、キリスト教徒の王から依頼されて夏の離宮を建設したシチリア在住のアラブ人の建築師も、ごく自然にイスラム式の離宮を建て、シチリアの王であるノルマン王朝の王たちも、違和感を感ずることなくそこで夏の日々を過ごしたのだろう。

フリードリッヒはフォッジアに、ヴィザをより大規模にした王宮を建てさせたのではないか。幼少時に慣れ親しんでいた環境を、プーリアでも味わいたかったのかもしれない。実際、フォッジアの王宮には毎年のように滞在し、それも長期間滞在している。しかし、フォッジアの王宮を彼は、自身の愉楽のためだけに使ったのではなかった。現代的に言えば、迎賓館としても活用していくのである。

聖地巡礼は、この時代のキリスト教徒にとっては、夢というよりももっと強い願望であった。聖地パレスティーナまで行って聖都イェルサレムに残る聖墳墓教会で祈れば、それだけでカトリック教会は完全免罪にしてくれたのである。完全免罪になると天国行きも確実になるので、それが当時の信心深い人々にとってどれほどの安堵であったかは想像も容易だ。

これが中世に生きた人々の真の想いである以上、庶民も王侯も関係なく聖地巡礼熱が高かったのも当然だ。この時期のパレスティーナでは、リチャード獅子心王とサラディンの間で成立した講和がまだ生きており、そのおかげでイスラム勢力とキリスト勢力の間は現状維持の状態でつづいていた。要するに、表立っての戦闘状態にはなかったということである。イェルサレムに行って聖墳墓教会の中で祈るのも、その聖都を支配下に置いているイスラム教徒に参拝料を払えば実現できたのである。

こうなれば、天国行きを確実にしたい人々が、まるで絶えない川の流れのようにパレスティーナへと向う。その中には少なくない数で、王や有力な諸侯の子弟たちもいた。支配層に属するこの人々にとっては、天国の席の予約に加えて、支配者になったときに役立つハクづけも意味していたからである。

なにしろ、一国の王や広大な領地を持つ君侯ともなると、容易なことでは国を留守にすることは許されない。それで、天国の席とハクづけのために聖地巡礼に向うのは、王子や君侯の息子たちになった。

この人々も庶民の巡礼者同様に、聖地巡礼の幹線路を使う。北ヨーロッパから来てイタリア半島を南下し、ブリンディシからパレスティーナ地方の海港都市アッコンまで海路をとり、アッコンに上陸した後は陸路イェルサレムを目指す、という道筋である。帰途は、これと逆になる。プーリアの知名度が当時のヨーロッパ人の間で高かったのも聖地巡礼の幹線路になっていたからだが、ブリンディシからはさして遠くないフォッジアはその道筋に位置するのだった。

長い旅路の途中で供されるフリードリッヒによる暖かいもてなしは、これら次代の支配者たちにとっては心身ともの快になったろう。この二十年後からはフリードリッヒとローマ法王庁の対立は激突と言ってもよい状態になっていくが、その時期には国や地方の支配者になっていた彼らのほとんどは、明確に法王の側には立たないということによって、実質的にはフリードリッヒ側に立つことになるのである。

しかし、法王庁の側にすれば、フォッジアにあるフリードリッヒの王宮は、我慢のならない存在であったにちがいない。入浴が病人にしか認められていなかった時代であるにかかわらず、王宮には本格的な浴場が完備していた。入浴はそれ自体で「快」であるところから、中世のキリスト教会は入浴を、異教徒ローマ人が好んだ悪しき風習、と断罪していた。中世のキリスト教は、衛生よりも信仰を重要視していたのである。

反対に、イスラム教では入浴は罪悪視されていなかった。ゆえに十三世紀半ばというこの時代、完備した入浴設備は、古代のローマ的というより同時代のイスラム的、ということになったのだ。

また、フリードリッヒの王宮では、入浴を済ませた後で導かれる夕食の席では、アラブの舞姫たちによる踊りまで供されたという。アルプスの北の国々ではリュートを弾きながらの吟遊詩人の歌のみが供されるのが、通常であったのだが。

そのうえ、客人たちは発つときに、王宮に附属して建てられている織物工場で織られた、当時ではオリエントでしか生産されていなかった豪華な絹織物までおみやげに持たされたというのだから、これでは法王がカッカとくるのも当り前だと思ってしまう。

シチリアにある離宮ならば、放っておくことはできた。だが、フォッジアは、ローマとは地つづきのイタリア半島にある。しかも、ローマ法王領土の境のすぐ南に位置していた。

このことによる恐怖と憎悪の想いが、フリードリッヒも死に彼の後継ぎたちも死に絶えた後に法王承認のもとに断行された、徹底した破壊の理由ではなかったかと思われる。

このフォッジアからは十八キロしか離れていないルチェラでも、この町が長年にわたってイスラム教徒の町であったことを示す痕跡は、今では何ひとつ残っていない。フォッジアでは王宮にのみ成された破壊は、ルチェラでは町全体に対して成されたからである。住民は、全員が奴隷として売られた。カトリック教会は、同宗の教徒を奴隷にすることは禁じていたが、異教徒の奴隷化は禁じていなかった。この決まりはイスラム世界でも同じであったので、おたがいさま、ではあったのだが。ちなみに、いかなる宗教を信じようと奴隷化は否、と定めた法案が各国で批准されていくのは、これより五百年後の十九世紀に入ってからになる。

話を、十三世紀にもどす。フォッジアの王宮も健在でルチェラに住むサラセン人も平穏に暮らしていた十三世紀も初めの四半世紀が過ぎようとしていた一二二四年、二十九歳になっていたフリードリッヒは、またもローマ法王の気を損いかねないことを実行に移していた。法王ホノリウスに十字軍遠征の三度目の延期を認めさせたわずか二ヵ月後に、ナポリ大学の創設を公表したのである。

ヨーロッパ初の国立大学

中世も後半に入る十一世紀の末から十三世紀を通しての二百年間、ヨーロッパのキリスト教世界は、それまでの沈滞から変動の時代に入っていた。つまり、ローマ帝国滅亡後から始まった暗黒の中世から、ようやくにしても脱け出しつつあったということである。

まず、農業の生産性が向上したことを受けて、人口が増大した。

「神がそれを望んでおられる」のスローガン一下パレスティーナにどっと押し寄せたことから始まった十字軍遠征も、一〇九七年から一二九一年の二百年間にすっぽりと収まる。これも、人口が増えたからできたこと、と言えないこともない。

そして、十字軍によってヨーロッパのキリスト教徒たちの信仰心はいやが上にも高められたのか、十字軍運動の主力であったフランスではとくに、教会建築が最盛期を迎える。ルーアンの大聖堂は、一二〇一年に着工し一二五〇年に落成。アミアンの大聖堂のほうは、一二二〇年に着工し一二六九年に完成する。これ以外にもこの時期に成された建立は多く、十三世紀とはゴシック様式が花開いた時代になるのである。

人々の関心がこうも多様な方面に向うようになれば、その一部にしろ知的な方向に向ったとて当然だ。今なお健在なヨーロッパの有名大学の設立も、十一世紀末から十三世紀前半に集中している。

ヨーロッパ最古の大学として知られるボローニャ大学の設立は、一〇八八年。学を修めたい若者たちが集まって組合を作り、教授たちを招聘し、その教授たちには学生組合が授業料を払う、という形で始まった。つまり、大学があって学生組合ができたのではなく、学生組合のほうが先にできて、それが大学になったのである。とはいえこの大学で教えていたのは神学と教会法がもっぱらで、後援者がローマ法王庁なのだからそれも当然だった。

このボローニャに次いだのは、パリ大学である。ただし、一一七〇年前後に設立されたのは聖職者が聖職の道に進む予定の若者に教える「塾」としたほうが適切で、それが大学と呼んでもよい組織になるのは、フランス王つきの聴聞僧であったソルボンによる一二五三年のソルボンヌ大学設立からになる。この大学がカトリック教会寄りとされるのも、当時の君主としては桁ちがいに信仰心が厚かったルイ九世の、懺悔《ざんげ》を聴くのが前職であった人の設立によるためか、と。

オックスフォード大学が修道僧たちによって設立された時期も、一一七〇年頃と言われている。ただし、設立後も長く、紆余曲折の歴史をたどり、大学として公式にスタートしたのは一五七一年。紆余曲折の一つは、一二〇九年、オックスフォードの教育内容に不満の学生たちが設立した、ケンブリッジ大学であった。オックスフォードとケンブリッジの対抗意識は八百年の昔からか、と思うと笑ってしまうのだが。

しかし、この種の現象は、当時の大学の運営が聖職者や学生組合によったからで、イタリアでも似たことは起った。一二二二年、ボローニャ大学の教育内容に不満の学生とそれに同調した教授たちがボローニャを離れ、北東イタリアの町パドヴァに大学を新設する。法王庁が後援するボローニャ大学に対し、しばらくするとヴェネツィア共和国が後援者になるこのパドヴァ大学の教育内容はこれを機に変わり、後にはガリレオ・ガリレイが教えることになる。このパドヴァ大学に遅れること二年、フリードリッヒによってナポリ大学が設立されたのであった。

同時代の設立でありながら、ナポリ大学はこれら同類とは多くの点でちがっていた。

第一は、大学は聖職者か学生たちが持ち寄る資金で運営されるのではなく、神聖ローマ帝国の皇帝でありシチリア王国の王でもあるフリードリッヒが提供する資金、つまり国費、によって運営されるところにある。ゆえに、授業料も無料。教授たちへの報酬も、国庫から払われる。ヨーロッパでは最初の国立大学を創設したのである。それは、他の大学では見られなかった、明確な形での学長の任命にも表われていた。

第二のちがいは、教育課目も教授陣の選定も、フリードリッヒの考えに沿って決められたことだろう。学生組合の結成は認められたが、大学運営の機関としてではなく、学生生活の利便に限られていた。

第三は、ナポリ大学では初めから、世俗人のための大学を目指していたことである。神学や教会法が主要課目を占めていた他の大学とちがって、それも教科には入っていたにしろナポリ大学では、ローマ法が主要課目になる。また、哲学も論理学も修辞学も教える。その中でもとくに、アラブ人の研究によってフリードリッヒ自らが学んだ、アリストテレスの哲学は重視された。古代には教養全般という意味で重要視されていたアルテス・リベラーレス（リベラル・アーツ）をすべて教えるのが、ナポリ大学を設立したフリードリッヒの考えであった。

要するに、わざわざ自分で大学まで作ってしまったフリードリッヒの意図は、教授陣を俗界の学者で固めるというやり方によってキリスト教のフィルターを排除し、そのうえで課目のすべてを教えることにあったのだ。そして、それをどう活かすかは学ぶ側の自由。実際、ナポリ大学で学び卒業後もしばらくはナポリで教えたトマソ・ダクィーノ、ラテン語読みならばトマス・アクィナスは、「中世神学の祖」になるのである。

同時代の他の大学とこのナポリ大学のちがいは、各大学のモットーにも表われているように思う。そのいずれもがラテン語であるのは、中世ではラテン語が有識者の言語とされていたからだった。

ボローニャ大学のモットーは、「Petrus ubique pater legum Bononia mater」。直訳すれば、「ペテロは偉大なる父であり、ボローニャは法律の母である」となる。

イエス・キリストの第一の弟子が聖ペテロであり、イエスはこの弟子を初代のローマ法王に指名したことからして、ボローニャ大学は法律の母であっても、法律の父はあくまでもキリスト教会であるということであった。

オックスフォード大学のモットーは、「Dominus illuminatio Mea」。「神こそはわが光明」の意味になる。ここでも、神、つまり宗教は、知識の探究と密接な関係にあるとしたことでは同じだ。

一方、ナポリ大学のモットーは、フリードリッヒ自らが考えたと言われているが、次のようになった。「Ad Scientiarum Haustum et Seminarium Doctrinarum」。訳を試みれば、「知識と教育の源泉にもどって」とでもなろうか。

ここでは、神にもイエスにもペテロにも言及されていない。知識の探究は、それを欲する人間の意志ひとつにかかっている、とでも言いたいかのようである。ナポリ大学が、ヨーロッパでは最初の「世俗《ライコ》」の大学とされている根拠はここにある。そしてこれは、ルネサンス運動が花開く二百五十年も前に成された、「ルネサンス宣言」でもあった。


このナポリ大学の教授陣にフリードリッヒは、ほとんどとしてよいくらいに聖職者を採用していない。同時代の他の大学では多くの聖職者が教えていたのだが、それは当時の有識者には聖職界に属す人が多かったという事情による。教師イコール聖職者が一般的であったこの時代、教授は俗人に限るとした方針を貫くのは初めのうちは大変であったろうが、まもなくそれは、聖職者にはなりたくないが学問は深めたい、と望む人々を勇気づけるように変わる。

しかもそれは、自らが統治する王国の中央集権化に際して多くの優秀な官僚を必要としていたフリードリッヒにとって、目前の需要を満たすことになるのだった。坊主になりたくない若者にも、卒業したら官僚になる道を提供すればよかったのだから。


しかし、いかに画期的な目標をかかげようと、新設の大学が直面する難問は古今東西変わらない。ナポリ大学が他のどこよりも意識したのはボローニャ大学だが、言ってみればボローニャ大学は、有名ブランドである。この有名ブランドに対抗するには、優秀な教授を集めることと同時に、向学心豊かな学生を集めることも重要だ。この重要課題の解決に、フリードリッヒは、二十九歳という当時の彼の年齢もあってか、運営の責任者というよりも彼と同世代の学生の身になって対策を考えたのではないかと思ってしまう。なぜなら、笑ってしまうくらいに学生たちを考慮したサーヴィスを連発しただけでなく、その宣伝にこれ努めたからであった。

フリードリッヒの領国である南イタリアにかぎらず、ボローニャ大学のある中部や北部イタリアにまで配られたというパンフレットに書かれていたのは、次の諸事項であったという。

まず、学びたいと思う者にとっては最大の関心事になる教授陣だが、学長に任命したベネヴェント生れのロフレドを筆頭に、イタリア半島の全域から集めたらしい名がずらりと並ぶ。学長ともう一人の教授は、ボローニャ大学から引き抜いた人だが、これら教授たちの名の後には、彼らが教えることになる課目も記されていた。

また、授業料は無料でも、学生生活までがタダというわけではない。それに要する経済面でのメリットも列記されていて、その第一は奨学金制度の確立。この種の制度が存在しなかった時代だけにこれだけでも画期的だが、国費から払われるこの奨学金を受ける資格を、フリードリッヒは次のように定めた。

大学で学ぶ資力はないが、学びたいと欲している若者、である。そしてそれが継続されるのは、学業続行中の成績による、と。

しかし、意欲や才能はあっても、それがそのままで教授の下す採点に反映してくるとはかぎらない。独学型であったフリードリッヒはこの辺りの事情にも敏感であったのか、奨学金制度に浴せない学生たちへの配慮も忘れていない。彼らのためには、低利子で貸し付ける制度を作ったのである。これによってできた借金は、卒業後に官僚にでもなって返済せよ、ということだったのかもしれない。

第三は、学生会館などは存在しなかった時代、父母の許を離れて大学のあるナポリで学ぶ若者たちへの配慮である。学生たちは、ナポリ市内に家を借りねばならない。だが、それによって増大した需要を放置すると借家料が上昇し、これを嫌った学生たちはナポリに来なくなる怖れがある。

こうなるのを心配したフリードリッヒは、借家料の上限を定め、それが守られるかどうかの監視を、ナポリ市民二人と学生二人で成る委員会に一任したのだった。

学生勧誘のためのパンフレットに記されたナポリ大学で学ぶメリットの第四は、言ってみれば大学内自治を認めた項目である。当時はボローニャでもパリでもオックスフォードでも、学生が関与した不法行為を誰が裁くのかは常なる問題になっていた。それをフリードリッヒは、学生から事情聴取をしたうえで教授陣が決める、と明記したのである。

そして、この勧誘パンフレットの最後は、ナポリで学ぶことの愉しさをアッピールする文章で結ばれていたというのだから笑ってしまう。冬ともなればたちこめる霧で一メートル先も見えなくなるボローニャよりも、冬の真最中でも空は晴れわたり気候も温暖な南国ナポリへどうぞ、ということであったのかも。

冗談は措くにしても、自国内の学生を集めるだけでなく、南伊出身でもすでにボローニャやパドヴァで学業中の若者たちにまで帰るよう勧めるのだから、フリードリッヒも、設立者と運営責任者を兼ねるだけでは足りず、宣伝広報にまで配慮する必要があったのだった。

フリードリッヒ二世が設立したナポリ大学は、ボローニャやオックスフォードやケンブリッジやパドヴァの各大学が今なお存続しているように、南イタリア第一の国立大学として健在だ。フリードリッヒが設立した当時の名称はごく簡単で「Studium Neapoli Tanum」(ナポリの学問所)だけであったのだが、後代になるとフリードリッヒをイタリア語読みにした、「フェデリーコ二世大学」(Università degli Studi di Napoli Federico II)が正式の名称になる。そしてこの名のままで、二十一世紀の今なおつづいている。ここで教える教授たちの肩書は、ナポリ大学教授ではなくフェデリーコ二世大学教授、であり、ここの卒業生も、ナポリ大学卒業生ではなく、フェデリーコ二世大学の卒業生、なのである。

フリードリッヒの設立した「ナポリの学問所」は、ボローニャ大学を始めとした有名な同類には設立時では遅れをとったが、他のあらゆる面ではヨーロッパでは「最初の例」ばかりの大学になった。

大学と言えば学生か聖職者が集まってつくるものと思われていた時代、一国の統治者自らが指揮をとって設立した、国立の大学であったこと。

聖職者が教えるのが当然と思われていた時代、教会関係者の関与は避け、世俗の学者のみで教授陣を固めたこと。

神学や教会法を教えるのが高等教育機関の使命と思われていた時代、ローマ法を主要課目に置いたこと。当時では、教会法に相対《あいたい》する法とされていた古代のローマ法は、ローマ法とは呼ばれず、「市民法」と呼ばれていたのである。初代学長に就任したロフレドは、市民法の専門家とされていた。

また、フリードリッヒが目指していたのが総合大学である以上、ナポリの学問所で教える課目は法律にかぎられない。哲学、論理学、考えたことを適切に表現する技《わざ》を学ぶ修辞学、等々。何よりもまずリベラル・アーツ（一般教養）を教えるのが、ナポリ大学設立の主旨だった。

そのうえ、医学部まであった。とは言っても医学部だけは新設ではなく、それ以前から存在していたサレルノにある医学校を強化したので、ナポリ湾を船で発ってカプリ島を右舷に見ているうちに着いてしまう距離にある分校、という感じだ。学内で使われる言語はギリシア語、ラテン語、アラビア語、ヘブライ語という、暗黒の中世では奇跡と言ってよい方針で通してきたこの医学校には、もちろんのこと病院も併設されていた。また、フリードリッヒによる強化以降、五年で卒業した後に課される一年間のインターンまで制度化されるのである。

そして、こうも強化に気を使った以上、権威づけも忘れるわけにはいかない。フリードリッヒは、自分の行くところどこにでも随行する主治医を、サレルノ医学校卒の医師にかぎると決め、一生それで通すのだ。神聖ローマ帝国皇帝の侍医ともなれば、医師にとっては最高の地位であったのだから。

ヨーロッパ初、ということならば、奨学金を制度化したことも、家賃の上限を決めることで学生たちの便宜をはかったことも「初」になる。それに加えて、三年から五年であったという学業期間を終えて卒業した後も、フリードリッヒの統治する国の官僚になるという就職先まで用意されていた。

それまでは、イタリアでもフランスでもイギリスでも、「大学」は、資力に不足しない家に生れたり、聖職界に入って出世したいと願う若者たちにしか開かれていなかったのである。それをフリードリッヒは、中産階級にまで広げたのだ。有力者の子弟でなくても、援助してくれる有力者に恵まれなくても、才能と意欲には不足しない若者たちに、大学の門を解き放ったのであった。

この、「ヨーロッパ最初の例」ばかりで成る大学を、フリードリッヒがいつ考えついたのかはわかっていない。それでも、設立の年である一二二四年に先立つこと四年前の一二二〇年には、相当な程度には固まっていたのではないかと思う。

その一二二〇年、二十五歳だったフリードリッヒは、八年に及んだドイツ滞在の後、ようやく法王の手で帝冠を授けられることになり、ローマでの戴冠式のためにアルプスを越えイタリアに入っていた。そして、ローマに向う南下の途上でボローニャに立ち寄り、この有名大学を視察していたのである。この折りに知り合った法学者ロフレド・エピファーニオは、四年後に設立されるナポリ大学の初代の学長に就任する人になる。

そして、この折りか、それともこの後かははっきりしないのだが、ちょうどこの時期にボローニャ大学を卒業したばかりの若者とも知り合っていたらしいのである。

その若者の名は、ピエール・デッラ・ヴィーニャ。フリードリッヒよりは五歳年上で、南イタリアの町カプアに生れている。有力な家の生れではないが、貧民の出でもなかった。つまり、中産階級の出である。年少の頃からその利発さで評判で、カプア市が与えた奨学金によってボローニャ大学で学んでいる。卒業後はボローニャで研究生活に入ることを望んでいたようだが、この若者をフリードリッヒに引き合わせたのは、もはや若き皇帝の唯一無二の側近と衆目一致していた、パレルモの大司教ベラルドであった。自分よりは十歳若い、年齢ならばフリードリッヒのほうに近いボローニャ大学出の秀才の、文章力を見込んだからではないかと思う。こうして、大学教授の道を捨てたピエール・デッラ・ヴィーニャは、若き皇帝のそば近く仕える、有能な高級官僚に列することになった。

この人の文章力がフリードリッヒにとって重宝になるのは、フリードリッヒ自身に文章による表現力が欠けていたからではなかった。

フリードリッヒの文章は、著作『鷹狩りについての考察』でも明らかなように、分析的で簡潔で、明晰ではあっても飾りというものがまったくない。一方、ボローニャ大学出の英才は、内容は同じでも、凝《こ》った文章で表現する。言い換えれば、フリードリッヒの単刀直入に対し、ピエール・デッラ・ヴィーニャはもってまわった表現を好む。当時ではこの表現方法を多用するのは、ローマ法王庁の関係者に多かった。既得権階級とはえてして、理解させるよりも理解させないために策を弄《ろう》するものなのだ。だが、フリードリッヒには、いたずらに法王庁の不興を買うことは許されなかった。

なにしろ、十字軍遠征に出発せよという法王からの執拗な要求をかわしながら実現にこぎつけたのが、聖職者を排除した世俗の大学であるのが特色のナポリ大学である。これを知ったローマ法王が不機嫌になったのも当然で、その法王の不機嫌を少しでも晴らすために、フリードリッヒには手紙で釈明する必要があった。

その釈明文だが、かいつまんで書けば次のようになる。自領内の若者たちが学を修めるために遠方にまで出向かねばならないこれまでの状況は君主として耐えがたく、彼らが学問を修めるのに親許から離れないで済むようにとナポリに大学を設立した、となる。だがこれでは、誰が読んでも、半ば以上はウソであることがわかってしまう。

それで、フリードリッヒはピエール・デッラ・ヴィーニャに、内容は同じでも表現となると美辞麗句で飾

フェデリーコ二世大学の校舎

り立てた手紙を書かせ、それを法王に送ったのだった。

このような場合はなおのこと、ピエール・デッラ・ヴィーニャの才能は十二分に発揮されたにちがいない。高位聖職者に対するときは、この種の人々に適した話し方や書き方があるのだ。大学で学んだ経験のないフリードリッヒには、それが得意ではなかっただけであった。

ただし、ボローニャ大学出の秀才が技能のかぎりをつくして書きあげた手紙を読みあげるのを、フリードリッヒは笑いながら聴いたのではないかと想像する。なぜなら、敵と相対する場合は敵と同じ武器を用いるのは、礼儀にかなうと同時に有効なやり方でもあるが、それが美辞麗句で飾り立てた凝りに凝った文章というのでは、誰だって笑ってしまうではないか。

この時期以降、南イタリアの中産階級出身のピエール・デッラ・ヴィーニャも、皇帝フリードリッヒの生涯の伴走者の一人に加わる。だが、彼だけは他の伴走者たちとちがって、最後は悲劇で終わることになるのだが。

一二二四年九月二十九日、晴れあがった南国の蒼空の下で行われた荘厳な式典によって、フリードリッヒの作品である「ナポリ学問所」は正式にスタートした。

今見ることのできる正門の上のレリーフは十九世紀に

なってから制作されたものだが、中央に立つフリードリッヒの左側には、初代学長に就任したロフレド・エピファーニオが控え、皇帝の右側に立つピエール・デッラ・ヴィーニャが、大学設立の趣意書を読みあげるという構図になっている。

その年の十二月二十五日、しばらくぶりにもどったパレルモの王宮で、キリスト生誕祭を祝う。その翌日は彼の誕生日。フリードリッヒも、三十歳になったのであった。

第四章　無血十字軍

フリードリッヒは、十字軍遠征には行きたくない、のではなかった。ただ、これまでの十字軍のような形での遠征には、行きたくなかっただけである。

ホーエンシュタウヘン家で初めてドイツの諸侯の頂点に立った人であるコンラッドは、フランス王ルイ七世とともに第二次十字軍で遠征している。その人の甥で、赤ひげの綽名のほうで有名な皇帝フリードリッヒ一世は、小アジアの川での溺死で聖地には着けなかったものの、イギリス王リチャード獅子心王やフランス王フィリップ・オーギュストとともに第三次十字軍で遠征した、君主の一人であった。この赤ひげ皇帝の息子だったハインリッヒ六世は、皇帝即位後に十字軍遠征を宣誓したのだが、三年後に死んでしまったために果すことができないで終わる。そしてフリードリッヒは、「赤ひげ」の直孫でありハインリッヒの唯一の息子になる。この彼にとっての十字軍遠征は、家業のようなものであったのだ。

それに、十一世紀の末から始まった、「神がそれを望んでおられる」のスローガンのもとヨーロッパが大挙して中近東に押し寄せた十字軍運動も百年が過ぎていた。今なお「聖地」と言うだけで通ずるパレスティーナ地方に遠征するのは、皇帝や王にかぎらず封建諸侯の家ですら、「家業」になっていたのである。キリスト教への信仰心を満たすため、だけではなかった。

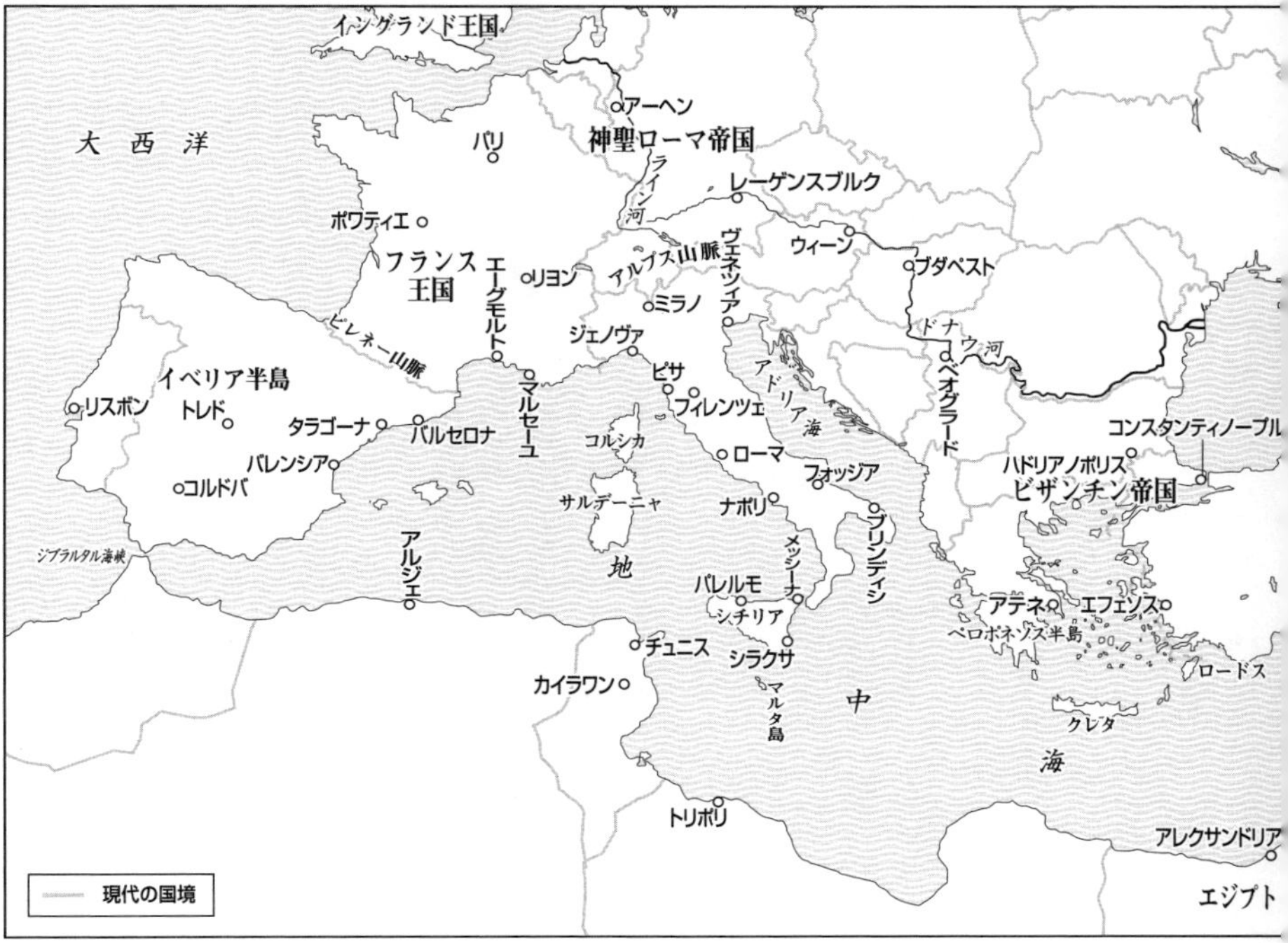

13世紀初頭のヨーロッパ〜中近東

聖地に遠征したという経歴は、統治する国や地方の住民に対して無視できない効能があったからだ。中世は、良きにしろ悪しきにしろ、神と人間との間に横たわる距離が、ひどく近かった時代でもあった。

フリードリッヒも二十歳の年に、アーヘンにある初代の神聖ローマ帝国皇帝シャルル・マーニュの墓前で、十字軍の遠征を誓っている。

二十五歳の年にはローマで、法王による戴冠式の直後に、十字軍の遠征を宣誓した。

その後の五年間、遠征実行を迫る法王から再三の延期をかちとってきたのは事実だが、神に誓ったことを破棄する気などはなかったのである。なにしろ十字軍遠征は、彼にとっては家業でもある。また彼自身、自らが占める神聖ローマ帝国の皇帝という立場を、つまりキリスト教世界の俗界の最高位者であるという立場を、強く意識する男でもあった。それでいて、これまでのような十字軍はくり返したくはなかったのだ。

第一次の十字軍によって異教徒の手から解放した聖都イェルサレムは、百年もしないうちにサラディンに奪還され、再びイスラムの支配下にもどって三十年以上が過ぎている。その間ヨーロッパは、ドイツ皇帝とフランス王とイギリス王までも総動員した第三次十字軍を送り出したが、聖都がイスラム教徒のものである状態は変わらなかった。リチャード獅子心王は戦場ではサラディンに勝つことはできたが、イェルサレムを再復することまではできなかったのである。ましてやその後の第四次と第五次の十字軍は、聖都には近づきもしないで解散してしまう。その間ずっと、ヨーロッパの信心深い人々は、「少年十字軍」の悲劇に見られたように、異教徒のくびきの許《もと》で苦しむ聖都イェルサレムを想像しては嘆き悲しんでいたのだった。

フリードリッヒに課された責務は、この現状の打開である。ただし、聖都再復という目標は同じでも、そのための戦略となると、リチャードとはちがっていた。

英国王リチャード獅子心王は、まず異教徒相手に戦闘で勝利し、それによって聖都を再復しようと考えた。だが、神聖ローマ帝国皇帝のフリードリッヒ二世は、軍事力を使わないで外交だけで、聖都を再復する方法を探っていたのだ。ただし、もしも必要に迫られたならば、軍事力を使う、と。

この二者の戦略がちがった要因の第一は、二人の育った環境にあった。

リチャードは、人間には誰に対しても偏見を持っていなかった人だが、中近東の地を踏むまでは、イスラム世界には接することなく生きてきた人である。一方のフリードリッヒは、イスラム教徒との共生が常態化していたシチリアで幼少期を過ごしている。

要因の第二は、リチャードが活躍した第三次十字軍当時と、フリードリッヒが実行しようとしている第六次十字軍の、時代環境のちがいにあった。

獅子心王が敵側にもったのは、当時は日も落す勢いであったスルタンのサラディンである。イスラム世界では少数派のクルド族出身という立場を十二分に利用し、イスラム世界では常にむずかしいシーア派とスンニ派の大同団結を成し遂げ、それによってキリスト教徒に奪われていたイェルサレムを再びイスラムの手に取りもどすのに成功した男である。政治にかぎらず軍事面でも天才的で、キリスト教側と対決したハッティンの戦闘では完璧な勝利をあげ、パレスティーナの地図を塗り変えてしまった男であった。このサラディンを追い落そうとヨーロッパが送り出す第三次十字軍の軍資金の調達に各国は特別税を課すが、それは「サラディン税」と呼ばれたくらいである。

リチャードは、このサラディンを敵方に持った以上、戦場での勝負に賭けるしかなかった。軍事面でこの男に勝たないかぎり、聖都イェルサレムには近づくこともできなかったのだから。

この時期の国際政治

このリチャードから三十年以上も過ぎた時期に十字軍を率いて行くことになったフリードリッヒの敵は、もはやサラディンではない。サラディンの死後にイスラム世界を率いたのは実弟のアラディールだが、この人の長男でエジプトのスルタンの地位にあるアル・カミールが、フリードリッヒにとっての「敵」になる。

サラディン――アラディール――アル・カミールとつづいてきたアユーヴ朝のスルタンには、狂信的な傾向はまったくなく、パレスティーナ在住のキリスト教徒たちに対しても共生を認める指導者たちであった。ヨーロッパの歴史家たちは彼らを、イスラム穏健派、と呼んでいる。アル・カミールに至っては十二歳の年に、リチャードとの講和の会談に出向く父親に連れられてキリスト教側の陣営に行ったことがあるのだが、その折りにリチャードにひどく気に入られ、獅子心王自らの手で西欧式の騎士に叙されたこともある。この辺りの事情をより詳細に知りたいと思われる人には、『十字軍物語』の第二巻の、「獅子心王リチャードと第三次十字軍」の一読を願うしかない。

スルタンになって以後のアル・カミールが、この少年時代の思い出があって穏健派になったのではなかった。伯父のサラディンに父のアラディールとつづいてきた、中近東に住むキリスト教徒の存在を容認する路線を、現実的な視点に立って彼も継承していたということである。

だがなぜか、穏健は過激に対して分《ぶ》が悪い。理《ことわり》に訴えるよりも情念に訴えるほうが、より多くの人に影響を与えることができるからであろうか。

イェルサレムを取りもどしたという軍事的に明確な対キリスト教徒への勝利を背にすることができたサラディンやアラディールとちがって、その面での勝利を振りかざせないアル・カミールの地位は常に微妙だった。そしてそれは、今まさにフリードリッヒが遠征に発たざるをえなくなっていた時期に表面化していたのである。

次弟がスルタンとして治めていたダマスカスが、アル・カミールがスルタンであるカイロに反旗をひるがえしたのだ。これは実は、中近東のイスラム勢力の中心を、カイロに置くかそれとも今までのようにダマスカスに留め置くかをめぐる主導権争いにすぎなかったのだが、ダマスカスの背後には、アユーヴ朝時代にないがしろにされてきたと思いこんでいるカリフの住むバグダッドが控えていたのである。権力抗争で不利になるや宗教を持ち出してくるのは、一神教の時代、つまり中世ではよく見られる現象で、ヨーロッパのキリスト教世界でも同じではあったのだが。

だがこの点に、フリードリッヒは眼をつけたのではないかと思う。微妙な状態にあるアル・カミールとならば、十字軍の遠征は実行に移しても、剣ではなくて話し合いで目的に達せるのではないか、と。

また、先の十字軍である第五次十字軍ではキリスト教勢はパレスティーナでなくエジプトに侵攻したのだが、それによって一時苦境に立たされたアル・カミールは十字軍側に、エジプト退去を条件にイェルサレムを返還してもよい、と申し入れたことがあった。これはキリスト教側の頑迷さによって日の眼を見なかったが、この一事をフリードリッヒが見逃すはずはなかったのである。

とはいえ、何にも増して先立つのは、正確で客観的で広範な情報の収集であった。

ナポリの大学も順調にスタートしたこととて、パレルモの王宮にもどってキリスト生誕祭を祝っていたフリードリッヒの許を、聖地パレスティーナで活動している宗教騎士団の一つ、聖ヨハネ騎士団の団長が訪れた。ヨーロッパに来ていると知ったフリードリッヒが、わざわざ使いまで送って来訪を乞うたのである。何が話されたかは、記録に残っていない。だが、通称は「病院《ホスピタル》騎士団」と呼ばれるこの騎士団は、十字軍運動が始まるずっと前から、聖地を訪れるキリスト教徒たちへの医療奉仕に従事してきた歴史を持つ。イェルサレムを奪還したサラディンも、彼らの病院の存続は認めたくらいである。そのような組織のトップともなれば、イェルサレムにかぎらずパレスティーナ全域の事情に通じていたはずだ。この人ならばフリードリッヒに、正確な情報を与えることができたにちがいない。

そして、年が代わった一二二五年の三月も末になってフリードリッヒの許を訪れたのは、病院《ホスピタル》騎士団や聖堂《テンプル》騎士団に次ぐ存在になりつつあったチュートン騎士団の団長ヘルマンであった。パレスティーナからもどってきたばかりのこの人は、すでに述べたようにフリードリッヒとはごく近い間柄にある。より具体的でより詳細な、しかも遠慮のない話し合いが成されたにちがいない。

騎士団長二人から受けた情報によってフリードリッヒに明らかになったことの一つは、遠征にはどれだけの数の軍勢を率いていくか、であったろう。

大軍勢であっては、これは戦争をしに来たと敵側が思いこんでしまう危険がある。と言って小規模では、敵方に軽く見られ、外交すらも不利な立場から始めるしかないことになってしまう。ゆえに従えていく軍勢の規模とその内容は、なかなかに微妙な問題であったのだ。

第五次十字軍に同行していたアッシジの修道士フランチェスコが敵の陣営に行ってスルタンに平和を説いたことがあり、アル・カミールは怒りもせずに護衛までつけて送り返したというエピソードがあった。だが、フリードリッヒは宗教者ではない。平和的に解決はしたいが、それが丸腰でも実現するとは思っていなかった。外交も、いざとなれば使える軍事力をそなえていてこそ目的は達せる、と考えていたのである。言い換えれば、剣を交えないで済むためにこそ剣をたずさえていく、ということだ。この点が、他の十字軍とフリードリッヒの十字軍のちがいであった。

出発までに

四月、五月と、シチリアから南イタリアに移動していたフリードリッヒは、そこでも各地で「ディエタ」を召集し、封建制から中央集権化への過程を着実に進む作業を再開していた。

と言っても、五年前にカプアの地で作成した憲章をやみくもに押し通していたのではない。法律とはいったんは定めても、改めたほうが良いとなれば改定をくり返していくのが彼のやり方で、「ディエタ」に召集された封建諸侯も、黙って拝聴するだけ、であったのではなかった。彼らにさえも、現場からの要望としてならば発言することが認められていたからである。

とはいえ、封建社会から中央集権国家への移行は、一朝一夕にして成ることではなかった。封建領主が所有していた城塞を取り上げ、それらを国の防衛戦略に沿って再編成するという問題だけでも簡単にはいかない。なにしろ領主とは、領地をけずられるよりも城塞を取り上げられることのほうに敏感に反応する人種なのだ。ゆえにこれこそ、号令一下実現することではなかったのだが、三十歳になっていたフリードリッヒは、この難事に対処するに、誠心誠意な説得よりも諸侯たちの心により強い影響力をもつ、高位聖職者たちの権威を利用したのだった。

もはやフリードリッヒの行くところ常にこの人の姿がある、とまで言われるようになっていたパレルモの大司教ベラルドが、このような場でも中央の玉座に座るフリードリッヒのすぐ左側に座を占めていた。いかに広大な領地を持ち堅固な城塞を所有する有力諸侯でも、キリスト教徒としてならば一匹の羊《ひつじ》にすぎない。その彼らに対して羊飼いゆえに睨《にら》みを効かせることのできる大司教は、この時期からは二人に増えていた。カプアの大司教も、同席するようになっていたのである。

この、シチリア王国第一位と第二位の高位聖職者が見ている前で、王であるフリードリッヒは列席の諸侯たちに対して、カプア憲章で決まった各法の実施の過程で不都合があれば申し出てほしい、と言うのだから人が悪い。不都合を指摘したいと思っていた人でも、発言は慎重になったであろうと想像する。だが、この種の戦術は使ったにしても、シチリア王国の中央集権化は着実に進んでいたのである。封建諸侯たちも、自分たちが引き払った後の城塞に、王国防衛の名のもとに新たに編成されたかつての自分の部下の一隊が入るのを許容したのだから。

このようにしてフリードリッヒが自国の脱封建社会化を進めている間に、チュートン騎士団の団長ヘルマンのほうはドイツで、十字軍に率いていく将兵を集めることに専念していたのである。そしてそれも目算が立つまでになった五月、イタリアにもどると伝えてきた。

ヘルマンがイタリアにもどって来たのは、ドイツから連れていける兵力を、フリードリッヒに報告するためだけではない。宗教騎士団の団長という立場もあって、このドイツ人の貴族は法王庁の内部事情に通じていた。ローマ法王がフリードリッヒに、今度こそは十字軍遠征を実行するよう、強硬に迫ってくるという情報を得ていたらしい。

実際、フリードリッヒが滞在していたフォッジアにヘルマンが着いてわずかしか経っていない六月、ローマの法王からフリードリッヒに対し、十字軍に関して正式な話し合いの場を持ちたいと申し入れてきた。

会談は、七月に入って実現する。法王庁領土とフリードリッヒの領土の境にあるカッシーナで行われた会談は、ローマ法王側からは枢機卿ビッキエリが、フリードリッヒ側からはヘルマンが出席して行われた。

皇帝フリードリッヒへのローマ法王からの十字軍遠征の要請は、非公式にはそれまでにも何度も成されていたのだが、公式だけでもこれで三度目になる。フリードリッヒにも、腹を決めるときが来たということであった。

フランスは、四十四年間にもわたって王位にあったフィリップ二世の死の後に、息子のルイ八世が王位に就いて二年しか経っていない。ローマ帝国初代の皇帝アウグストゥスをフランス語読みにした「オーギュスト」の尊称づきで呼ばれた王の後を継ぐのは誰にとっても難事だが、それゆえかこの王は一年後に早くも死に、その後を継いだルイ九世は、まだ十二歳の少年でしかなかった。

イギリスは、リチャード獅子心王によって十字軍に存在感を示したものの、その死後にイギリスの王位に就いた実弟のジョンは、失地王の綽名そのままにフランスにあった領土の大半を失ってしまう。これに不満を爆発させた傘下の諸侯が王に認めさせた「マグナ・カルタ」が示すように、これ以後のイギリスの王権の低下は著しく、十字軍を率いるどころではない状態でつづいていた。

スペインでは、王も諸侯もイベリア半島からイスラム勢を追い出す戦争の最中で、自国内で十字軍を続行中の彼らには、遠くパレスティーナまで遠征する余裕はない。実際、十字軍の歴史に出てくるスペイン人は、ほとんどどとしてよいくらいにいない。

これが、十三世紀の第一四半期当時のヨーロッパの状況であった。新たに十字軍を率いていけそうな君主は、三十歳になっていたフリードリッヒしかいなかったのである。

一二二五年七月二十二日、双方ともが代理を立てて行われた会談での決定事項が公表された。

一、第六次になる十字軍は、二年後の一二二七年の聖母昇天祭（八月十五日）に、南イタリアのブリンディシから出港する。

二、遠征には二年を要すると想定し、そのために皇帝は二年間、一千人の騎士をかかえる義務を負う。

三、この一千の騎士以外にも皇帝は、歩兵やその他の用途のための人員として二千人を集める。

四、聖地への軍勢の輸送用に、皇帝は海船団の強化を約束する。
五、これらすべてにかかる費用として、皇帝は、十万オンチア《オンス》の資金を用意する。

自領を売り払ったり、売らないまでも担保に借金しては十字軍に出発した、第一次の頃とは十字軍も様変わりしていた。個人で聖地に向う場合はともかく、軍勢としてまとまって遠征するとなると、それにかかる経費はすべて率いていく君侯にかかってくる時代になっていたのである。

それでも、第六次になる十字軍が遠征に発つ日は決まった。だが、研究者によれば、このときの文面はなかなかに微妙で、「する」とあっても何となく、「するであろう」と受けとられるような書き方になっていたという。おそらくそれは、ドイツ人でありながらイタリア語を完璧に話し、そのうえ法王庁の内部事情にも精通していたチュートン騎士団の団長ヘルマンの、苦心の策の結果ではないかと思う。聖職者たちに言質《げんち》を与えないためには、聖職者たちが得意とするまわりくどい話法や言葉を使うのが最も効果的なのだから。だが、それによって、ローマ法王庁という法王を頂点とする聖職者集団は、皇帝フリードリッヒの「約束」だけでは安心できなくなってしまう。これまでにも「する」と言いながら二度も延期してきたのだから彼らの不安もわからないではないが、三度目の正直、という考え方は、神に一生を捧げるような人には無縁の考え方であるのかもしれなかった。ところが、この人々の「不安」を「安心」に変えるに最適だとして、あることを進言する人が現われたのである。

イェルサレムの王

フランス生れの一介の騎士にすぎなかったブリエンヌがイェルサレム王国の王にまでなれたのは、ヨーロッパの君侯の誰もが尻ごみした、イェルサレム王国の王女と結婚したからであった。その妻との間には娘が一人生れたが、妻は死に、イェルサレム王国の正統の世継ぎになるその娘ヨランダは十四歳になっていた。

ブリエンヌは七十歳に近づいた自らの年齢からも、娘と結婚してイェルサレム王国を守ってくれる人を探していたのである。

フリードリッヒは、初婚の相手であったスペイン王家出身のコスタンツァを三年前に亡くしていた。この女人の存命中もその死後も、フリードリッヒは、子ができた女だけでも次々と四人の愛人をつくり、正妻を加えた五人の女人から、すでにこの時点で合計五人の子の父になっていたのである。それでも、三十歳当時のフリードリッヒが、独身にもどっていたことは事実だった。

こうして、神聖ローマ帝国皇帝フリードリッヒとイェルサレム王国の王女ヨランダを結婚させようという話が急浮上してきたのである。老齢のうえにもはや十字軍しか頭になくなっている法王ホノリウスにしてみれば、こうなればフリードリッヒも十字軍遠征に発つしかなくなる、と思い、初めて安心して死ねると思えたのかもしれなかった。

フリードリッヒには、反対する理由はなかった。正妻は政略結婚、それ以外は愛人、できた彼のことだ。また、ヨランダと結婚してイェルサレムの王になれば、それによって生ずるメリットもあった。

イェルサレム王国とは称していても、首都であるはずのイェルサレムはサラディン以来イスラムの支配下にあり、キリスト教側に残る海港都市のアッコンに住むしかなくなった王は、王国を持っていない王、でしかないのが現実だ。だが、「イェルサレム王国の王」という名称自体は、当時のヨーロッパでは庶民でも知っている「ビッグネーム」であった。なにしろ、イエス・キリストの墓所を守り、そこに参拝するヨーロッパからの巡礼を保護する責任者、の代名詞でもあったのだから。

フリードリッヒは、この結婚を承諾する。神聖ローマ帝国皇帝、シチリア王国の王、そしてイェルサレム王国の王、といずれもがビッグネームである称号を一身にすることは、ヨーロッパの他の王侯たちに対して、より強いインパクトを与えることにもなる。虚栄心に心を乱されるにしては、フリードリッヒは冷徹すぎた。

その年の十一月、仰々しい花嫁行列を組んではるばるパレスティーナから海を渡って南イタリアに上陸した花嫁を、フリードリッヒは皇帝の正装で迎える。そして、九日、古代からオリエントへの玄関口として知られてきたブリンディシの主教会《カテドラル》で、壮麗な結婚式が挙行された。だが、十四歳の花嫁には、特別な待遇は待っていなかった。ヨランダが父のブリエンヌに嘆いて書いた手紙によれば、新郎は初夜の翌日には早くも、花嫁の随行で来ていた女官の一人を誘惑したというのである。

フリードリッヒとヨランダの結婚

それでも、彼のような地位にある人にとっての正式な結婚は、摘出の子を生《な》すことにあった。フリードリッヒも、その程度のエネルギーは新妻に捧げたようだが、妊娠の徴候が見えるやヨランダは、出産は王宮で成されるべきという理由でパレルモに送られてしまった。

ヨランダの父親のブリエンヌに対しては、フリードリッヒはより明快に対する。ローマ法王とフランス王から結婚資金を都合してもらってイェルサレムの王女と結婚するまでは一介の地方騎士にすぎなかったこの老人を、フリードリッヒは同格にはあつかわなかった。イェルサレムの王位にある人を妻にした自分がいる以上は後見人はもはや不要、というのがその理由だ。皇帝を婿にし、その皇帝に同行してパレスティーナにもどれると思っていたブリエンヌにできたことは、ローマにいる法王に泣きつくことだけであった。

とはいえフリードリッヒも、イェルサレムの王にもなったからには十字軍遠征を先送りしつづけることはできない、とは感じていたのである。おそらくこの時期からと思うが、フリードリッヒの王宮のあるフォッジアとアル・カミールの住むカイロとの間で、ローマにいる法王に疑いの念を起させないような形での接触が開始されたのではないか。

接触、とは言っても、キリスト教世界の俗界の最高位者である神聖ローマ帝国の皇帝と、イスラム世界の俗界の最高位者であるカイロのスルタンとの間で成される接触である。双方とも絶対に、秘密裡にことを進める必要があった。しかも両者の間には、この時期はまだ、信頼関係が築かれていたとは言えなかったのである。

このような場合の接触は、直接の相手だけでなくそれ以外の誰でも疑念を抱こうにも抱けない、無邪気なことから始めるのが鉄則だ。

以前からフリードリッヒは、スペインに住むイスラム教徒の有力者や、モロッコやチュニジアのスルタンとの間に、学者や文人を派遣してくれるよう依頼する手紙の交換をしていた。よくも時間的にも気分的にも余裕があったと感心するくらいに、この人の向学心の向うところあらゆる意味で壁なし、であったのだ。そして、依頼に応じてシチリアを訪れたイスラム教徒の教養人たちはパレルモの王宮で歓迎され、中にはそのまま滞在をつづける人もいたのである。このような前例があったのだから、依頼の手紙を送る相手がカイロのスルタンになっても、警戒心を起される危険は少なかったと思う。外交上の接触も建造物と同じで、基盤づくりの段階から慎重に始めないと途中で崩れてしまうものなのだ。

フリードリッヒが率いる十字軍の敵になるのは、カイロのスルタンのアル・カミールであった。そしてこのことを、アル・カミールがわかっていた。邪気のない文化交流から始まったこの接触が、外交上の接触に移行するであろうことも冷徹に理解していたのである。この二人の間ならば、接触も順調に進展するはずであった。ところが、それに待ったをかける不祥事が、フリードリッヒの側に起ったのである。

難題の顕在化

一二二五年の七月に交わされたローマ法王との約束で、十字軍遠征に発つ日が二年後の聖母昇天祭の日と決まって数ヵ月もしない秋、フリードリッヒは、翌年の復活祭を期して北イタリアにあるクレモナで、「ディエタ」を開くことを公表した。神聖ローマ帝国の皇帝が召集する「会議」である。召集をかけられたのは皇帝領の全地方にわたり、ドイツや南イタリアの諸侯だけでなく、北イタリアのロンバルディア地方から中部イタリアのトスカーナ地方までの各コムーネ（自治都市）の代表たちにも、召集状が送られたのだった。

この「ディエタ」、つまり会議の召集の理由は、翌年の夏に実施する予定の十字軍遠征に関する全般についての討議、となっている。要するにフリードリッヒは、自分が率いて行く十字軍に自領内のすべての人々を引きこむつもりでいたのだが、それを北イタリアのコムーネが、言葉どおりには受けとらなかったのである。

これら自治都市がフリードリッヒの召集に疑心暗鬼になったのには、理由がなくもなかった。いまだ南仏で続行中のアルビジョア十字軍によって異端とされて弾圧を受けている人々が北イタリアに逃げてきており、ミラノを始めとする北イタリアの都市の人口の急激な増加もそれゆえかと、思われていたのである。異なる宗教を信仰する異教徒とはちがって、キリスト教徒でありながらその信仰のしかたが異なる人々を異端と呼ぶが、この人々はローマ法王にしてみれば反体制派になり、それゆえに弾圧の対象とすべき、というのがカトリック教会の考えであった。この時代に南仏から北伊にかけて無視できない勢力をもっていたカタリ派と呼ばれたこの人々は、言ってみればルターによって始まるプロテスタンティズムが起る二百年も前に生きたプロテスタントたちであったから、正統カトリック教会が反体制と断じたのもしかたがない。そして、正統カトリック教会の長であるローマ法王によって戴冠した際、フリードリッヒも異端制圧を誓っていた。

そのフリードリッヒが、北イタリアのクレモナに「ディエタ」を召集したのだ。それに応じて集まってくる各地方からの有力者たちが、丸腰で来るはずはなかった。大司教でも封建諸侯でも、護衛のためとはいえ軍勢を従えて来る。その軍勢を一手にしたフリードリッヒが、異端撲滅の旗印をかかげて北部イタリアの制圧に出てくるのを、コムーネ側は怖れたのである。

北イタリアの人々の疑いと怖れは、まったくの曲解というわけでもなかった。フリードリッヒには、十七歳の年にドイツへ向う途路、その彼を捕えようとミラノが送った一隊に追撃され、馬ごと川に乗り入れて危うく難を逃れたという苦い経験があった。頑固なまでに反ホーエンシュタウヘンをつづけるこの北イタリアに対し、クレモナに参集した軍勢を使って威圧を与える考えが、三十歳になっていたフリードリッヒになかったとは言いきれない。

いずれにしても、一二二五年の冬から翌二六年の春にかけて、北イタリアの各自治都市《コムーネ》の間では、水面下とはいえ活潑な連絡が交わされていたのである。

一二二六年と年が代わった三月二日、つまりフリードリッヒがクレモナに召集した「ディエタ」開催日の五十日前、マントヴァの郊外にある聖《サン》ゼノの教会で、「ロンバルディア同盟」（Lega Lombarda）は再興を宣言する。同盟に参加したのは、ミラノを筆頭にトリノ、ブレッシア、ベルガモ、マントヴァ、ヴィチェンツァ、パドヴァ、トレヴィーゾ、ボローニャと、北伊・中伊の「コムーネ」（自治都市）が名を連ねていた。そして、同盟再興を知るや、ピアチェンツァ、ヴェローナ、ローディ、アレッサンドリアの各コムーネも参加を表明してくる。

一方、北伊と中伊にあるコムーネということでは同じでも、この同盟には参加せず、かえって皇帝派を表明したのはクレモナ、パヴィア、モデナ、パルマ、レッジョ、ジェノヴァの各自治都市であった。

この双方ともに名の見えない重要都市国家はフィレンツェとヴェネツィアだが、フィレンツェは内部が皇帝派と反皇帝派で割れていて態度を決められず、ヴェネツィア共和国は、もはやこの国の伝統ともなっている現実路線によって、旗色を鮮明にすることを避ける。

　再興、としたのは、「ロンバルディア同盟」はもともと、フリードリッヒの祖父の「赤ひげ」皇帝に対抗する目的で結成された同盟で、「赤ひげ」という綽名自体がイタリア語で、この人の敵方になったミラノ人が、「バルバロッサ」と呼んだのが始まりである。

　だが、この「ロンバルディア同盟」も、赤ひげとの間で勝ち負けをくり返しながらも結局は屈し、フリードリッヒの父と母の結婚式をミラノの主教会《カテドラル》で挙げるという、反皇帝派にしてみれば屈辱的な状態で解散させられていた。それを忘れられないできたミラノが発起人になって、「赤ひげ」の孫のフリードリッヒへの対抗策として同盟を再興したのである。それも、ただ再興を宣言したのではなく、ただちに実行手段に訴えてきた。

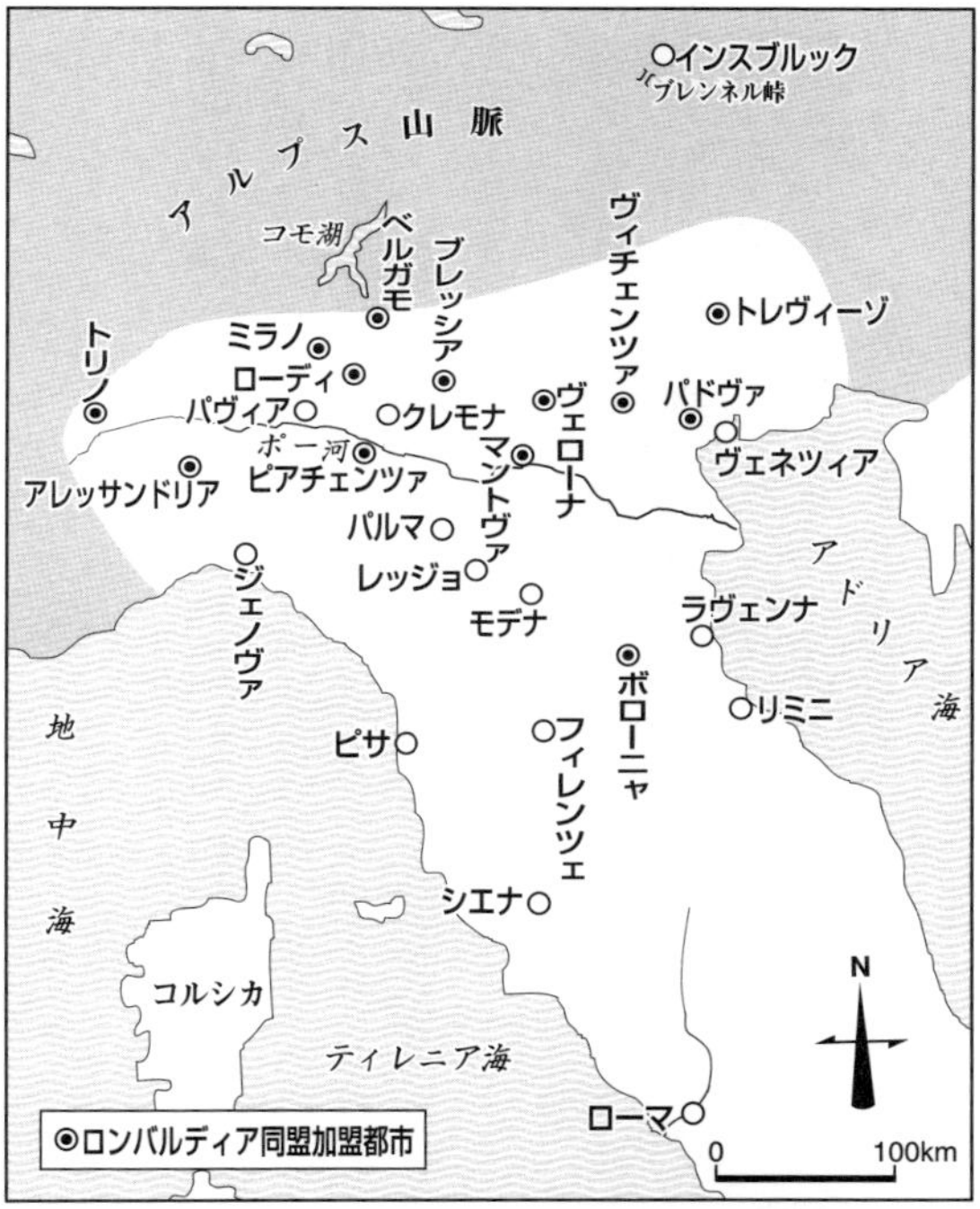

ロンバルディア同盟に参加した北イタリアの諸都市

　アルプス山脈を越えてドイツからイタリアに下りてくる幹線道路は、古代ローマ時代から三本あった。インフラ整備には無関心だった中世では補修もされずに放置されるままになっていたが、他にはないので中世人もそれを使っていたのである。

　第一は、アルプスを越えた後はミラ

ノに下りてくる道。

第二は、ブレンネル峠を越えてヴェローナに下りてくる道。

第三は、今ではオーストリア領になっている地方からイタリア半島の北東部に入ってくる道。

皇帝の召集に応えて「ディエタ」に集まってくるドイツ各地の有力者たちは、このどれかを通らないでは開催地のクレモナに着けないのであった。

それがわかっているロンバルディア同盟側は、この三本の道ともに軍勢を送って遮断する策に出る。第一の道にバリケードを築いたのは、ミラノとベルガモ。第二の道を担当したのは、ヴェローナとマントヴァ。第三の道遮断に兵を送ったのは、パドヴァとトレヴィーゾだった。


年によって日が変わるのが復活祭だが、その年の復活祭は四月十九日に訪れる。イタリアでは春の盛りだが、ドイツでは春も始まったばかり。ましてやアルプス山中では、冬はまだ脱けきれていない。皇帝傘下のドイツの諸侯たちも、アルプスを越えてすぐのところにバリケードが築かれたことを知り、発つにも発てなくなってしまったのである。

それでも、少なくない数の諸侯は遠まわりになっても第三の道を通り、クレモナに集まってきてはいた。この道を遮断するはずのバリケードが、この地方に睨みを効かせるヴェネツィア共和国が中立を保ったことによって、事実上は役立たずで終っていたからである。

しかし、ドイツにおける皇帝フリードリッヒの権威と権勢の体現者は、彼の長男でドイツ王にもしていたハインリッヒである。この年十五歳になっていたハインリッヒは皇太子でもあるだけに、クレモナで開かれる「ディエタ」には絶対に欠かせない顔だった。ところがこの十五歳からは、ドイツを後にしたという知らせすらも届かない。バリケードの存在を知って恐怖に駆られた側近たちの意見に耳を傾けたのか、それとも、この一年前に結婚したドイツの有力君主の娘で八歳年上のマルグリットとの仲が上手くいかないことで自信を失っていたのか、はわかっていない。いずれにしても〝皇太子〟はいっこうに姿を見せなかった。

「ディエタ」の開催日初日であったはずの四月十九日、フリードリッヒはクレモナにさえもおらず、復活祭はラヴェンナで過ごしていた。クレモナでの会議召集の失敗は、三十一歳になっていた彼にとって、おそらくは初めて味わった苦い経験であったろう。自分の領土であるドイツとイタリアが、中途で切断されたに等しいからである。もしかしたらこの時期のフリードリッヒの心中には、翌年に迫っている十字軍遠征をさらに延期したいという想いが、わきあがっていたかもしれなかった。一国の統治者であれば領国を中途で切断された状態を放置して遠いオリエントに向うなど、悩まないで下せる決断ではない。だが、さらなる延期は、もはや許されないところにまで来ていたのである。

と言って、このまま尻尾《しっぽ》を巻いて南イタリアにもどっていくこともできなかった。何よりも、彼自身の誇りが許さなかった。第二に、ロンバルディア同盟参加の各コムーネを凱歌をあげる状態で残していくことは、その後の状況打開に際して重大な不利になることも明らかだった。

五月、復活祭を過ごしたラヴェンナを後にしたフリードリッヒは、南イタリアには帰らずに、手許にある軍勢を従えただけで北イタリアの諸都市を訪問する旅に出る。春を満喫するための、旅ではない。ロンバルディア同盟に参加した諸都市への、威圧を兼ねてのデモンストレーションであったのはもちろんだ。それゆえに、東のラヴェンナから西のピエモンテ地方にまで及ぶ、北伊を横断する旅行になった。

その間にもローマの法王に手紙を送り、十字軍遠征を話し合うために召集された「ディエタ」の開催を妨害したロンバルディア同盟の各コムーネを非難し、法王も何か手を打つべきだと書いている。

法王ホノリウスはあわてた。これを理由にまたもフリードリッヒが遠征出発の延期を言ってくるかとそれが心配で、ロンバルディア同盟の各コムーネに対し、破門にすると脅したのである。この法王にしては珍しく、強硬策に出たのだった。

当初は絶望的であった状況は、少なくとも、絶望的ではないまでには改善する。それには、三つの要素が貢献した。

第一は、軍勢を率いてのデモンストレーションが効果を生んだこと。フリードリッヒの行軍するところ、妨害に出てきた都市は一つもなく、ミラノでさえも城壁の内側で静まりかえっていたのである。

第二は、そのミラノの眼と鼻の先でフリードリッヒが行った、サヴォイア伯との同盟の締結であった。北西部イタリアに広大な領地をもつサヴォイア家がフリードリッヒの側に立ったことで、ロンバルディア同盟のリーダー格のミラノも、これまでのようなやり方をつづけることが許されなくなったのである。これからは西隣りに位置するサヴォイアの出方を、常に心配しなければならなくなったのだから。

第三は、ローマ法王による、破門を匂わせての脅迫だ。さすがのミラノも、異端とされ、対異端を旗印にかかげる十字軍に向ってこられるのだけは避けたかったのだった。

こうして、ロンバルディア同盟再興を宣言した当初は、同盟側は参加するコムーネの数では皇帝派を圧倒的に上まわっていたのだが、三ヵ月が過ぎた七月になると、形勢は逆転する。ただし、「ロンバルディア同盟」自体が、解散に追いこまれたのではなかった。反皇帝のリーダーであるミラノが、静かになっただけであったからである。

それでもフリードリッヒは、これでひとまず「ロンバルディア問題」を終わりにすると決める。ピサを経由して、南イタリアにもどることにしたのである。十字軍遠征に発たねばならない日も、一年後に迫っていた。

アラビア数字

ピサに立ち寄ったのは、二つの理由によってである。第一は、ヴェネツィアやジェノヴァと並ぶイタリアの海洋都市国家の一つピサを、自分の側に引き寄せるため。第二は、ピサからは船で、南イタリアに向うた

アラビア数字	0	1	2	4	5	10	99	100	400	500	1000	1194	2014
ローマ数字	-	I	II	IV	V	X	XCIX	C	CD	D	M	MCXCIV	MMXIV

めであった。目的の第一も第二も、満足いく結果で終わる。ピサの有力者たちは、皇帝の乗る船もそれを護衛していく船団も、喜んで提供したからだった。だが、そのピサで、フリードリッヒは興味ある人物と知り合う。その人とは、商人で数学者のレオナルド・フィボナッチだった。

三十一歳の皇帝の前に現われたのは、すでに五十六歳になっていた、このピサでは普通に見かける男だったが、この五十六歳が眼を輝かしながら説明するアラビア数字の世界が、三十一歳の興味を強く刺激したのである。

レオナルド・フィボナッチは、イタリアの海洋都市国家に生れた男たちの典型で、若い頃から地中海周辺を歩きまわり、イスラム世界との交易を仕事にしてきた男である。そして、そこで出会ったアラビア数字の有効性に目覚め、ヨーロッパへの導入に情熱的にとりくんでいたのだった。すでに二十八歳の年に『Liber abbaci』（算術論）を出版している。だが、キリスト教の支配下にあるヨーロッパ社会へのアラビア数字の導入には教会側からの反対が強く、この書物は絶版になっていた。

これまでヨーロッパで使われてきたのは古代以来のローマ数字だが、それに比べてアラビア数字のもつ利点は、表記する場合の誤りを減らすことの他に、ゼロの概念をもつところにある。

ゼロの概念はもともとがインドに発していて、インドでは「空っぽ」を意味する「Śūnya」と名づけられていた。それをアラブ人が導入して「sifr」になり、ラテン語に訳されて「Zephirus」になり、それを知ったヴェネツィア人が彼らの方言で「zevero」と呼び始めていたのがイタリア語化して、「zero」（ゼロ）になったというわけだった。そして、このゼロの概念が加わるようになって初めて、数学の本格的な発展がスタートするのである。

このピサの商人の話は、フリードリッヒに強い印象を与えたようであった。皇帝はフィボナッチに、生涯年金を与えると決める。五十六歳になっているフィボナッチが、交易業をやめて数学に専念できるようにとの配慮からだった。それゆえか、『算術論』はこの二年後に復刊する。今に残るのは、一二二八年に出版されたこの第二版。そして、その後もフリードリッヒとの交《つ》き合《あ》いはつづき、『Liber quadratorum』はフリードリッヒに献呈されている。そしてこれはヴェネツィア共和国に引きつがれ、この現実主義的な国がアラビア数字を学ぶ学校を開設したことから、ヨーロッパ社会にも広がっていくことになる。

皇帝フリードリッヒ二世は、その生涯を通じて学芸の奨励に熱心であったとは、強硬にフリードリッヒ批判を展開する現代の学者でも認めるところだが、それを彼は、政務とは切り離されることによってこそ成り立つ、独立した分野と見ていたのではない。ローマ法王も北イタリアのコムーネも南イタリアの領民もイスラム世界の人々も、生涯を通じて彼を解放しなかった。学芸への関心を満足させるのは、高度な緊張を強いてくるこれら内外の政務の間の、ごく短いスキ間に成されたのである。フリードリッヒ自身も、自著である『De Arte Venandi cum Avibus』（鷹狩りについての考察）の中で書いている。鷹狩りの効用は政務によって生ずる日々の重圧から一時的にしろ解放され、そのときのみは愉楽のひとときを過ごせるところにある、と。

鷹を使っての狩りも、アラビア数字の効用を論ずるのも、フリードリッヒにとっては愉楽なのであった。ゆえに、政務が途切れることはなかったのと同様に、この種の人たちとひとときを過ごす愉楽も一生彼についてまわる。今ならば、ストレス解消と言うのだろうが、フリードリッヒの「ストレス解消」は、解消するだけでは終らずに学芸の振興につながっていったのが、いかにもその場だけで終わることを嫌った彼らしかった。

ちなみに、このピサの商人フィボナッチは、フリードリッヒに、自分より五歳年下の友人を紹介している。ただしフリードリッヒが、スコットランドに生れいまだイスラム下にあるスペインのトレドに行って勉強したというこの男との間で話し合うのは、アリストテレスの哲学であった。このマイケル・スコットは、フリードリッヒの宮廷の常連の一人になるが、アリストテレスをヨーロッパに紹介した最初の人でもある。

こう見てくると、フリードリッヒの知人というか友人とかには、変わり種が多かったように思う。フリードリッヒ自身が、後半期に入った中世の「変わり種」であったからだろうか。


ピサからは船で向ったシチリアの海港都市シラクサには、マルタの鷹、ならぬ、マルタ島生れの海将エンリコが待っていた。十字軍遠征に連れて行く軍勢のうちの陸上軍の編成は、チュートン騎士団の団長ヘルマンに託したフリードリッヒだが、海軍は、生れはマルタでも船乗りとしては超一級と言われていたジェノヴァ人の血を引くエンリコに一任していたのである。この元海賊も、今では皇帝海軍の提督になっていた。

皇帝が提督に命じたのは、ナイル河でも航行可能な船の建造である。それに応ずるに提督は、平底の船を造って見せる。これで良しとなって、平底船だけで成る一船団の建造が始まった。

その後南イタリアにまわりフォッジアの王宮で冬を越すつもりでいたフリードリッヒは、またも重要な政務に直面することになる。カイロのスルタンから派遣された使節団が、フォッジアに到着したのだった。

スルタン・アル・カミール

使節団の首席はファラディンと名乗る若い大守《エミル》で、「エミル」とは、キリスト教世界ならば封建領主に相当する。しかも大守ファラディンは、カイロのスルタンのアル・カミールの信頼厚い側近ということであった。

こうして、十字軍史上初めての、イスラム世界の俗界の第一人者と、キリスト教世界の俗界の第一人者との間での直接の接触、つまり外交交渉が始まるのである。

これ以降、フリードリッヒとは密な関係をもつことになる大守《エミル》ファラディンだが、この人の生年が不明なだった。

ので正確な年齢はわからない。それでも、以後のこの人の長い歳月にわたっての外交官の経歴から推測して、またこれははっきりしている没年から推測して、三十二歳になっていたフリードリッヒと同年か、それとも少しばかり年下ではなかったかと思う。

　このファラディンがまず驚いたのは、フリードリッヒとの対話には、連れてきた通訳が不要であったことだった。

　十字軍で遠征してきてそのまま中近東の地に住みついたキリスト教徒は、第一次十字軍からは百年以上が過ぎていたこの時期ともなれば第二・第三世代になっていた。この人々の中には、イスラム世界第一の言語とされているアラビア語を解する人は、少なくなかったのである。

　だが、ファラディンの眼の前にいるのは、生れてこのかた中近東には一度も足を踏み入れたことのないフリードリッヒである。しかも、神聖ローマ帝国の皇帝という、ローマ法王とは別の意味ながら、キリスト教徒全員を率いる立場にいる人である。にもかかわらずこの皇帝は、ファラディンが持参したアル・カミールからの親書を、誰の助けも借りずに読め、理解し、それへの彼の考えをアラビア語で言えるのだった。

　これでは、ファラディンの皇帝に対する心情が、良い感情で始まったのも当然だ。また、フリードリッヒのほうも、若い大守に好感情を抱いたようである。フリードリッヒという男は、嫌いな人間は寄せつけなかった。そして、フリードリッヒの好感情は、アル・カミールの親書によって決定的になる。

　親書には、イェルサレムを返還する用意あり、と記されていたからだ。もちろん、それには条件がついていた。フリードリッヒとアル・カミールは、アル・カミールの実弟で現在は彼と敵対関係にあるシリアのスルタンのアル・ムアザムに対する同盟を結び、十字軍を率いて来たとしてもエジプトには攻めこまない、がその条件である。

　イェルサレムをキリスト教徒から奪還したことでイスラム世界では英雄視されていたサラディンの後を継

いだのは、この兄にとっては最高の協力者でもあった弟のアラディールである。そして、兄同様に狂信的なところはまったくなかったアラディールの後を継いだのが息子だったアル・カミールで、この人もまた少年の頃にリチャード獅子心王から西欧式の騎士に叙されたからというわけでなくても、キリスト教徒に対して悪感情を持つイスラム教徒ではなかった。

このアル・カミールと弟のアル・ムアザムの関係は、イスラム世界の他の家系に比べれば異例と言ってよいほどに良好であったのだ。二歳の年齢差しかない兄弟はライヴァル同士でもあるのだが、この二人だけは父の遺志に忠実に、兄はエジプト、弟はシリアと、統治の分割は成功していたのである。また、個人的にも兄弟の仲は悪くなかった。

しかし、前にも述べたように、この時期の中近東のイスラム世界はエジプト派とシリア派に分れており、その双方ともにそれぞれの既得権階級が存在した。一方はカイロで、他方はダマスカスで、どちらがイスラム世界の主導権を手にするかで競い合っていたのである。それで、仲は悪くなかった兄と弟なのに、とくにエジプトの台頭に神経質になっていたシリア派が突きあげた結果、ダマスカスのスルタンである弟が、兄の本拠地であるカイロ打倒の先頭に立つことになってしまったのだった。

これは、長男ゆえに父が遺した中近東のイスラム世界全体の責任者でもあるアル・カミールにとって、放置は許されない問題になる。エジプトとシリアが正面から激突するようになれば、それによる影響はイスラム世界の全域に及びかねない。その回避の道を探っていたアル・カミールが、この時期のヨーロッパからの十字軍遠征を、望まなかったとしても当然であった。

それもとくに、エジプトには絶対に来てほしくない、想いであったろう。結局は追い帰すのには成功したものの、エジプトに上陸した第五次十字軍を迎え撃ったのは、アル・カミールが率いたエジプト軍であり、あのときの苦労はわずか六年前のことでしかなかった。フリードリッヒに当てた親書に記した、エジプトには攻めてこない、とした条件は、この時期のアル・カミールにとっては切実な想いであったのだ。

また、親書に記されていたという「同盟」だが、同盟と言ってもそれはイコール軍事上の共闘を意味しない。同盟には、こちらにとっての敵を共同して攻めることまでは求めていないが、敵に利することはしないでいてくれることを求めて結ぶ同盟もある。つまり、手は出してくれるな、ということだけを求めて結ぶ同盟だ。

イスラム教徒である兄が、同じイスラム教徒の弟を倒すためにキリスト教徒と結ぶことによって冒すリスクは、スルタンというイスラム世界の統治者であるアル・カミールにとっては大きすぎた。ダマスカスの背後に控えるバグダッドのカリフから、イスラム世界の裏切者という非難が浴びせられるのは眼に見えていた。中世という一神教の時代、同信の徒を裏切ったという非難は、スルタンの地位さえも危険にさらしかねなかったのである。

言い換えれば、六年前の第五次十字軍当時の苦い経験を忘れなかったアル・カミールの最大の関心事は、エジプトには攻めに来てくれるな、であった。それをOKしてくれるならば、イェルサレムは返してもよい、と。

第五次十字軍の頃も、アル・カミールには、エジプトを引き払うならばイェルサレムを返す、と言った〝前科〟があった。あのときは十字軍側に、イェルサレムはキリスト教徒が血を流すことで再復さるべきで、異教徒との話し合いによって再復すべきものではない、と考える狂信の徒が多く、せっかくのアル・カミールの提案も現実化しないで終わる。だが、第六次になる十字軍を率いるのは、血を流さないで聖都を再復できるならばそれに越したことはない、と思うフリードリッヒだ。三十二歳の皇帝は、スルタンが投げてきた球をまともに受けとめ、まともに投げ返すことに決めたのである。

大守ファラディンを送りがてらという理由をつけて、フリードリッヒが派遣する使節団がエジプトに向けて出発した。使節団には封建諸侯でもある重臣が二人加わっていたが、首席はあくまでも、パレルモの大司教ベラルドである。ベラルドに課された任務は、第一に、スルタンの申し入れてきたことの内容を確かにすること。第二は、アル・カミールに直接に会って、このスルタンの人となりを探ることであった。もはやフリードリッヒには親密な感情を抱くようになっていたファラディンが、大司教とスルタンの直接会談の実現に力をつくすことになっていた。

それにしても、と思ってしまう。アル・カミールもヒドイ男だ、と。

自分の本拠地であるエジプトには攻めて来てくれるな、という彼の想いは正当だ。しかし、攻めて来ないでくれれば返してもよいと言ったイェルサレムだが、キリスト教徒の憧れの地であるこの聖都を支配下においているのは、目下のところはシリアのスルタンである弟であって、エジプトのスルタンである彼ではない。

つまり、アル・カミールは、自分の管轄下にはないイェルサレムの返還を、約束したということになる。

フリードリッヒは、それに気づかなかったのか。いや、気づいていたにちがいない。気づいていながらそれはおくびにも出さず、約束は約束ですよね、の線で突き進むことにしたのだろう。

外交とは、手持ちのカードを正直にさらけ出せば良い結果につながるというものではない。また、有利なカードを持っていれば勝つ、ともかぎらない。有利なカードであろうと不利なカードであろうと、手持ちのカードをどう活用するかにかかっている。

皇帝が派遣する使節団にふさわしい重臣をそろえれば、それで使節団の責務が果せるというものではなかった。この微妙きわまりない外交を、三十二歳になっていたフリードリッヒは、他の誰よりもわかり合える仲のパレルモの大司教ベラルドに託す。フリードリッヒがまだ十六歳であった年から、陰になり日向になり仕えてきたベラルドは、このときもまた、想いを共にする青年君主の期待に完璧に応《こた》えるのである。

大司教である以上ベラルドも、キリスト教の聖職者であった。第五次十字軍を牛耳った法王代理のペラーヨも、キリスト教の聖職者である。

アル・カミールの申し入れてきたイェルサレム返還に、枢機卿ペラーヨは、聖都はキリスト教徒の血を流すことによって再復されるべきで、異教徒との交渉によって再復されるべきではない、として検討することさえも拒否した。

同じ申し入れに対し、大司教ベラルドは、異教徒との交渉のために遠路カイロまで出向くのである。そのベラルドがカイロのスルタンとの会談を終えてイタリアにもどってきたのは、年を越した春になっていた。

ところが、まさにその春、ローマでは登場人物が入れ代わるのである。

法王グレゴリウス九世

一二二七年三月十八日、百歳近くにもなっていたという法王ホノリウス三世が死んだ。その翌日に開かれた枢機卿会議で新法王が選出され、グレゴリウス九世の名で法王に即位する。インノケンティウス三世の甥にあたる人で、伯父の言葉として有名な、「法王は太陽で、皇帝は月」を、信じて疑わない人でもあった。

五十七歳になっての即位だが、細っそりと小柄だった前法王ホノリウスとは反対に、堂々とした体格の持主で、濃い髭《ひげ》で顔の半分が埋まっている。言葉も動作も常に威圧的で、怒りを爆発させることもしばしばであり、そのうえ、長年にわたって下積みに耐えてきたと思いこんでいる人によく見られる、暗い怨念をたぎらせていた。

伯父のおかげでローマに近い豊かな大司教区を得ていたのだから、下積みではまったくない。だが、この種の怨念には、客観的な規準は通用しないのである。ちなみに、七年前の一二二〇年、戴冠式のためにローマを訪れた二十五歳当時のフリードリッヒを迎え、法王ホノリウスに言われて何かと世話をやき、戴冠式の当日には法王の待つ聖《サン》ピエトロ大聖堂への先導役を務めたのは、当時は五十歳だったグレゴリウスであった。

この法王グレゴリウス九世が歴史に名を遺す人になったのは、これ以後始まる皇帝フリードリッヒ二世との熾烈な抗争による。だが、それだけではない。この五年後の一二三二年になって設置される「異端裁判所」の創設者としても、ヨーロッパ史に名を遺すことになる。嫉妬や羨望の産物であることのほうが多かった魔女裁判や残酷極まりない拷問によって、その後長くヨーロッパ社会を震えあがらせることになる「異端裁判所」は、カトリック教会の長であるローマ法王は、皇帝のみでなく信者全員を照らす太陽であるべき、と信じていたこの法王によって創設されるのである。

法王グレゴリウスは、即位から半月も過ぎていない四月初め、手紙を皇帝に送りつけてきた。前法王ホノリウスに約束した十字軍遠征の出発日を厳守せよ、と伝えてきたのである。

法王から催促されなくても、フリードリッヒは、ことここに至っては遠征を決行するしかないと考えていた。ただし、アル・カミールからの、イェルサレム返還の確約はまだとれていない。フリードリッヒは、再びパレルモの大司教ベラルドを、カイロに向けて送り出したのである。

ベラルドに再び来られて、アル・カミールも、明瞭でない言辞を弄《ろう》するのが嫌になったのか、それとも遠来の客に対して失礼と思ったのかはわからないが、今度は正直に答えたのだった。イェルサレムは弟のアル・ムアザムの領域内にあるので、彼に判断してもらってくれ、と。そして、ダマスカスにいる弟への紹介状を与えた。いかに弟でも敵対中の相手への紹介状を与えたのだから、アル・カミールもおかしな男である。

それでも、若き主君の想いを痛いほどに感じていた大司教ベラルドは、その紹介状を持ってダマスカスまで行き、スルタンのアル・ムアザムに会談を申し入れた。実際に会うことができたのかどうかはわかっていない。スルタンはこの時期、病に伏せっていたということだから。

しかし、ベラルドの苦労はわかっていても、フリードリッヒにはもはや、大司教の帰国を待っている時間的余裕はなくなっていたのである。

残していくシチリア王国の統治を重臣の一人に託し、妊娠中の妻ヨランダをアンドリアの町に残し、約束の日である八月十五日には出港地ブリンディシに入っていた。

そのブリンディシでフリードリッヒが見たのは、あふれんばかりに港を埋めた膨大な数の群衆だった。そのほとんどは、久方ぶりの十字軍遠征を知ってヨーロッパの各地から集まってきた巡礼たちである。軍事上の遠征でも巡礼たちを同行するのはこれまでの遠征でも常のことだったが、この年の巡礼は例を見ない数にふくれあがっていた。皇帝も王も参加しなかったにかかわらず、法王の提唱によってほとんど自然発生的に生れた、第一次十字軍時代の熱狂がもどってきたかのようであった。それだけ、ヨーロッパのキリスト教徒は、聖都再復を目指す十字軍の遠征を待ちのぞんでいたということだろう。

しかし、一箇所に集まった群衆は、疫病の発生につながりやすい。宿泊施設も充分でないところに多勢の人がつめこまれたのと同じ状態で、しかも季節は真夏。

聖母昇天祭の祝日である八月十五日に、出港するどころではなくなった。巡礼から発生した疫病は兵士の間にも広まり、それもとくに、遠征軍を運ぶために集められていた船乗りたちからも倒れる者が続出するという状態になった。

それでもフリードリッヒは、八月二十一日には出港を試みる。だがこの日は全軍の準備が整わず、出港は延期するしかなかった。

九月八日、皇帝は旗艦である大型ガレー船に乗船する。この旗艦を先頭に、全船団はブリンディシの港を後にしたのである。

だが、絶望的な状況にあることは、十海里も行かないうちに明らかになった。船足の遅れはどうしようもなく、甲板の上は力なく腰を降ろしたままの兵士で足の踏み場もない。病院船のようになった旗艦では、フリードリッヒにとっては同年代の親友でもあったチューリンゲン伯が、瀕死の身を横たえていた。この人には十字軍の陸上部隊を一任するつもりでいたフリードリッヒにできたことは、死に行くチューリンゲン伯ルードヴィヒの枕元にいることだけであった。

フリードリッヒは、方向の転換を命じた。もどるとすればブリンディシよりは近い、オートラントの港に、向うよう命じたのである。

オートラントに入港してすぐにフリードリッヒが命じたのは、チュートン騎士団の団長ヘルマンに、健康な船乗りを選んで二十隻から成るガレー船団を編成し、それにこれまた健康な騎士八百人を乗せて、先に行くよう命じたことである。また、法王グレゴリウスに事情を説明した手紙を書き、それを海将エンリコに持たせ、法王の許に発たせることも忘れなかった。これらすべてをやりとげた後で、彼自身も体調が優れなかったからだが、ナポリに近いポッツォーリの温泉に養生に向ったのである。

破門（一度目）

法王グレゴリウスは、海将エンリコには会うことを拒否したばかりでなく、フリードリッヒからの手紙を受け取ることさえも拒否した。法王にすれば、フリードリッヒ自らが法王の許を訪れて事情の説明に努めるべきであり、それが温泉につかりながら手紙だけ送ってくるとはなにごとか、という想いであったのだ。

怒り心頭に発した法王は、約束した期日に遠征を実行しなかったことを理由に、皇帝を「破門」に処すと決めた。

しかも、破門という、キリスト教徒にとってはこれ以上の厳罰はない処置を決めた理由は、それだけではなかった。それを記した部分を要約すれば、次のようになる。

幼くして孤児になったフリードリッヒが、シチリアの王に、次いでドイツの王に、そしてついには皇帝にまでなることができたのは誰のおかげか、ローマ法王が援助を惜しまなかったからである、と。

この教書の全文がローマの聖《サン》ピエトロ大聖堂の正面の扉に張り出された日は、同じ年の十一月十八日。これでフリードリッヒへの破門も、正式に発布されたことになった。しかも、法王グレゴリウスはこの教書を大量に筆写させ、ヨーロッパ全域の大司教、司教、修道院長だけでなく、王や有力諸侯の全員に送りつけたのである。

疫病の流行で引き返さざるをえなくなったのが、九月八日。法王が破門を決めたのが、九月十九日。破門が公表されたのは、十一月十八日。馬鹿にされたとでも思ったのか、五十七歳の法王の三十二歳の皇帝への怒りが急速に高まって行った様子が想像される。

しかし、このときはフリードリッヒも、占める地位にふさわしいレトリックなどは投げ捨てた。つまり、胸中の想いをそのまま書いた手紙を、法王に送りつけたのである。

「幼少の頃のわたしを助けてくれたのは、ローマ法王であったと言われるが、わたしが幼少期を過ごした時期のシチリアは、法王が無関心を決めていたこともあって、諸侯たちは好きなかぎりをつくし、シチリア王国全体が無政府状態と化していたのである。また、わたしが成人しつつあった時期も成人した後でさえも、神聖ローマ帝国の帝位をザクセン公オットーに与えていたのは、他でもないローマ法王ではなかったか。

これでもわたしが今の地位に達せたのは、法王のおかげか、それとも、困難な時期にかかわらずわたしに助力を惜しまなかった、イタリアやドイツの諸侯のおかげか！」

これがまた、法王グレゴリウスの怒りに油をそそぐことになる。フリードリッヒからの手紙の末尾に、翌・一二二八年の春には十字軍を率いて出発する、とあったことなどは眼にも入らなかったようであった。

年が代わった一二二八年の三月二十三日、ローマの聖《サン》ピエトロ大聖堂の扉に破門の告示が張り出されたのである。一度目の破門が解かれてもいないのに、フリードリッヒは、二度もつづけて破門されたことになった。

破門（二度目）

二度目の理由を一言で言えば、ローマ法王に対する恭順の意の欠如、になる。

法王グレゴリウスにしてみれば、破門に処されようものなら何もかも捨てて法王の許に馳せ参じ、罪を悔いる証しの粗末な衣服を身にまとっただけの姿で、降りしきる雪の下に三日三晩立ちつくして破門を解いてくれるよう乞い願う、でなければならないのであった。それが、手紙だけを、しかも反論で埋まった手紙を送りつけてくるとはなにごとか、というのである。

しかし、皇帝フリードリッヒ二世は、「カノッサの屈辱」で歴史に名を遺した皇帝ハインリッヒ四世ではない。そして、法王グレゴリウスも、もはやブレーキが効かない状態になっていたのである。告示された破門状には、キリスト教徒全員に向けられた、次の指令がつけ加えられていた。

一、破門された者が滞在する地、またこの者が立ち寄る地のすべてを、法王は「聖務禁止」に処す。

「聖務禁止《インテルデット》」とは、「破門」の前段階と言ってよい、法王が俗界の人間に下す罰である。この「聖務禁止」になると、ミサを始め、生れた子への洗礼も結婚式も葬式もあげられなくなる。

もちろん、死んだ後で人々が行くことを願っている天国へは、キリスト教徒にとって欠くことを許されないこれらの儀式を済ませていないという理由で、ますます遠くなってしまう。

「破門」は個人に対して下される罰だが、「聖務禁止」のほうは住民共同体に対して下される罰という点でもちがった。

二、破門された者が領するすべての地に住む領民は、この者に誓った服従の義務から解放される。ゆえに、税を払う必要もなく、兵の募集に応ずる必要もない。

「破門」がローマ法王の持つ最強の武器になっていたのは、皇帝であろうと王であろうと、破門された者には従う義務はないとした点にあった。家臣も兵士も離れてよろしい、と法王が言っているのだから、いかなる権力者でも孤立無援の状態になる怖れがある。だからこそハインリッヒ四世は、雪が降りしきるカノッサの城の前に立ちつくして恭順の意を示しつづけ、カノッサの城内にいる法王グレゴリウス七世に向って破門の解除を乞い願ったのであった。

中世の歴史にはイヤというくらいに出てくる「破門」だが、語源はこの時代の公用語であったラテン語であるとはいえ、古代のローマ帝国時代からあったラテン語ではない。古代末期にキリスト教会が作語したラテン語で、辞典では「後期ラテン語」と分類されている。

一神教の世界でなければ生れえない言語だが、それは破門が、同信の徒で成るコミュニティからの追放を意味していたからである。言い換えれば、羊飼いが、羊の群れの中の一匹を、もどって来てもよいと言うまで群れから追い出してしまうことである。羊飼いはローマ法王で、法王側にすれば、皇帝であろうと王であろうと、群れの中の一匹にすぎないのだから。

それゆえに「破門」は法王のもつ強大な武器になっていたのだが、法王グレゴリウス九世が皇帝フリードリッヒ二世に向って投げつけた破門はこれ以外にも重大な意味を持っていた。とくに「指令」の第二項、フリードリッヒの部下も領民もフリードリッヒに従う義務はないとした第二項だけでも、フリードリッヒには事実上、遠征の実行は不可能になったはずであったのだ。だが、法王は、第三になる事項まで、信徒たちに命じていたのである。

三、破門された者が率いて行く以上、その軍は十字軍ではない。ゆえに、この軍勢の進む道筋にあたる地方の民は、軍勢の行軍を妨害し、軍が運ぶ物資の略奪も許される。

しかし、この第三項は、法王も予期していなかった反響を呼ぶことになる。十字軍を信じていた人が大半であったのが、この時代であった。その人々にしてみれば、法王による教書の第三項は、法王が他の誰よりも十字軍の遠征の邪魔をしているように映ったのである。庶民でさえも、この矛盾には気がついていた。

それもあってか、二度もつづけて破門されてしまったフリードリッヒだというのに、それによって受けた実害となると、ほとんどと言ってよいほどになかった。領民の蜂起もなく、諸侯たちの離反も起きなかった。それどころか、大司教や司教という、法王には絶対服従の義務を負う人々までが、フリードリッヒのそばにありつづけ、しかも、フリードリッヒが率いる十字軍の遠征に同行することを明らかにする。つまり、大司教さえも、法王の命令を無視したということであった。

しかし、フリードリッヒが直面させられていた問題は破門だけではなかったのである。二度目の破門が公表される一ヵ月前、フォッジアの王宮に滞在中の彼の許を、カイロのスルタンからの特使が訪れた。アル・カミールが送ってきた特使は前回と同じファラディンだったが、持参したスルタンからの親書は、前回とはまったくちがう内容であったのだ。

前年の冬にダマスカスで、シリアのスルタンが死んだことを伝えてきたのである。アル・ムアザムの死は誰も疑いようもない病いによる自然死で、それだけにアル・カミールの悩みの種であったシリア派の反抗も、自然消滅という感じで鎮静化していたのだった。

というわけで、穏健な形で弟が退場してくれたおかげでシリアとエジプトは自然に一体化し、四十七歳のアル・カミールは、かつては伯父のサラディンが、その死後には父のアラディールがそうであったと同様に、中近東のイスラム世界全体の唯一で最高の権力者になったのである。

その彼にはもはや、イスラム教徒にとっても聖なる都市であるイェルサレムを返還してまで、フリードリッヒに対しエジプトには攻めに来てくれるな、と頼む必要もなくなったことになる。ファラディンが持参したアル・カミールからの親書を一言で要約すれば、イェルサレムは返さないことにしたから、わざわざ遠征してくるには及ばない、である。

平和裡での聖都返還の実現を目的にした十字軍遠征というフリードリッヒの計画は、実行に移す前に早くも挫折したのも同然になったのだった。

そのうえ法王のほうも、出発を伝えたにかかわらず、破門を解く気配さえも見せなかった。

破門されたままのフリードリッヒが率いていく十字軍は、法王に祝福されない十字軍ということになる。いや、もともとは法王が提唱したことで始まったのが十字軍である以上、「十字軍」でさえもないということになってしまう。十字軍に参加する者に与えられる免罪という名の報償も、フリードリッヒに従ってオリエントまで遠征する将兵にかぎっては、与えられないということでもあった。

当時の空気に従順でありたいと思えば、この状況下での出発は見合わせたろう。遠征は中止し、法王が満足するように、ボロ服を身にまとい、裸足でローマに行き、悔い改めた姿で聖《サン》ピエトロ広場に立ち、まずは破門の解除を乞うことだけに専念しただろう。破門された身では、十字軍の遠征に発つこと自体が無駄であったのだから。

にもかかわらず、親しさも露わにファラディンを送り出した後のフリードリッヒは、出発の予定を変えなかった。

なぜ、三十二歳の皇帝は、この状況下でもなお出発することに決めたのか。

フリードリッヒは、十字軍に行きたくなかったのではない。これまでのようなやり方の十字軍ならば、率いて行きたくなかっただけである。

また、法王と皇帝の関係を、「法王は太陽で、皇帝は月」とも考えてはいなかった。

それよりも、フリードリッヒは、イエス・キリストが言ったという、「皇帝のものは皇帝に、神のものは神に」のほうが正しいと信じていたのである。

そのフリードリッヒにしてみれば、十字軍遠征とは、軍事であり政治であり外交でもある以上は、それらすべてはイエスも言ったように、皇帝が責任を負うべき分野である、と考えていたのだ。一方、宗教上のことならば、法王の管轄下にあるのが当然と思っていた。

この考えを現代風に言い直せば、「政教分離」になる。そして、この考え方を後世のヨーロッパは、「世俗主義」と呼ぶことになる。ナポリに世俗の学者だけを集めてローマ法を教える大学を設立したり、アラビア数字の普及を助成したり、十字軍遠征でさえも皇帝や王や諸侯という世俗の人間がやることだと考えていたフリードリッヒは、これらの言葉が存在しなかった時代に生きた、政教分離主義者であり世俗主義者であったのかもしれない。

第六次の十字軍

一二二八年六月二十八日、フリードリッヒ率いる十字軍は、ブリンディシから出港して行った。三十三歳になっていた皇帝は、法王とのケンカに熱中して九ヵ月を過ごしていたのではない。その九ヵ月は、万全の準備を整えるのに使われていたのである。

四十隻のガレー船と百を越える輸送用の帆船から成る船団の総指揮は、海将エンリコがとる。それらには大量の兵糧と武器と馬が積みこまれており、百人の騎士に三千の歩兵を乗せていた。フリードリッヒの乗る大型ガレー船には、シチリア王国の聖職界では第一と第二と第三の地位にある、パレルモとカプアとバーリの大司教たちという、高位聖職者の三人も乗船している。

また、破門された者が率いる十字軍というのに、騎士の中からも兵士や船乗りの中からも、宗教上の理由による脱落者は出なかったようであった。破門された者と関係を持つだけでも破門されたのが、この時代である。当時の年代記作者のほとんどは司祭か修道士で、ゆえに法王シンパが多い。脱落者が出たとすればこの人々が見逃すはずはなく、彼らのただの一人も、脱落者が出たとは記していない。

ちなみに、この十字軍に参加した南イタリアからの志願兵の中には、少なくない数で、ルチェラに集団で住むようになっていた、サラセン人の兵士たちも加わっていた。フリードリッヒは、イスラム教徒を敵にしなければならない十字軍に、イスラム教徒を連れて行ったのだ。イスラム教徒なのだから、総司令官が破門者であろうと関係はなかった、とは言えなくもなかったのだが。

この一事は後年になって、ローマ法王側からのフリードリッヒ弾劾の理由の一つになる。だが、その際のフリードリッヒ側の反論は、次のようなものだった。

仮りに血が流れる事態になったとしても、その血はキリスト教徒のものではなくイスラム教徒の血になるのだから、というのである。ローマ法王でなくても、フザケルナ、と言いたい気持になるのもわからないではない。

いずれにしても、ついに、と誰もが思ったにちがいない感じで実現した第六次十字軍だが、総司令官自らが率いる遠征軍が、百人の騎士と三千の歩兵であったのは小規模すぎる。だが、これ以外にも、先行させていた兵力はあった。

疫病の流行で延期せざるをえなかった前年に、チュートン騎士団の団長ヘルマンに託して先発させていた、ドイツ人の騎士八百である。単なる騎兵ではなく「騎士」となると、補助役の歩兵や馬丁を加えて、実数はこの三倍から五倍になる。

この先行隊は前年の秋にはパレスティーナに到着し、フリードリッヒが命じてあったとおりに、シドンの港の整備とこの海港都市を守る城壁の補強工事を終えていた。

その後も、アッコンを、さらにはモンフォートの城塞の補強工事までやりとげ、一二二八年と年が代わってからは、アッコンに次ぐ海港都市のカエサリアの防衛の強化まで終えていたのである。フリードリッヒが到着したときに、彼と彼の軍勢が安全に上陸でき、上陸後にはただちに前線基地として使える地の、それも複数の地の、確保のためであった。

だが、これらの兵力と現地で調達可能なすべてを合わせても、騎士は九百から一千、歩兵は三千から四千でしかない。四十年前の第三次十字軍でフリードリッヒの祖父である「赤ひげ」皇帝が率いた軍勢は、騎兵三千に歩兵八万であったのだ。

しかし、指揮系統ならばフリードリッヒを頂点に完璧に一本化しており、その彼の下には、陸上軍はチュートン騎士団の団長ヘルマン、海上軍はマルタ島出身のエンリコという、有能な二人の武将が控えている。小規模であっても、精鋭であるとは言えた。

そのうえ、フリードリッヒが破門を喰らったために、その人と同行するのを忌避した数多《あまた》の巡礼を、乗せて行かなくてもよいというメリットが加わる。つまり、第六次十字軍は、足手まといになりかねない善男善女は排除した、純戦闘員で固めた十字軍であったのだ。フリードリッヒ率いる第六次十字軍には、もう一つのメリットもあった。

それは、海軍力が完全に自前であったことである。第三次十字軍に参加したフランス王フィリップは輸送から何からジェノヴァに頼りきっていたし、わざわざイギリスから自国の船団を回航させたリチャード獅子心王も、戦闘に使うとなると、ピサやジェノヴァの船に頼るしかなかった。帆船は輸送用には適していても、海上の戦闘に使えるのは、櫂《かい》という当時のモーター付きであることから行動の自由な、ガレー船しかなかったのだ。そして、ガレー船は、ヨーロッパの北の海の船ではなく、地中海に適した船であり、それを駆使できるのは、地中海に慣れた船乗りでしかなかった。

フリードリッヒの領する南イタリアもシチリアも、地中海に面している。ゆえに海運国であるだけでなく、ガレー船の操縦に慣れた海軍国だった。騎士団長ヘルマンに託した先行隊を運んだ二十隻も、フリードリッヒが自ら率いていく四十隻もガレー船で、これらすべては南イタリアとシチリアで建造された船である。この海軍を指揮するのは、マルタ島生れゆえに地中海を熟知している海将のエンリコ。そして、海軍力を他国に頼らないで済むことは、指揮系統の一本化に有利に働くのは当然としても、フリードリッヒの海軍には、もう一つの特色があった。

それは、わざわざこの遠征のために建造させた輸送用の船である。船底が浅く平らになるよう造らせたこの船ならば、ナイル河を溯ってカイロを直撃することも可能であったのだ。

このように、三十三歳になっていたフリードリッヒは、軍事的にも万全のかまえでオリエントに向ったのである。

なぜ、外交だけで平和裡に聖都イェルサレムを再復する考えを持ちながら、こうも軍事面でも万全を期したのか。

くり返すが、皇帝フリードリッヒ二世は、十二歳の年齢の開きはあっても同時代人であり、また中世史上の巨人という点でも似ている、アッシジの聖フランチェスコではなかった。この修道士が前回の第五次十字軍で試みたような、言葉による説得だけで平和を実現できるとは、フリードリッヒは考えてはいなかったのである。

アッシジのフランチェスコは、敵方のアル・カミールのところに行って、イスラム教とキリスト教の間で平和と共生を実現するには、スルタンであるあなたがキリスト教に改宗するのが最も正しい道である、と説いたのだ。

イスラム教では、他教徒がイスラム教徒に改宗を推めることからして死罪に値する、と決まっている。ゆえに聖フランチェスコは、その場で斬られても文句は言えなかった。

だが、杖だけを手にした貧しい僧衣姿の若い修道僧の大胆な振舞いに、スルタンのアル・カミールは微笑で応じただけで、護衛の兵士まで付けてキリスト教側の陣営に送り返したのである。それでフランチェスコもアッシジに帰ってくることができたのだが、この聖人よりは十二歳若いフリードリッヒは、一度としてアル・カミールに改宗を推めたことはなかった。それでいながら、十字軍遠征の最たる目的である聖都イェルサレムの再復と、それに伴う目的である聖地でのキリスト教徒の存続の保証を、イスラム教徒であるアル・カミールから勝ち取ろうと考えていたのだ。それには、言葉による説得作戦を先行させつつも、同時に軍事力をちらつかせるやり方のほうが、実現性は高いと見たのである。

剣は、抜かなければ効力はない、というものではない。差しているだけでも、効力は充分に見込める。これを現代では、「抑止力」という。

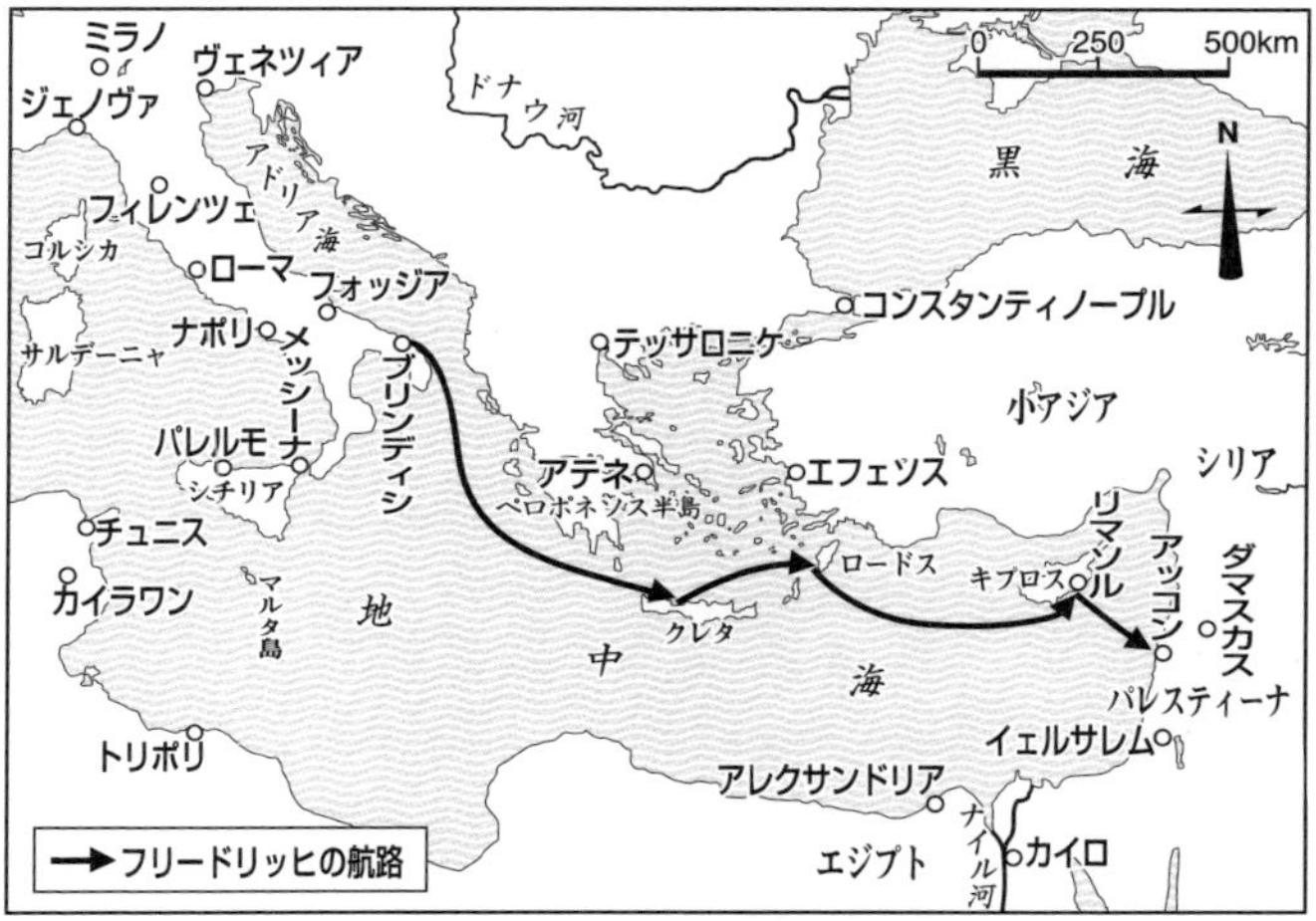

フリードリッヒの中近東への航路

一二二八年の六月二十八日にブリンディシから出港したフリードリッヒ率いる第六次十字軍は、ペロポネソス半島の西岸に沿って南下してからは舵を東に切り、クレタ島、ロードス島と寄港した後、七月二十一日にはキプロス島の南にあるリマソルに入港した。ここまでの船旅に要した日数は三週間でしかなかったが、このキプロスには六週間も留まることになってしまう。フリードリッヒも、リチャード獅子心王と同じに、後背地としてのキプロス島の重要性を見抜いていたからで、それゆえにこのキプロスの統治体制の確立を、聖地入りよりも優先したのであった。

第一次十字軍から百三十年が過ぎていたこの時期、この人々がシリア・パレスティーナに打ち立てた十字軍諸国家、つまりキリスト教徒の住む地方は、地中海にへばりつくまでに減少していたにしろ、まだ存続していたのである。陸側はすべてイスラム教徒に囲まれているこの中近東のキリスト教社会にとって、キプロス島がキリスト教側にありつづけることは、死活の問題にさえなっていた。

間に海があることは、彼らにとっては問題ではなかった。イスラム教徒は陸上では強力だが、海上では、キリスト教徒、なかでもその海上戦力の主役であったヴェネツィアとジェノヴァとピサという、イタリアの海洋都市国家の敵ではなかったのである。

十三世紀前半のこの時代では、地中海は彼らの海、と言われるまでに強力な戦力を持つようになっていたこれら海洋都市国家の海軍も、そもそもの始まりは、北アフリカから襲ってくるイスラム教徒の海賊から自国の町や人を守るために生れたのだ。それゆえに増強した海上戦力だが、これら三つの都市国家とも、交易立国でもある。強力になった海軍は、商品を満載して地中海に送り出す自国の船団の護衛を務めるようになったのも当然で、もちろんこの場合の敵も、イスラム教徒の海賊船であることでは同じ。

こうして、イタリアの三海洋都市国家は、一方ではイスラム教徒の商人と交易しながらも、他方ではイスラム教徒の海賊に対して常時戦闘態勢にあるという状態をつづけてきたのであった。だが、これによって、操船技能から効率的な船の建造法から乗船員の活用法までが、長足の進歩をとげる。その結果、これらキリスト教国の海上戦力とイスラムの海上戦力の格差は、中世も半ばを過ぎたこの時代、埋めようにも埋められないほどに開いてしまっていたのである。

フリードリッヒが率いる海軍は、これら三国の海軍に比べれば、威力でも規模でも伝統でも劣っていた。だが、それでも、イスラム教国から見ればキリスト教国の海軍であることでは同じだ。そのフリードリッヒが自前の海軍まで率いてきたということは、カイロのスルタンであるアル・カミールにとって、充分に脅威になりえたのである。それがナイル河を溯ってカイロの眼前に姿を現わすと想像するだけでも、アル・カミールにしてみれば、フリードリッヒが腰に差している剣に見えたことだろう。

このように、陸上でならば十万の兵でも簡単に集められるアル・カミールだが、海上に浮ぶ島というだけで、キプロスには手を出せなかったのである。

だがそれも、キプロスの内部統治が堅固で、それゆえに海上防衛も充分であってこそだ。分裂状態にあると見るや、大量の兵を一度に上陸させて陸上の戦闘に変え、結局はキプロス在住のキリスト教勢力を海に突き落すというやり方で、キプロス島のイスラム化は可能になるのであった。

フリードリッヒが訪れた時期のキプロスは、以前にリチャード獅子心王の援助で生れたルジニャン王家の後継者がわずか八歳で、お家騒動に似た状態になっていたのである。その解決には、軍事力を使うのが最も早い。しかし、キリスト教徒でもイスラム教徒でも血は流さずに目的に達しようとしているフリードリッヒにとって、その途中で立ち寄ったキプロスでキリスト教徒の血を流したのでは言い訳にならない。それで三十三歳の皇帝は話し合いでの解決の道を選んだのだが、それゆえに六週間もかかってしまったのだった。

この問題を解決した後で初めて、聖地に向う。イェルサレムを失って以後は中近東の十字軍勢力全体の首都の観があったアッコンに上陸したのは、九月七日であった。

聖地入り

十字軍史上では、最初で、そして最後になる神聖ローマ帝国皇帝直々の聖地入りは、中近東に住むキリスト教徒全員が熱狂する中で実現した。

アッコンに住む人だけでなく近隣の町からもキリスト教徒たちが駆けつけ、聖地巡礼に来ていた人々までが加わったので、港は、押されて海に落ちてしまった人が出るほどの群衆で埋まっていた。

秋の陽光が降りそそぐ中を、フリードリッヒは、イェルサレムの総主教やアッコンの大司教という、中近東の十字軍国家の要人たちに迎えられて王宮に向う。若き皇帝の雄々しい馬上姿に、中近東在住のキリスト教徒は、自分たちの安全と繁栄を保証してくれる人を見たのだった。


上から下までの大歓迎を受けて、フリードリッヒも良い気分になったらしい。同行者の一人だったバーリの大司教に、到着後の大歓迎の様子を書いた手紙を託して、法王グレゴリウスの許に送り返したのである。法王が気を変えて、破門を解くのを期待したのだった。海将エンリコにも、同行を命ずる。海将には、さらなる二十隻を率いて再びもどってくる任務が与えられた。

ところが、この二人を乗せた船は、法王の命令を持った修道僧の乗った船と入れちがいになる。アッコンに到着した修道僧は、中近東に駐在するキリスト教の聖職者たちの元締めの地位にあるイェルサレムの総主教に、法王の勅令を手渡した。

それには、皇帝には二度もの破門が下されていることを告げ、その皇帝にはキリスト教徒は服す義務はまったくなく、とくに宗教騎士団に対しては、フリードリッヒの命令に従うこと自体を禁じ、皇帝の旗の下で闘うことも厳しく禁じていたのである。


この法王からの勅令を受けて、アッコンの住民たちは動揺した。それでも、若き皇帝の聖地入りを眼にしたばかりの人々だ。アッコン内は、法王の勅令を理由に皇帝を敵視し始めた人々と、それでもフリードリッヒに希望をつなぐ人々に、二分裂してしまったのである。

具体的に名指しされた宗教騎士団も、法王につくか皇帝側に立つかで、騎士団の内部では激論が交わされた。

聖堂《テンプル》騎士団も病院《ホスピタル》騎士団も、他の諸々の修道会と同じに、ローマ法王の直接の管轄下にある。つまり、法王の命ずることには絶対服従の義務を負っている。だが、この中近東に長く住む彼らは、イスラム世界に三方を囲まれた十字軍国家に住むキリスト教徒たちの現状を知りつくしていた。

それで結局、聖堂《テンプル》騎士団も病院《ホスピタル》騎士団も、フリードリッヒに協力することに決めたのである。とはいえこの決定をローマの法王に報告するについてあげた理由が、この決定が彼らにとって苦しい選択であったことを示していた。

「皇帝への協力は、今のところ、という条件で行います。しかもわれわれの協力は、皇帝の名の下《もと》においてではなく、神とキリスト教徒のために、という名の下において、ということにします」

同じく宗教騎士団ではあっても、チュートン騎士団のほうは問題はなかった。入団の条件がドイツの貴族出身者に限っていたこの騎士団は、ローマ法王の管轄下にはなく、命令に服すのは皇帝に対して、であったのだから。

とはいえ、フリードリッヒも、聖地でのこの事情には配慮するのが賢いやり方だとは思ったのだろう。自ら率いる十字軍の総司令官の地位に、チュートン騎士団の団長ヘルマンをつける。つまり、第六次になるこの十字軍は、二度も破門されている皇帝ではなく、聖地の防衛に生涯を捧げてきた宗教騎士団の一つである、チュートン騎士団の団長が率いるという形にしたのであった。

接触再開

しかし、この種の配慮はしながらも、フリードリッヒは、アッコン到着後に早くも、交渉再開を求める密使をアル・カミールに送っていた。密使は二人とも、聖地在住も長い領主の出で、二人ともアラビア語を自由にあやつる。二人の密使は、この時期アル・カミールがいたナブルスに向った。外交による解決への試みは、大歓迎の中をアッコンに到着したその直後に、早くも始められていたのである。

この時期アル・カミールがナブルスに滞在していたのは、前年の冬の弟アル・ムアザムの死で統治者が空席になっていた、ダマスカスを中心とするシリア全域を、カイロのスルタンである自分の支配地域に組み入れるためであった。そしてそれは、ほぼ成功していたのである。

だが、アル・カミールには、死んだ次弟と同じ年頃の弟がもう一人いて、そのアル・アスラフに亡き父アラディールは、メソポタミア地方の統治権を与えていたのだ。そしてこの弟は、シリアまでが長兄のものになるのが不満で、内戦も辞さずのかまえでアル・カミールに反抗していたのだった。

フリードリッヒがパレスティーナ入りした時期は、ちょうどアル・カミールが、この兄弟間の抗争を話し合いで調停し、しかもその調停が成功しつつあった時期に当っていたのだ。アル・カミールにしてみれば、まずい時期に来てくれた、の想いであったにちがいない。

アユーヴ朝のスルタンは、その創始者であるサラディンの考えを受け継いで、カリフとは常に距離を置くやり方で一貫してきた。

「カリフ」という存在を当時のイスラム教徒がどのように考えていたかだが、彼らは同時代のローマ法王を、「キリスト教徒にとってのカリフ」と言っている。つまり、「カリフ」とは宗教上の最高位者であって、「スルタン」は世俗の最高位者というわけだ。

その「カリフ」だが、サラディンの出現以前は、バグダッドとカイロに一人ずついたのである。バグダッドにいるアッバス朝のカリフはスンニ派を、カイロにいるファティマ朝のカリフはシーア派を代表していた。

ところが、どうやらイスラム世界の政教分離主義者でもあったらしいサラディンは、カイロにいたカリフが死んだ後、後を継ぐカリフを置かなかったのだ。そして、カリフ不在のままで、アラディール、アル・カミールと、アユーヴ朝はつづいてきたのである。

しかし、メソポタミア地方の統治をまかされた、アル・アスラフの本拠はモスールにある。バグダッドには、ティグリス河を下ればすぐの距離だ。当然、バグダッドにいるカリフとの間は、カイロを本拠にしている兄のアル・カミールよりは近くなる。それは即ち、カリフの周囲を固めているイスラム教の聖職者である「導師《イマム》」たち、つまりイスラム教の原理主義者たち、の影響を受けやすいということであった。

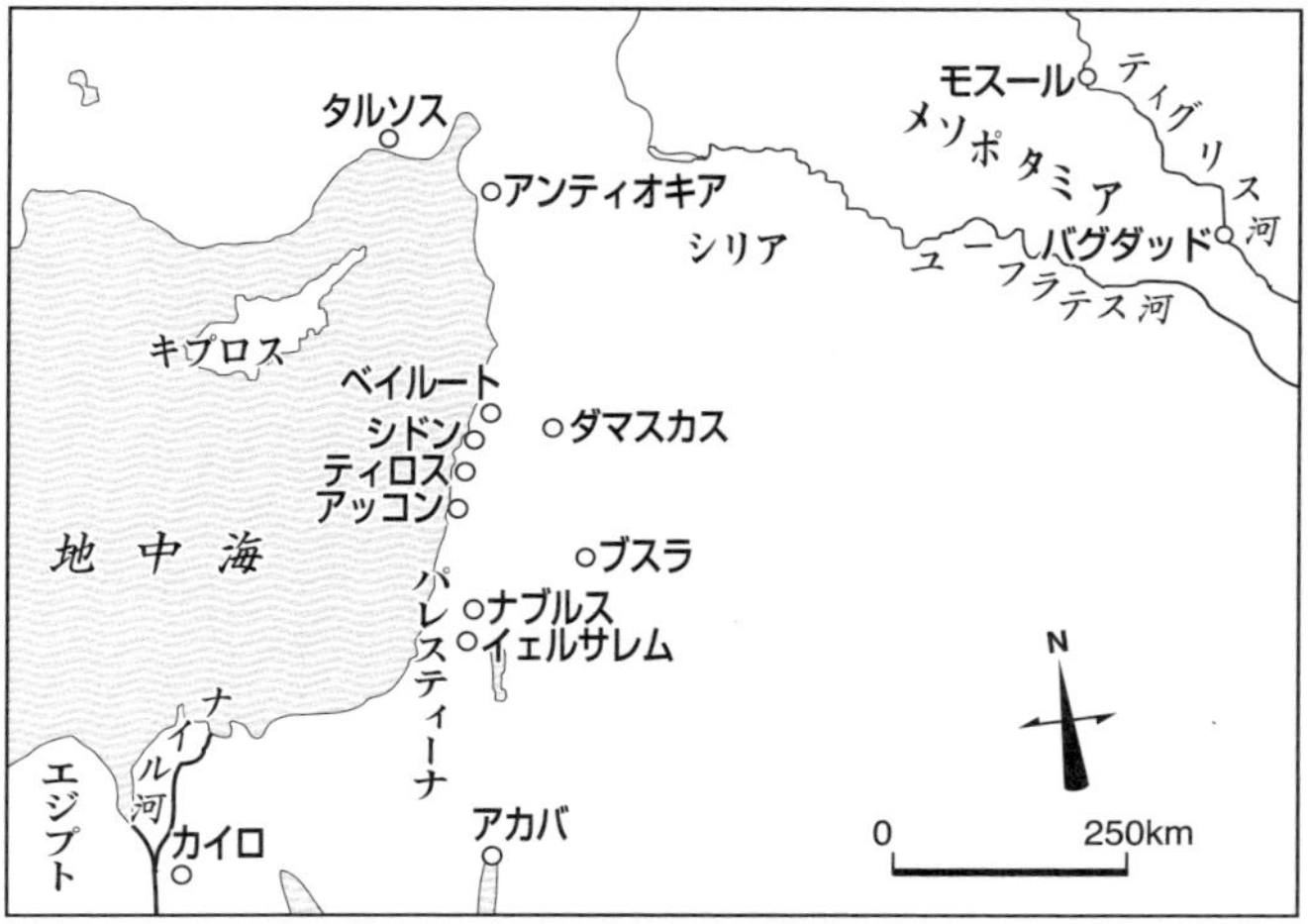

パレスティーナとその周辺

このアル・アスラフとの対立が収まりつつあるという時期、フリードリッヒとの交渉を再開するのは、アル・カミールにとっては自分の立場を弱くする危険さえもあったのだ。

なぜなら、フリードリッヒが交渉のテーブルにのせてくるのは、必ず、一年前の接触当時にアル・カミール側から提案した、「イェルサレムの返還」であったからである。イェルサレムは、イスラム教徒にとっても聖都だ。この聖都をキリスト教側に譲り渡すというのだから、カリフを擁するメソポタミア勢力、つまりそれを体現しているアル・アスラフが、反対の声をあげないはずはなかった。

しかし、エジプトを勢力基盤にしているアル・カミールには、フリードリッヒが率いてきた軍事力を無視することも許されなかったのである。

若い皇帝が率いる精鋭軍団、であるだけではない。フリードリッヒがわざわざ造らせたという、ナイルでも航行可能な造りの船団である。騎兵と歩兵を満載したこの船団がナイル河を溯り、カイロの中心に姿を現わすということくらい、アル・カミールにとっては見たくないことはない。シリアを手中に収め、メソポタミア地方との関係も改善されつつあるというのに、本拠地のカイロが危うくなっては元も子もないのだった。

スルタン・アル・カミールは、交渉再開を求めてきた皇帝フリードリッヒの要請を受け容れる。そして交渉役には、すでにフリードリッヒとは面識のある、若い大守《エミル》のファラディンを送ってきた。フリードリッヒに対して、交渉には本気で臨むという、アル・カミールからのメッセージでもあった。

ただし、この時期アル・カミールの頭にあったのは、交渉の早期妥結ではなく、交渉を長びかせること、ではなかったかと想像する。

スルタンは、皇帝が置かれている状況を熟知していた。法王からは二度も重ねて破門されていることも知っていたし、フリードリッヒが滞在しているアッコン市内でも、法王派と皇帝派に二分していることも知っていた。

そのうえ、イスラム教徒が「長い土地」と呼んでいたイタリア半島の、中部を占める法王の領土と、南部に広がるフリードリッヒの領国が、境を接していることも知っていたのだ。フリードリッヒ憎しに燃える法王グレゴリウスが、その境を越えて南イタリアへの侵攻を命じようものなら、フリードリッヒとて帰国するしかないことも知っていたのである。

歴史を書きながら痛感させられることの一つは、情報とは、その重要性を理解できた者にしか、正しく伝わらないものであるということだ。十字軍の歴史一つとっても同じで、この点では、キリスト教徒であろうとイスラム教徒であろうと、まったくちがいはない。同じキリスト教徒でも、情報に通じた法王や王侯もいれば、その方面には疎《うと》かった法王や王侯もいた。また、キリスト教徒でイタリアの交易商人同士でありながら、情報を重要視したヴェネツィア人と、そうとは言えなかったジェノヴァ人のちがいもあったのだ。

古代ローマの人である、ユリウス・カエサルも言っている。「人間ならば誰にでも、現実のすべてが見えるわけではない。多くの人は、見たいと欲する現実しか見ていない」

情報を活用できるのは、見たくない現実でも直視する人だけなのである。

バグダッドにいるカリフもその周囲の「導師《イマム》」たちも、メソポタミア地方を領するアル・アスラフも、神聖ローマ帝国皇帝が十字軍を率いて到着したことは知っていた。それどころか、皇帝は法王から破門され、早晩ヨーロッパにもどって行くしかないことも知っていたのである。

だが、その皇帝が、その気になればカイロを直撃できる海軍力まで持っているということの重要性には気がつかなかった。この種の認識力を持っていたのは、アル・カミールだけであった。

チェスの卓を中にして

ナブルスまで出向いての要請に応えて一二二八年の秋に再開されたスルタン・皇帝間の交渉の場は、初めのうちはアッコンの郊外に張られた皇帝の天幕の中で行われたようである。また、レアル・ポリティックに徹する必要のある外交交渉とはいえ、スルタンが送ってきたファラディンと、この若い大守《エミル》と通訳なしで向き合うのは、三十代ということでも同じのフリードリッヒだ。この二人の間には常に親し気な雰囲気が漂い、交渉も、チェスの卓を中にして進むのだった。

とはいえ、チェスに興じながらも駒を持つ手をふと止めて、重要な問題に斬りこんでくるフリードリッヒに対し、ファラディンは、スルタンの意向を確かめないでは答えられません、と言っては席を立ち、ゲーム

チェスをしながら交渉するフリードリッヒとファラディン

のほうはそのままにして馬にとび乗ることになる。そして、このようなことは、幾度となくくり返されたのであった。

　交渉の経過は想像するしかないのは、話し合いのすべてはアラビア語で成されたので、キリスト教側には記録はほとんど残っていないからである。それでも、キリスト教側でも、二人の間で交わされる言語は理解できなくても、雰囲気はわかったのだろう。「常に友好的な雰囲気の中で行われた」とは、記録に残っている。

　九月の末に始まった交渉も十一月に入るや、会談の場所が移動した。弟アル・アスラフとの問題も解決したのでナブルスにいる必要がなくなったアル・カミールが、カイロに帰る途中でガザに立ち寄ったからである。ガザには、スルタンの離宮があった。

　これを知ったフリードリッヒは、聖地のキリスト教勢力にとっての首都であり、王宮も完備していたアッコンを捨てる。アッコンからヤッファに、移動したのである。交渉の真の相手との距離を、半ば以上も縮めたのであった。

　ヤッファは、今ではテル・アヴィヴと改名され、イスラエルの首都機能が集中するイスラエル第一の都市である。一方、ガザは、今なおこの名でつづいているが、今ではパレスティーナ人の自治地区で、しかも過激派が支配する「ガザ地区」の中心的存在であり、これまた政治機能が集まる町だ。

テル・アヴィヴからガザまでの距離は、七十キロしかない。二十一世紀の現在では、パレスティーナとイスラエルがこの距離をはさんで、一方がミサイルを撃ちこめば、他方は空爆で応酬する、という状態でつづいている。

しかし、現代からならば八百年は昔になる一二二八年から二九年にかけて、この同じ距離の間では、軍事力を使わないで共生を実現しようとする交渉が進んでいたのであった。

それも、キリスト教世界の俗界の第一人者である皇帝と、イスラム世界俗界の第一人者であるスルタンの間で。つまり、トップ中のトップ同士の間で。

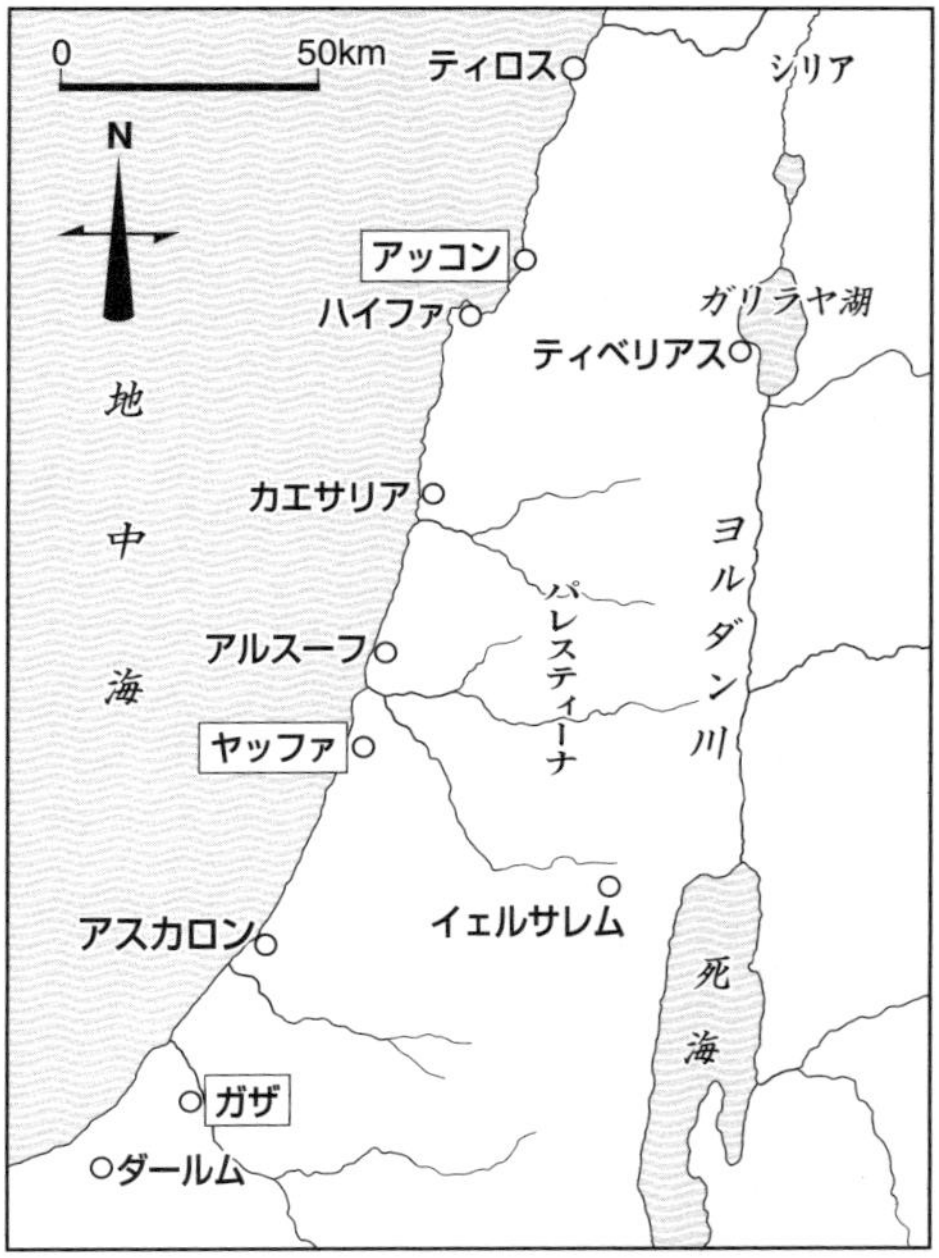

ヤッファ〜ガザとその周辺

大幅に距離を縮めてきた三十三歳の迫力に押されたのか、四十八歳になっていたアル・カミールも、一二二九年と年が代わってからもガザに留まりつづけた。

なぜなら、フリードリッヒが要求してくることはあまりにも重大で、そのたびにファラディンは馬を駆ってはヤッファとガザの間を往復し、スルタンの指示を仰がねばならなかったからである。幸いにも、ヤッファとガザの間は農村地帯で、馬を疾駆させるには好都合な平坦な土地ではあったけれど。

行ったり来たりでしばしば中断しながらも、交渉の場を支配していた友好的な雰囲気は変わらなかった。アル・カミールが、スルタンしか使えない豪華な天幕を贈ってくれば、皇帝からは返礼として、黄色の地に黒の鷲を縫いとりした皇帝用の馬衣をつけた、ヨーロッパ産の駿馬が贈られる。ときには、互いに作った詩を交換することもあった。詩作はイスラム世界の教養人にとっては必須の条件だが、フリードリッヒにも、いくつかの詩が残っている。

あるときなどは、気の合う仲になっていたファラディンを、フリードリッヒは西欧式の儀式にのっとって、騎士に叙任したこともあった。それを報告するファラディンに、アル・カミールは笑いながら、おまえも騎士にされちゃったのか、とぐらいは言ったかもしれない。そのアル・カミールも三十六年昔には、サラディンから講和の交渉を託された父のアラディールに連れられて十字軍の陣営に行った折り、獅子心王リチャードの手で「騎士にされちゃった」ことがあった。

とはいえ、ヨーロッパ中世の「騎士」には、騎士にしてくれた人に忠誠を誓う義務がある。いかに騎士に叙されても、イスラム教徒がキリスト教徒に忠誠を誓うわけにはいかない。ゆえにリチャードもフリードリッヒも、キリスト教的には許されない行為をしたことになるが、二人とも、そのようなことは気にもしなかったのだから愉快だった。そして、アル・カミールもファラディンも、それを素直に受けとって、「騎士にされちゃった」のである。

だが、こうして、アル・カミールにしてみれば時間稼ぎで始めた交渉も、少しずつ、異教徒間の共生を目指す、真剣で重要な交渉に変わっていったのであった。

しかし、交渉は進めながらもその一方で、フリードリッヒは、中近東のキリスト教勢力の安全を保証するには欠かせない、防衛の強化も進めていた。

この時期からパレスティーナ地方でも、チュートン騎士団管轄の城塞の建造が始まる。それまでこの地方にあった城塞の多くは、病院騎士団か聖堂騎士団が建てたものだった。それがこの時期から、チュートン騎士団造営の城塞が増えてくる。皇帝による積極的な援助がなければ、結成後十年程度のチュートン騎士団にはとてもできることではなかった。

と言って、フリードリッヒは、チュートン騎士団だけを特別あつかいしていたのではない。他の騎士団所有の城塞でも、戦略上重要と見れば補強工事を援助したし、病院騎士団との間ではしばしば密な話し合いが持たれ、海港都市の防衛の要《かなめ》になる城塞も、その面では経験と実績が豊富な病院騎士団に一任している。

平和のための交渉はつづけながらも、防衛力の強化は忘れなかったのだが、これらに必要な工事は、率いてきた兵士たちを遊ばせておかないためにも有効であり、同時に、中近東在住のキリスト教徒の間に根強く残る対イスラム強硬派の、注意を交渉からそらすためでもあった。なにしろ、強力な軍を率いて来ていながら、それをいっさい使わないで、外交だけで問題を解決しようとしていたのだから。

講和成立

講和のための交渉が、ヤッファとガザの間で行われるようになったのは、一二二八年の十一月からである。それからだけでも三ヵ月が過ぎた一二二九年の二月、交渉はついに妥結した。その内容を見れば、軍配は、この間ずっとねばり強く交渉をつづけた、フリードリッヒに上がったとするしかない。

二月十八日の朝、ヤッファでは、この十字軍の総司令官ということになっているチュートン騎士団の団長ヘルマンの同席のもと、同意が成った講和に、まずフリードリッヒが署名し捺印する。そして、その日の夜にはガザで、アル・カミールも署名し捺印を終える。直接には一度も会わなかった二人だが、講和は成立させたのであった。

この講和の内容だが、項目別に整理すれば次のようになる。

一、イスラム側は、イェルサレムを、キリスト教側に譲り渡す。ただし、イェルサレム市内の東側の三分の一にあたる地域は、イスラム教徒のものとして残し、非武装のイスラム教徒が管理する「イスラム地区」とする。

この地区には、今なお金色に輝くドームで目立つスルタン・オマールが建てたというモスクと、中世ではこれよりもイスラム教徒の信仰の的になっていたという、アル・アクサのモスクがあるからだった。それで、講和でもこの一帯は、キリスト教下に入ることになったイェルサレムの中の「イスラム地区」として残されたのだが、キリスト教徒でもこの中に入るのは、イスラム側の許可を得たならばよし、とも決まった。

なぜ、イスラム教徒が聖地と思うこの一帯でもキリスト教徒にも入ることが認められたのか、だが、古代に書かれた新約聖書によれば、あの時代にはこの地区内にあったユダヤ教の神殿で、少年時代のイエスがユダヤ教の祭司相手に論争したとあるからだ。なにしろ、イェルサレムに巡礼に訪れるキリスト教徒は、イエス・キリストに縁のあるところならばどこであろうと参拝したいのである。巡礼コースには市街地の外にあるチェナーコロも入っていたが、そこはイエスと弟子たちとの最後の晩餐《ばんさん》の場所とされていたからだった。

これと同じ理由によって、フリードリッヒはアル・カミールから、イエス生誕の地であるベツレヘムと育った地であるナザレの、キリスト教側での領有を認めさせるのにも成功している。

二、イェルサレムは、「イスラム地区」を除いた全市はキリスト教側に譲渡されるが、そのイェルサレムの周辺一帯は、イスラム側の領土として残る。

だが、これではイェルサレムが、イスラム世界の中の孤島になってしまいかねない。市内には武装したキリスト教側の兵力が常駐するにしても、防衛体制は充分とは言えなかった。それでフリードリッヒはイェルサレムをめぐる城壁の強化を求めたのだが、それに対してアル・カミールは、フリードリッヒの責任の下《もと》で、としたうえで工事を認める。

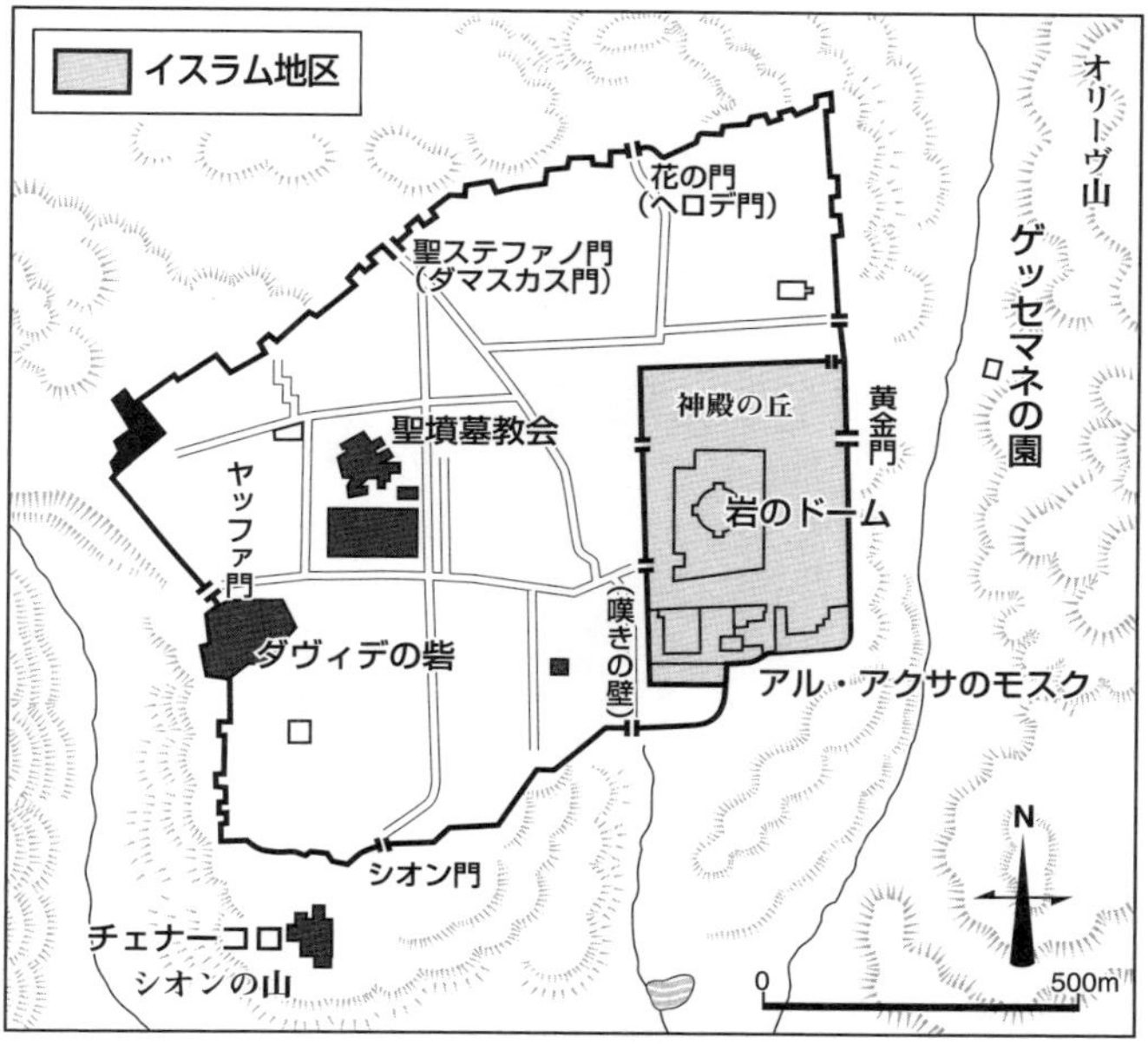

イェルサレム市街図

三、ベイルートからヤッファに至る地中海沿いに連なる、海港都市とその周辺地域のキリスト教側の領有権を、イスラム側は認める。
これは、リチャード・サラディン間で成った講和の追認と言ってもよいが、あのときに認められたのはティロスからヤッファまでの間であったのだ。それがフリードリッヒとアル・カミール間の講和では、ティロスより北にあるシドンからベイルートまでが、キリスト教側の地として公認されたことになる。

そしてこのことは、単なる「増加」ではなかった。この二つの海港都市が加わったことで、アンティオキア公領からトリポリ伯領を経てヤッファに至るまでの地中海に沿う十字軍側の地帯のすべてが、イスラム領によって中断されることなく、北から南に向う帯状の地帯として連続するようになったのだ。

巡礼者でも交易商人でも、ヨーロッパからは海路を使うのが一般的になっていたのがこの時代である。地中海の東岸に数珠つなぎのように連なるこれら海港都市の領有権をイスラム側が公認したことによる、キリスト教側が受けた有利は計りしれなかった。

四、キリスト教側の領土であろうとイスラム側の領土であろうと関係なく、巡礼と通商を目的とする人々の往来は、双方ともが自由と安全を保証する。
この項目だけは、リチャード・サラディン間の講和の完全な追認である。それはつまり、あのとき以降、キリスト教側もイスラム側も、これによる利益を享受してきたということであった。

五、双方ともが、〝保管〟している捕虜たちの全員を交換し合う。
だが、これで自由になった者のほとんどは、第五次十字軍当時にダミエッタの攻防戦中に捕虜になった、キリスト教徒の兵士たちであった。

六、この講和の有効期間は、署名捺印後から始まる、一二三九年二月までの十年間とする。
ただし、その後も双方が同意すれば、なおも十年、またなおも十年、と更新される可能性は残される。

反対の大合唱

ところが、この講和の内容が知れわたるや、キリスト教側でもイスラム側でも騒然となった。

イスラム側はまず、メソポタミア地方のスルタンのアル・アスラフが、聖都イェルサレムを敵に譲り渡したとして反対の声をあげた。だが、アル・カミールの勢威があまりにも確固たるものになっていたので、その声がイスラム世界全域に燃え広がるまでにはならなかったのである。

アル・カミールが、この弟をどのように説得したのかはわかっていない。それでもなお、二十一世紀の今になってもなお、イスラム教徒の手になる十字軍関連の書物では、この講和を、イスラム教徒にとっての「恥辱」と断じつづけている。


しかし、キリスト教側に巻き起った反響のすさまじさは、イスラム側の反応をはるかに越えていた。


まず、アッコンにいたイェルサレムの総主教が、口調も激しく反対した。チュートン騎士団の団長ヘルマンが、それでも聖都は異教徒の手からもどってきたのだから、解放されたその聖都に巡礼たちを引き連れて行ってはどうか、と進言したのだが、総主教から返ってきた答えは、断じて否、であった。

それどころか総主教は法王に急ぎ手紙を送り、その中で次のようにフリードリッヒを非難した。

「この皇帝は、キリスト教徒の皇帝にまったく値しません。無能とするしかない男で、サラセン人の前ではひざまずくことしか知らず、口から出るのは彼らへの感謝の言葉ばかり。おかげで、これら不信仰の徒からさえも軽蔑されている始末です」

総主教ジェラルドには、講和にも見られる、フリードリッヒの異教徒尊重とその彼らとの共生への想いからして、理解を越えていたのだろう。総主教からの手紙を受けとった法王も、フリードリッヒに対する評価を変えなかった。それどころか、さらに悪化させる。この法王によって破門が解かれる可能性は、遠ざかる一方であった。

これら聖職者たちにとっては、異教徒と交渉すること自体が、キリスト教徒としては誤った行為になるのである。聖都イェルサレムの「解放」も、異教徒との話し合いによるのではなく、キリスト教徒が血を流すことによって成し遂げらるべきこと、なのであった。ましてや、その聖都の一部を「イスラム地区」と認めたうえでの解放など、「解放」の名に値しなかったのだ。

握手を交わすフリードリッヒとアル・カミール（実際には二人は会っていない）

しかし、イスラム教徒にも彼らの聖域があることを認めないかぎり、異教徒間の共生は未来永劫実現できないのである。

中近東に住むキリスト教徒の中で、聖職者以外にも激しく反対したのが聖堂《テンプル》騎士団であった。騎士団の設立以来、彼らはアル・アクサのモスクを没収して本部にしていたのである。それが、サラディンがイェルサレムを奪還した年に追い出され、それ以降は本部なしの状態がつづいていた。フリードリッヒとアル・カミール間の講和では、アル・アクサのある一帯は「イスラム地区」としてイスラム側に残されることになった。四十二年ぶりに設立当初の本部にもどれるという彼らの夢も、講和の成立で断たれたことになった。

しかし、講和に反対する人ばかりでもなかったのである。ヨーロッパからの遠路もいとわず来ていた巡礼たちが、まず喜ぶ。この人々はフリードリッヒの到着以来、安全上の理由で聖都巡礼を禁じられていたので、講和の成立とともにいっせいにイェルサレムに向ったのだった。

また、宗教騎士団の中でも、皇帝直属としてもよいチュートン騎士団は問題なかったとしても、病院《ホスピタル》騎士団は皇帝への協力をつづけた。講和の成立後にヤッファを発って城塞の視察を始めていたフリードリッヒに、常に同行したのは病院騎士団の団長である。

そして、キリスト教側と決まった海港都市の住人も、そこを拠点にイスラム世界との交易に従事する商人も、講和の成立による利益を受けることになるのだから、心の中では賛成であったにちがいない。

だが、反対の声は常に高く、賛成の声は常に低い。それがわかっていたのか、フリードリッヒは反対と非難の大合唱も気にしなかった。二月から三月にかけて、キリスト教側にとっての防衛の要《かなめ》になる、各地の城塞の強化に専念していたのだから。

それにしても、と考えてしまう。再びイスラムの手にイェルサレムを取りもどした最大の功労者であるサラディンは、イェルサレムにキリスト教徒の巡礼が訪れるのを認め、この人々の旅の間の行動の自由と安全は保障すると、獅子心王リチャードとの間で結んだ講和で確約していた。そして、サラディンの後を継いだアラディールも、この路線は継承してきたのである。だが、この二人とも、イェルサレムをキリスト教徒に譲り渡すことはしなかったし、考えもしなかったであろう。

にもかかわらず、キリスト教にとってもイスラム教にとっても聖都であるイェルサレムは、イスラムの支配下にありながらキリスト教徒にも開かれている都市、としてつづいてきたのである。リチャード・サラディン間の講和からフリードリッヒとアル・カミールの講和までの三十七年間、間に第五次十字軍の三年間という中絶期があったとしても、イェルサレムはこの状態でつづいてきたのであった。

それをアル・カミールは、完全な形での譲渡に踏み切る。なぜか。状況はアル・カミールに有利であったのに、なぜ踏み切ったのか。

時間に至っては、アル・カミールのほうが絶対的に有利だった。フリードリッヒが、いつまでも中近東に留まりつづけるわけにはいかないことは、誰の眼にも明らかであったのだから。

古代のギリシアが好きな人がアテネを訪れれば、感動で胸が熱くなる。古代のローマ好きが永遠の都ロー

「ハッティンの戦闘」後のキリスト教勢力（1187年）

第一次十字軍が築いた十字軍国家領（1119年）

マを訪れれば、同じように胸は熱くなる。フランス好きはパリでは胸が熱くなり、イギリス好きはロンドンで胸が熱くなる。しかし、胸が熱くなるだけでなく頭のほうまでも熱くなってしまう都市は、イェルサレムだけなのであった。

十三世紀当時のヨーロッパ人は、聖都の実態がどうあろうとには関係なく、イェルサレムがイスラムの支配下にあるというだけで、異教徒のくびきの下《もと》で苦しむ主イエスの都《みやこ》、と思い、嘆き悲しんでいたのである。そしてこの嘆きと悲しみは憎しみに代わり、十字軍を送って奪還すべき、となってしまうのだ。つまり、イェルサレムがイスラムの支配下にあるかぎり、ヨーロッパに住むキリスト教徒の胸も頭も熱い状態でつづき、十字軍を組織しては侵攻して来るのをやめない、ということになるのだった。

この種の可能性を忠告という形でアル・カミールに思い起させたのは、フリードリッヒであったかもしれない。十字軍にかぎらず頭

フリードリッヒによる講和後のキリスト教勢力(1229年)

第三次十字軍後のキリスト教勢力(1192年)

が熱くなる性向の法王やカトリック教会を向うにまわして、苦労していたのが彼であったのだから。

　そして、アル・カミールもこの忠告に耳を傾け、もういっそのことときっぱりと、イェルサレムを譲り渡すか、とでもいう想いになったのではないか。

　フリードリッヒとの間で交渉していた当時のアル・カミールの立場は、フリードリッヒに譲歩せざるをえない状態ではまったくなかった。それどころか確固としていたのだが、その彼にしてもなお、キリスト教側にイェルサレムを譲渡しようものなら起ること必至の、イスラム世界からの猛烈な反撥は充分に予想できたのである。にもかかわらず、伯父も父も考えもしなかった、譲渡に踏み切った。

　忘れてならないのは、十字軍史上初めてエジプトに侵攻してきた第五次十字軍を迎え撃ったのは、スルタンになったばかりで権力基盤も弱かったアル・カミールであったことである。その彼が、十字軍さえ遠征して来なければ、エジプトが安泰であるだけでなく、中近東在住のキリスト教徒とも共生していけるのに、と考えたとしても無理はない。そして、十字軍に来ないでもらうには、イェルサレムを彼らに渡してしまえば問題は消滅するではないか、と。

だがこれは、あくまでも私の想像である。あくまでも、宗教のちがいはあっても理解し協調できる余地はある、という想いを捨てきれないでいる者の想像でしかない。しかし、このような想像にでも訴えないかぎり、アル・カミールの決断の真因には迫れないのである。

研究者の多くがあげるような、五十歳になろうとしていたアル・カミールの、十五歳は年下のフリードリッヒに対する個人的な親愛感、だけでは説明しきれない。二度も重ねて破門されてしまったフリードリッヒの困難な立場に、アル・カミールが同情を感じた、という理由だけでも説明しきれないのだ。

なぜなら、岩のドームやアル・アクサのある「イスラム地区」は除くにしろイェルサレムの都市そのものをキリスト教側に譲渡するという決定は、イェルサレムがイスラム教徒にとっても聖都である以上、イスラム世界のリーダーとしては重大極まるリスクを冒《おか》すことであった。当時でも強い反撥があり、あれから八百年が過ぎている現代でさえも、「恥辱」と断じつづけられているのである。

「フリードリッヒとアル・カミールの講和」を、アル・カミールはリスクを冒しても成立させた。そして、フリードリッヒもリスクを冒したことでは同じだった。しかも、三十四歳だったフリードリッヒには、冒したリスクは一生付きまとうことになる。

リチャード獅子心王も、カトリック教会の言う「不信仰の徒」との間に講和を成立させた。だが、リチャードは、サラディン相手に激闘をくり返した後で、この「不信仰の徒」との間で講和を成立させたのである。反対にフリードリッヒは、戦闘を一度もしないで、「不信仰の徒」との話し合いだけで、講和を成立させたのであった。
この点が、聖都イェルサレムを結局は奪還できないで終ったリチャードと、奪還には成功したフリードリッヒに対する、ローマ法王側の評価のちがいになる。

くり返すが、ローマ法王側の考えでは、聖地パレスティーナと聖都イェルサレムは、キリスト教徒が血を流すことによって、「解放」されねばならなかったのである。だからこそ、それに参加した者には全員、完全免罪という、中世の信心深いキリスト教徒にとっては何よりも嬉しい報酬が約束されていたのであった。

イェルサレムで

一二二九年二月十八日に講和成立させた後、フリードリッヒは各地の城塞の視察行に専念していたが、三月十七日になってイェルサレムに到着する。城門の前で迎えたイェルサレム総督のアル・ガウヅィが、その皇帝にイェルサレムの城門の鍵を進呈したことで、イェルサレム譲渡のセレモニーは終った。

フリードリッヒは、まずは病院《ホスピタル》騎士団の病院に近接する騎士たちの宿舎に向う。そこをイェルサレム滞在中の宿舎に決めたのは、そこしか、キリスト教世界の君主にとって泊まれる場所はなかったからである。サラディンによってイスラム支配下にもどった後でも、この地を訪れる巡礼たちのための医療施設として、病院騎士団が運営する「病院」だけが残留を認められていたからで、それ以外には、王宮もなく総主教の公邸もなく、イェルサレム防衛の基地でもある「ダヴィデの砦」は、これまで駐留していたイスラムの兵士たちの引越しでごった返していた。

病院騎士団の建物に落ちついたフリードリッヒは、夕食前のひととき、少数の伴を連れただけで聖墳墓教会に向う。

聖墳墓教会を管轄する僧たちも、病院騎士団運営の病院で医療に従事する医師同様にイェルサレムに留まることをサラディンから認められていたので、彼らもまた、イェルサレムがイスラム支配下にあった六十二年間、この聖都に留まりつづけてきたキリスト教徒になる。だが彼らも、皇帝が破門されていることは知っていた。それで、破門されたとはいえ皇帝である人を、どう迎えたらよいかで迷う。

しかし、そのようなことを気にするフリードリッヒではない。オタオタしている僧たちの前を通り過ぎた皇帝は、そこに従《つ》いてきた伴たちを待たせ、一人で祭壇に向った。祭壇の前にひざまずいたフリードリッヒは、しばらくの間一人で祈っていた。そして、それが終るや、まだオタオタしている僧たちを残して宿舎にもどって行ったのである。

翌・三月十八日の朝は、聖墳墓教会で、イェルサレムの王としての戴冠式を挙行することになっていた。フリードリッヒも初めは、戴冠式の前に行われるミサから出席するつもりでいたのである。だが、その彼に、チュートン騎士団の団長ヘルマンが忠告した。破門の身でキリスト教の重要な儀式であるミサに出たことが知れ渡れば、ローマにいる法王の怒りにさらに油をそそぐことになりかねない、と言ったのだ。フリードリッヒは、ヘルマンの忠告を容れることにした。

ミサの終った後に入って行った聖墳墓教会の内部には、ミサに出席していた巡礼たちが残っていた。皇帝の正装姿で入って来るフリードリッヒを見て、この人々の間からごく自然に盛大な拍手と歓声がわき起ったのだ。彼らにしてみれば、今やキリスト教徒の手にもどってきた聖都で、イエス・キリストの墓の上に建てられたこの聖墳墓教会の中で、祈りを捧げることができるだけでも喜ばしく、それが破門された者によって成し遂げられたことであろうと、どうでもよいことなのであった。

思わず道を開けた群衆の間を、皇帝は祭壇の前に進む。しかし、王冠を授与することが認められているのは、この地を担当する高位聖職者にかぎられている。この日のイェルサレムには、聖地駐在の総主教も大司教も司教もいなかった。

それで、三十四歳の皇帝は、祭壇上に置かれていた王冠を自分の手で取り、自分の手で頭上に載せたのである。

この日の聖墳墓教会にいた人々の中で、特異極まるこの行為に、異議を唱えた者はいなかった。チュートン騎士団の団長ヘルマンによる、今日のフリードリッヒの行為はあくまでも神への皇帝の感謝の意を示したものである、という、ほんとうのところははっきりしない事後説明でも効いたのかもしれない。

その席には、中近東在住も長い諸侯から宗教騎士団の団長たちまでがいたのだから、事後説明とは、それで良しとしよう、と思った人にしか効果はないのである。中近東のキリスト教社会の有力者であるこの人々は、戴冠式の後でフリードリッヒが召集した、イェルサレムの統治の今後を討議する会議にも出席していた。

その席でフリードリッヒは、アル・カミールとの間で締結した講和の各項目について説明する。キリスト教徒の手にもどってきた聖都の防衛は、堅固な城壁と常駐する守備力にかかるのだが、城壁の強化工事はすでに進んでいた。残るは、イェルサレム市内の安全の維持。城壁のめぐる都市イェルサレムの内部には、昔から「ダヴィデの砦」と呼ばれてきた城壁内に建っている城塞がある。フリードリッヒはそこに、チュートン騎士団を送りこむ。

病院《ホスピタル》騎士団と聖堂《テンプル》騎士団にチュートン騎士団という三大宗教騎士団が、キリスト教徒の手にもどってきた聖都と、キリスト教徒のものと確認された聖地の防衛と安全を担当する、という形にしたのであった。

モスクのままでつづくことに決まったアル・アクサへの復帰の望みを絶たれたことでフリードリッヒに強

く反撥していた聖堂騎士団《テンプル》も、その後の皇帝が示した彼ら所有の城塞への強い関心を見て、ある程度までにしろ気分も落ちついていたのである。

このように、当初は講和に反撥していた人々も、フリードリッヒが次々と打ち出す統治と防衛の策には協力するようになっていたのだが、断固としてそれを拒否しつづけていたのが、イェルサレムの総主教だった。ローマの法王に不満と嘆きの手紙を送りつづけながら、「イェルサレムの総主教」という地位にあっても任地のイェルサレムには行かずにアッコンに居つづける総主教ジェラルドは、部下の一人になるカエサリアの司教をイェルサレムに派して、この聖都を「聖務禁止《インテルデット》」に処すという強硬手段に訴えてきた。

キリスト教徒にとっては最高の聖地であるイェルサレムを、しかもこの聖都は今やキリスト教徒の手にもどって来たというのに、破門に次ぐ重罪になる「聖務禁止」に処してきたのだ。破門された者が解放したのでは解放されたことにならない、というのが、総主教があげた理由であった。

だが、「聖務禁止」になってしまうと、心正しきキリスト教徒はそこに入ることさえもできなくなる。イェルサレム全体が、入場禁止地区、ということになり、誰よりも巡礼たちが困ることになった。

しかし、実際は、総主教が望んだようにはことは運ばなかったのである。総主教の強硬策に怖れおののいたあげくに、イェルサレムから逃げ出した者はいなかった。それどころかこの聖都の城門を入ってくる巡礼たちは途絶えず、列をつくって感涙にむせびながら聖墳墓教会へと向う。この人々にとって何よりも重要なことは、主イエスが死んだ場所で祈りを捧げること、であったのだから。

その間もフリードリッヒは、イェルサレムの統治と安全の確立に忙しい日々を送っていた。側近の前では、聖職者たちの頑迷をグチったりしながらも。

イェルサレムがキリスト教徒の手にもどってきたとはいえ、それまで住んでいたイスラム教徒が一掃されたわけではない。「イスラム地区」と決まった彼らの聖地を管理する人々を始めとして、この都市に住みついているイスラム教徒は多かった。アル・カミールとの講和でも、この人々が住みつづけることは認めていた。講和によってキリスト教の支配下にもどったイェルサレムから退去したのは、それまではこの町に常駐していた守備隊、つまりイスラム側の軍事力、のみであったのだ。

また、イェルサレムは、キリスト教徒にとってだけでなく、イスラム教徒にとってもユダヤ教徒にとっても「聖都」であったので、どの宗教が支配者になろうと、昔からこの三者は背を合わせるような感じの棲み分け状態でつづいている。ゆえに統治も防衛も、他の都市以上の巧妙さが求められた。

フリードリッヒによるこの都市の統治と防衛の整備の成果は、この時期にイェルサレムを訪れた一人のキリスト教徒の証言にも表われている。この、中近東での交易経験が長いヴェネツィア商人は、フリードリッヒ以前と以後を比べて次のように言っている。

「ほとんどのことが変わっていない。それでも変わったことを探せば、第一は、街中で見かける守備隊の兵士がイスラム教徒からキリスト教徒に変わったこと。第二は、キリスト教の教会からは、以前よりは勢いよく鐘が鳴らされるようになったことだ」

フリードリッヒはこのイェルサレムに、一週間滞在することになる。

そのうちの一日、諸々の手続き上の必要から頻繁に会っていた、イェルサレムがイスラム下にあった時期の総督アル・ガウヴィに、フリードリッヒは質問した。

「イェルサレムに来て以来一度もモアヅィンを耳にしていないが、なぜか」

前総督は、アル・カミールから、皇帝の滞在中はモアヅィンを遠慮するように、との指示を受けたからですと答える。それに、三十四歳の皇帝は笑いながら言った。

「それではあなた方の誰かがわたしの領国を訪れたときに、教会の鐘を鳴らせなくなってしまうではないか」

その次の日から一日に五回、モスクの尖塔の上から、祈りのときを告げるモアヅィンが朗々と響き渡るようになった。ある日などはそれが、フリードリッヒが部下たちを従えての視察中に起る。モアヅィンを聴いた彼らの中から、そのまま地面に伏して祈り始める者が続出した。

この情景には、イスラム側がびっくりする。彼らの誰一人、キリスト教世界の皇帝の部下の中に、かくも多くのイスラム教徒がいたとは思ってもいなかったのだ。だが、それよりももっと驚いたのは、地に伏したり身を起したりをくり返すイスラム式の祈りを捧げる部下たちはそのままに、残りの者だけを従えて視察をつづけるフリードリッヒを見たときであった。

イェルサレム滞在中のフリードリッヒを評した、イスラム教徒の証言がいくつか残っている。

そのうちの一人は、この皇帝は無神論者ではないかと言う。フリードリッヒは仕事のない時間はイェルサレムに残るキリスト教の聖跡を見てまわっていたのだが、そのどこでも彼は、ひざまずいて感涙にむせぶことがなかったというのだ。

イェルサレムに住むイスラム教徒は、この地を訪れるキリスト教徒の巡礼者を見慣れていた。その巡礼たちに比べてフリードリッヒは、キリスト教徒ではないのかと思うくらいに〝観光客〟的であったのかもしれない。なにしろ「イスラム地区」の中まで見てまわり、岩のドームやアル・アクサのモスクを見てはその美しさに感嘆の声をあげていたのだから。

もう一人は、この皇帝は奴隷市場に出しても、はした金《がね》でしか売れないだろう、と酷評している。ただし、イスラム教徒、その中でもとくにアラブ人が良しとしていた男の肉体は、筋骨隆々とした体軀か、でっぷりと大様に肥っているかのどちらかであった。貧弱な肉体ではなかったが、フリードリッヒはそのどちらでもなかったのである。そのうえ、アラブ人にしてみれば、男のものとは思えないほどに肌の色が白く、髪の毛も、「赤ひげ」と綽名された祖父を継いだのか、赤味の勝った金髪のちぢれ髪をしていた。

「キリストの敵」

一週間に及んだイェルサレム滞在の後で、三月二十四日、アッコンに向う。翌・二十五日には、聖地全域の有力者全員を集めて、今後を討議するための会議が召集されることになっていた。

ところが、フリードリッヒを迎えたアッコンの空気は、イェルサレムのそれとは一変していたのである。まず、アッコンの事実上の支配者であったイェルサレムの総主教のフリードリッヒへの態度が、まったく変わっていなかった。チュートン騎士団の団長ヘルマンが関係の改善に努めたのだが、同じ町にいながら総主教は、皇帝には会うことすら拒否する。フリードリッヒのほうも、ひざを屈してまでも会おうとはしなかった。

アッコンにもどってきた皇帝を、到着時とは一変した態度で迎えたのは、総主教以下の聖職者だけではない。アッコンの住民も、皇帝を敵視するように変わっていた。ただし、この人々の態度の変化は、総主教とはちがって、現世的なことに起因していたのだ。

フリードリッヒが来る以前は、ヨーロッパからの巡礼たちはアッコンで船を降り、そのアッコンからは陸路イェルサレムに向うのが「巡礼コース」になっていた。それが、フリードリッヒがアル・カミールとの講和の交渉のためにヤッファに移動してから締結までの三ヵ月余り、フリードリッヒは交渉をつづけながらもその一方で、ヤッファの港の整備とこの海港都市の防衛強化のための工事も進めていた。その結果、講和が成立したときにはヤッファは、アッコン以上に安全で種々の施設も完備した海港都市に一変していたのである。

しかも、アッコンからイェルサレムまでの距離よりも、ヤッファからイェルサレムまでの距離のほうが断じて短い。ヨーロッパからの巡礼たちがヤッファに上陸するほうを選ぶようになったのは当然だが、おかげ

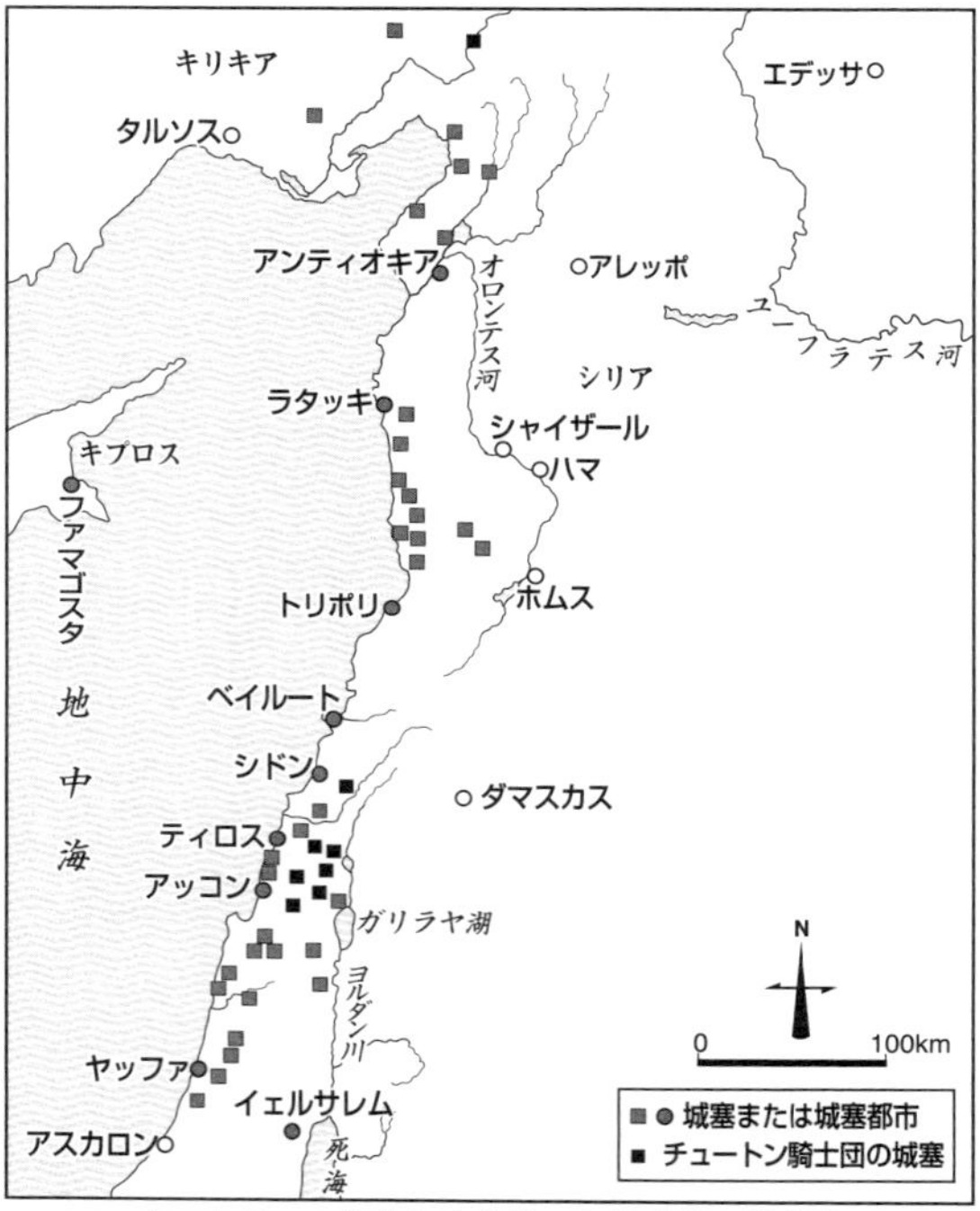

ネットワーク化されたキリスト教勢力の城塞群

でアッコンでは、巡礼たちの落とすカネが激減してしまう。総主教以下の聖職者たちのあげる反フリードリッヒの声が街の声になってしまったのは、現世的な理由と宗教上の理由が合致したからにすぎなかった。

この種の敵視なら、フリードリッヒは気にもかけなかったろう。講和によってシリア・パレスティーナの海港都市すべてが活気づくようになれば、その一つであるアッコンも自然と活気と繁栄の益に浴すようになるのである。ゆえに、この種の敵視ならば時間による解決を待つしかなかった。いまだフリードリッヒに残されている大仕事を進めるために必要な、アッコンを本拠にしつづけることの障害にはならなかったのだ。

ところが、アッコン入りしてまもなく、フリードリッヒの許《もと》に、まったく予想していなかったとは言えなくても、まさかそこまでは、と思っていた知らせが届いたのである。

ローマ法王グレゴリウスが送った軍勢が、法王庁領土の境を越え、フリードリッヒの領国である南イタリアに侵攻してきたという知らせだった。侵攻してきた軍勢は、白地に黄色の法王旗を先頭にし、前イェルサレム王のブリエンヌが率いているという。侵攻の理由を法王は、破門の身でありながら十字軍を率い、しかも戦闘に訴えることなく「不信仰の徒」と講和を結んだことにある、と公表した。つまり、フリードリッヒは、ローマ法王に敵対しつづけていると断じられ、キリストの墓所を取りもどしてやったというのに、「キリストの敵」と断罪されたのである。

フリードリッヒは遠征に発つ前に、自国の防衛には充分な策を立て、信頼できる部下たちに託していた。ゆえに軍事的ならば、老いたブリエンヌが率いるにわか仕立ての法王軍などは、簡単に追い返すことができたのだ。だが、「キリストの敵」とされては、動揺する人は多い。これを前面に押し出して侵攻してきた法王軍の前に、闘わずして城門を開く町が増えていったのである。

ことここに至っては、留守を預かる人々には、フリードリッヒの帰国だけが頼りになってしまう。アッコンに到着した使節が持参した手紙は、一日も早い帰国を乞う緊迫した文面で埋まっていた。

このことは、フリードリッヒにしてみれば、残念、の一語であったろう。彼は、講和によって得た平和を維持していくには、防衛体制の完備が不可欠であることを知っていた。それも、新たな大軍勢の到着の意味でもある、ヨーロッパからの十字軍の遠征なしで実現しなければならない。

既存の兵力だけでそれを実現するには、城塞を活用するしかなかった。それも、新規の城塞を建てることなしの活用、でなければならない。なぜなら、新しく多くの城塞を建設したりすれば、イスラム側を刺激せずにはすまないからであった。

講和成立からイェルサレム入りするまでの一ヵ月間を、すでにフリードリッヒはこの目的のために使っている。そして、イェルサレム滞在の一週間はイェルサレムの防衛体制の整備に費やし、アッコンに移ってきてからは、アッコンから北や東に点在する多くの城塞を、有機的なネットワークにすることでの活用に費や

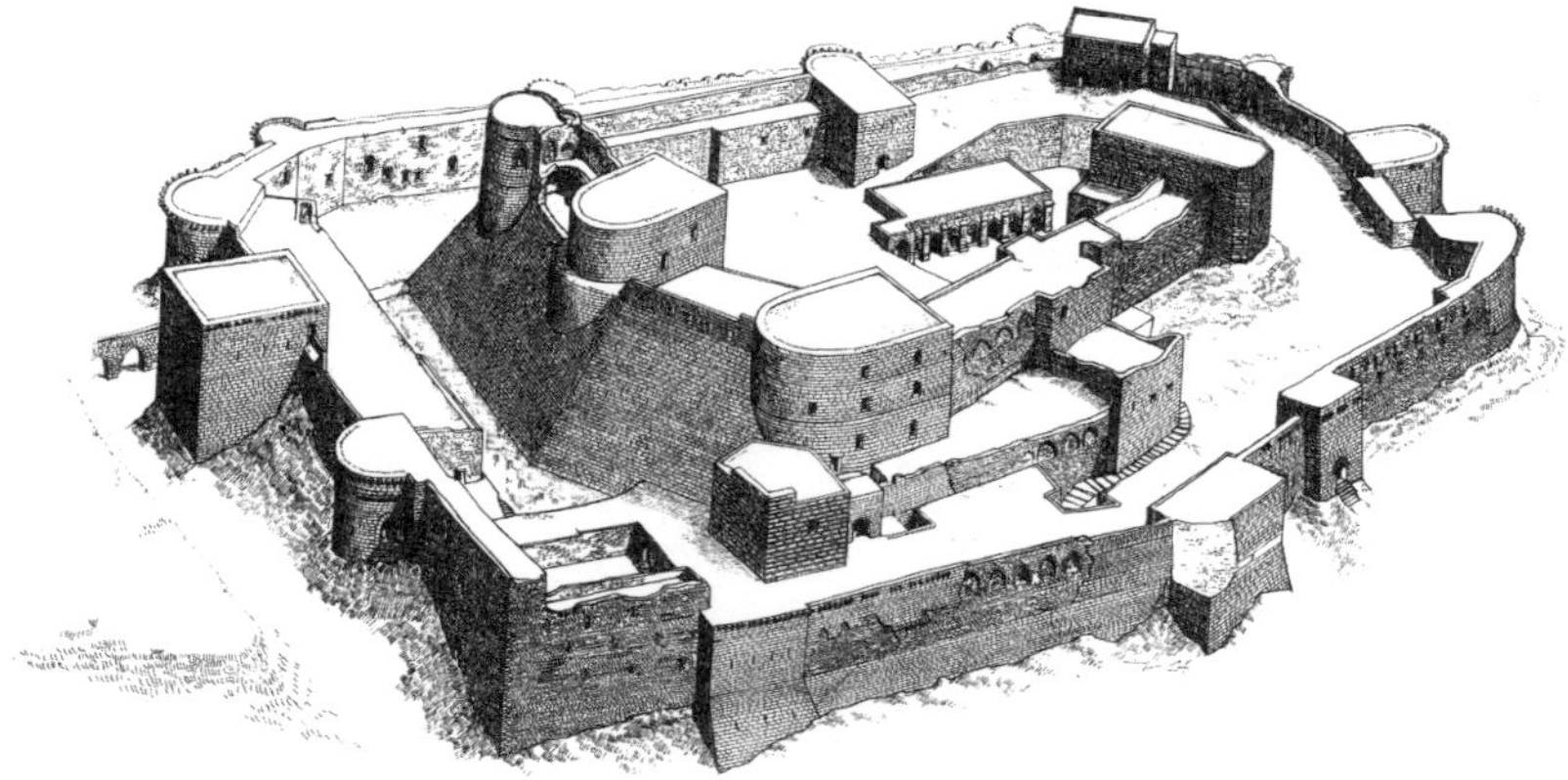

クラク・ド・シュヴァリエ

そうと考えていたのではないか。

城塞は、それ一つでは効果は限られる。だが、これまでの中近東の十字軍諸国家の城塞には、ネットワーク化の概念はなかった。

その理由は、これら数多くの城塞が、病院《ホスピタル》騎士団、聖堂《テンプル》騎士団、各地の封建領主、という三者が、それぞれ独自に建てたものだからである。これらの城塞の間で、協力し合うということもほとんどなかった。例外はトリポリ伯領にある城塞群で、それは病院騎士団が、「クラク・ド・シュヴァリエ」(騎士の城)を中心にしてのネットワーク化を実現していたからである。

この病院騎士団の前例を、フリードリッヒは、シリア・パレスティーナ地方、つまりキリスト教徒の呼ぶ「聖地」、の全域にも広めようとしていたのだ。新たに城塞の管理者群に加わったチュートン騎士団に、城塞面では実績を誇る病院騎士団と聖堂騎士団を加えて一体化し、それぞれが管理する城塞が、中近東でのキリスト教勢力の防衛という戦略上の大目的の下《もと》にネットワーク化される。

そうなれば、新たな十字軍の到着を待ち望まなくても、イスラム側を刺激しないやり方で、キリスト教徒が住む中近東の地中海沿いの一帯の安全が保証できる。なぜなら、ネットワーク化された城塞群が、海港都市群の外壁の役割を果すことになるからだ。

このアイディアは、フリードリッヒがヨーロッパにいた頃からすでに、自領である南イタリアの防衛体制の強化のために進めていたことでもあった。

古代のローマ人は、街道もネットワーク化することで、一本一本が独立して走っているよりも効果は飛躍的に向上することを知り、それを実行した。防衛の拠点である城塞も、互いに有機的にネットワーク化することで、防衛力が飛躍的に向上する点では同じであったのだ。

しかし、それを進めていくには、どうしても自分の眼で見てまわる必要があった。そしてそれには、相応の時間が必要だ。それが今、フリードリッヒから奪われようとしていた。

やむなくアッコンで、それも短期間に、ネットワーク化は成されねばならない。アッコンの王宮では連日、三大宗教騎士団の団長と封建諸侯を集めた会議がつづいた。

この仕事に、フリードリッヒは四月いっぱいを費やす。どこまで進めることができたのかは、わかっていない。それでも、会議に出席していた人の多くは、皇帝の考えを理解し、その実現には協力したように思われる。なぜなら、フリードリッヒが聖地を後にしてからの十五年余り、イスラム側からの侵攻は、ほとんどと言ってよいくらいになかったのだから。初めの十年は、講和で保証されていた、にしてもである。

アッコンでこの仕事に費やした一ヵ月と少しが過ぎた五月一日、フリードリッヒはアッコンを発った。

帰還

フリードリッヒが第六次になる十字軍を率いて聖地入りしたのは、前の年の一二二八年の九月七日である。

「聖　地《ホーリー・ランド》」には、八ヵ月間しかいなかったことになる。それでいながら、聖都イェルサレムはキリスト教徒の手にもどったのであった。

しかし、三十四歳になっていたフリードリッヒの聖地出発は、住民たちの口汚くののしる声と投げつけてくる汚物の中で行われたのである。皇帝の出港を見送った聖職者は、一人もいなかった。

それでもフリードリッヒは、海将エンリコが指揮する七隻のガレー船だけを連れて帰国の途についたのだ。遠征に従えて来た総計八十隻にもなる船と兵士の大半は、聖地防衛のために残しての帰国であった。

キプロス島には、統治体制確立の成果を確かめるために数日滞在した。そのキプロスを後にしてからは、南イタリアに直行する。六月十日、ブリンディシに入港していた。

このブリンディシから出港したのが前年の六月二十八日であったのだから、往復の船旅に要した日数を加えても、第六次十字軍は、一年足らずの遠征行であったことになる。フリードリッヒにとっては、三十三歳から三十四歳にかけての一年、になった。

一二二九年六月十日のブリンディシ入港と同時に、皇帝帰還の知らせはたちまち南イタリア全域に広まった。それだけでは留まらず、法王のいるローマにも、その法王から対フリードリッヒの兵力の提供を要請されていた北イタリアにも伝わっていったのだ。

皇帝帰還を知った南イタリアの領民たちがそれで元気を取りもどしたのを見たフリードリッヒは、ブリンディシからは少しばかり北にあるバレッタの城に入る。海を前にするこの城に滞在するときめたのは、休養のためではない。帰国によって起った反応を見ながらの、効果的な反撃行の準備のためであった。

なにしろ、イスラム教徒を一人も殺さない十字軍を成功裡に終えてもどってきたフリードリッヒが、その直後にキリスト教徒を殺すことになっては、まずもって言いわけが立たないし、彼の立場の悪化はまぬがれない。ローマ法王からの非難をさらに高めることになるからだが、それゆえフリードリッヒには、この時期はなおのこと、自領に侵攻してきた敵を追い出すことさえも、血を流さずにやりとげる必要があったのである。反撃軍の準備というよりも、敵への心理上の圧力を強めるために、バレッタの城での二ヵ月間は費やされた。


九月、いよいよ動き出したフリードリッヒの軍を前にして、まず、法王軍を率いていたブリエンヌが軍を投げ出してコンスタンティノープルに逃げてしまった。次いで、北部イタリアの各自治都市《コムーネ》が、法王軍への参加を拒否してくる。

それらの情報を受けながら、フリードリッヒは軍を率いて北上をつづけ、ナポリに入る。ナポリからカプアまでは、ナポリ大学の学生も加わった住民たちが先導した。

こうして、十月に入った頃には、侵攻されていた領土すべての再復を成しとげていたのである。しかも、法王軍とは一戦も交えることなしに。ブリンディシに上陸してから、バレッタでの二ヵ月を加えても、四ヵ月と過ぎていなかった。


孤立した形になってしまった法王だが、それでも降参しなかった。ローマ法王である以上、皇帝に頭を下げるなどもってのほか、であったのだ。

その法王の許に、フリードリッヒは、チュートン騎士団の団長ヘルマンを送る。ローマを訪れたヘルマンを、法王は一度目は追い返した。だが、二度目のときは会った。カプアで待つ皇帝の許にもどってきたヘルマンは、法王の態度が軟化しつつあることを伝えた。

しかし、法王の面子《めんつ》を損なわずに関係改善にもっていくのは、「法王は太陽、皇帝は月」と信じている人が相手であるだけに簡単にはいかない。これに、一年近くもかかる。

法王庁領土とフリードリッヒの領国の境界を確認し合うという、名目は立派だが実際は種々様々なやり取りにすぎない交渉が行われた後で、ようやく妥協に到達した。法王がアナーニにある生家を訪れたときに皇帝がそこに御機嫌うかがいに出向く、ということで決まったのだ。アナーニはローマの南にある小さな町だが、先々代の法王であったインノケンティウス三世の生地でもあった。

法王グレゴリウスは、皇帝フリードリッヒを迎えるにあたって声明を発表した。

「すべての信徒の母であるローマ教会は、手に負えない息子でもその帰還は心からの慈愛の情で迎える。皇帝も、これで正しき道にもどり、それによってキリスト教世界も、これまでの怖れに満ちた日々を忘れ、以後は光明と平穏に満たされることになるであろう」

一二三〇年九月一日、「仲直り」のセレモニーは、六十歳の法王グレゴリウスと三十五歳の皇帝フリードリッヒが、互いに肩を抱いて接吻することで終わった。この種の接吻をキリスト教世界では、「平和の接吻」と呼ぶ。破門は解かれたのだ。

その日、法王は皇帝を生家での昼食に招き、皇帝はそれをつつしんで受ける。昼食には、チュートン騎士団の団長ヘルマンも同席した。

アナーニでの「平和の接吻」の三日後、フリードリッヒはすでに南イタリアにいた。

アフター・ケア

聖地を後にしてからも、フリードリッヒは、中近東在住のキリスト教徒を忘れてはいなかった。アル・カミールとの間で成立した講和の有効期間は十年であったので、双方ともにそれを守る気があれば、平和は一二三九年まではつづくはずであった。

それでいてフリードリッヒは、その間も〝アフター・ケア〟をつづける。手紙による交流を絶やさなかったのだが、それらはアラビア語で書かれ、講和では直接の交渉相手であったファラディンに送られていた。

だが、それらがアル・カミールに通じるのを見越して、であったことはもちろんだ。

そして、これらの手紙のすべては、外交交渉で向い合った相手に対してというよりも、同じ年代に属す親しい仲の友人に向って書いたとしか見えない内容で埋まっている。しかも、ユーモラスで皮肉にも満ちていて、こんな手紙をイスラム教徒に書いたことがバレたらまた破門されますよ、と言ってあげたいくらいなのだ。

しかし、ダイレクトに講和の継続を願いつづけるのではなく、このように愉快に近況を報告したり、科学や哲学の問題を論じた手紙を交換し合うのが、フリードリッヒ流のアフター・ケアなのであった。

講和の有効期間があと一年で切れるという一二三八年、大往生という感じでアル・カミールが死んだ。その後を継いでスルタンに登位したのは長男だったが、この人に対しても、フリードリッヒの手紙作戦はつづけられたのである。その効果か、講和はさらに十年間更新されたのだった。また、このスルタンが死んだ一二四八年にはその弟が後を継ぐが、その新スルタンに対してもフリードリッヒは手紙を送っている。

こうして、講和成立の一二二九年から四八年までの二十年間、中近東の地でのキリスト教徒とイスラム教徒の共生は、完璧ではなかったにせよ継続したのである。

この状態を変えたのは、イスラム側ではない。フランス王のルイ九世が、第七次になる十字軍を率いてエジプトに侵攻したからである。この十字軍は未曾有の敗北を喫し、多勢の兵士を死なせただけでなく王までが捕虜になる。だが、その頃にはフリードリッヒも五十代半ば。捕囚の身に落ちたフランス王の釈放を願う手紙を送ったということだが、いつもの相手だったファラディンも、この十字軍の迎撃の最前線に立たされて戦死していた。フリードリッヒ自身がこの十字軍をどう見ていたのかはわかっていない。この一年後には死ぬ彼は、何も言わず、書き残してもいない。

第五章　もはやきっぱりと、法治国家へ

作家は、著作を通して自己を表現する。フリードリッヒにも、鷹狩りを論じた一書がある。だが彼は、著作を通してしか自己表現ができない作家ではない。行動を通して自己を表現する種類に属するがゆえに、彼にとっての行動は、彼の「作品」(Opera) と考えるべきと思う。

第六次十字軍も、彼の「作品《オペラ》」なのであった。そして、これを完成した後には、もう一つの「作品」に取りかかることになる。

それは、十字軍遠征という家業への責任を果し、また、破門というやっかいな問題からも解放された三十代半ばのエネルギーをすべて投入するに値する、「法に基づいた国家の形成」になるのであった。

一二三一年の五月から九月までの間、南イタリアの内陸部にあるメルフィの町の住民の一日は、雄鶏の第一声でもなく教会の鐘でもなく、丘の上に建つ城から石畳を蹴って降りてくる蹄《ひづめ》の音によって始まるのが習いになっていた。

いまだ空には月が薄く残る夜明け前、早くも起床した皇帝は朝食もとらず、用意された愛馬を駆って城を出る。何人かの同好の士と少数の従者と鷹匠や犬まで加えても二十人にも満たない一行だが、メルフィは、最も高所に建つ城の東側に広がる斜面に家々がへばりつくように出来た町だ。道も、その間を縫って下る石畳。反響は大きく、人の眠りを邪魔する役割は充分に果した。

眠りを邪魔され渋々ながらも衣服に手を通し始めたのは、もともとからこの町に住む人々だけではない。

皇帝から召集されてメルフィに来ていた人々もそうで、高位の者ともなれば城内に寝所を提供されていたが、それ以外の多くはメルフィの一般の家に間借りしていた。

なぜなら、フリードリッヒは、この年の五月初めから九月末までの五ヵ月間だけにせよ、メルフィの町全体を「合宿所」に変えていたからである。

意図はしなかったにせよ結果的には起床号令になっていた朝の狩りだが、狩り自体が目的ではないので小一時間もすれば帰途につく。だがこれも、メルフィに〝合宿〟中の人々にとっては、別の号令になる。石畳の坂道を城にもどって行く蹄の音は、書類の束を小脇にかかえて城に出勤する時刻が来たことを告げていたからだった。

意外にも、と言うべきか、それとも、あれほども多くの問題を併行処理しながら処理していかねばならない以上は当然と思うべきなのか、フリードリッヒは時間の観念に厳しい人だった。時刻厳守、というわけではなかったが、時の刻みには興味をそそられること大であったらしい。アル・カミールから贈られてきた精巧な機械じかけの時計に魅了されたからだと笑う人は多かったが、同じ機械も法王から見れば、悪魔の機械とされたのがこの時代である。

朝の冷気を胸いっぱい吸い、馬を疾駆させての小一時間を過ごして帰城した後、温水浴と朝食を手早く済ませる。その頃には、皇帝にとっての重要な協力者たちである人々も会議室に集まり始める。全員が、彼よりは年長者だ。全員がそろったところで、さっぱりした顔つきの三十六歳が入ってくる。

「シニョーリ、ボン・ジョールノ」

全員がイタリア生れなのだから、朝の挨拶もイタリア語であったろう。

だが、この年、一二三一年の夏に形を成しつつあった大事業は、実は一年前からすでに始められていたのである。

一二二九年六月十日、無血の十字軍遠征を終えたフリードリッヒ、一年足らずの中近東滞在の後で南イタリアのブリンディシに帰還。

一二三〇年九月一日、法王グレゴリウスとの「平和の接吻」で、破門、解除さる。

こうして、神聖ローマ帝国皇帝にとっては家業であり長年にわたっての法王との間の問題でもあった十字軍遠征も片づけ、破門という統治者にとってのめんどうからも解放されたフリードリッヒは、いよいよ、彼にとっては最大の懸案問題にとりかかる状況が整ったことになる。中伊の町アナーニでの法王との「平和の接吻」後に早くも南伊にもどったのも、長居は無用であったからだ。だが、さっさと南イタリアにもどってきた三十五歳当時のフリードリッヒは、具体的にはそこで何をやろうとしていたのか。

西暦五二九年、東ローマ帝国皇帝ユスティニアヌスによって、『ローマ法大全』刊行。
西暦一二三一年、神聖ローマ帝国皇帝フリードリッヒ、『メルフィ憲章』を公表。

『メルフィ憲章』

『ローマ法大全』(Novus Iustinianus Codex)は、前書きにもあるとおり、キリスト教の国家になった帝国ローマでも適用可能という条件づきにしろ、キリスト教化されていなかった時代に存在していた古代ローマの法律を集大成したものである。

一方、その七百年後にフリードリッヒが成しつつあった『メルフィ憲章』(Constitutiones Melphitanae)は、彼自ら書いた前書きにも明らかなように、自分が統治する王国、南イタリアとシチリアを合わせた「シチリア王国」を、法治国家として確立するためにはどのような政体にすべきか、またその政体はどのような法律によって律されるべきか記していったものである。ゆえにこれらの法律には、古代のローマ法もあれば中世のビサンツやロンゴバルド時代の法もあり、彼以前にこの地を二百年間統治してきたノルマン王朝の法もある。そして何よりも、フリードリッヒとその協力者たちが必要と考えた、新法が重要な部分を占めていた。
つまり、『ローマ法大全』には、古代ローマ時代の法律を学ぶに最良の基盤を提供したという功績があったが、フリードリッヒにはその意図はまったくない。彼の頭にあったのは、封建社会を中央集権の国家に変えるにはどうすればよいか、であり、それを宗教を排除して成し遂げるには法律に基づくしかなく、そのために使える法律があればどこのものでもよく、なければ新たに作る、であったのだ。そして、目的はあくまでも、学問的な興味ではなくて人々の現実の生活に益することにある、と。

このちがいは端的に、使われている言語のちがいにも表われている。ユスティニアヌスの『Codex』は、法律を集めたもの、の意味でしかない。一方、フリードリッヒの『Constitutiones』は、現代法的に訳せば『憲法』になる。統治の基本方針と、それを具体化するために必要と見た法令を列記したものであったのだから。

とはいえ、なぜこの種の作業を皇帝がする必要があるのか、と思う人がいるかもしれない。だが、これについてもフリードリッヒは、前書きの中で明快に述べている。皇帝とは神よりその任務を委託された身である以上、その統治が法による正義に基づいて行われているかどうかを見極める責務は彼にある、と明言する。ただし、明言したということは、責任の所在もはっきりさせたということになる。そして、この一事こそが、彼の『憲法』、ないしは『憲章』、の根幹になるのだった。

「法王は太陽で皇帝は月」と信じていたのが、中世のカトリック教会である。月は、太陽の光を受けるから輝く。それなのにフリードリッヒは、自分が発する光で人々を照らそうとしていたのである。

地上での神の代理人とされている代々のローマ法王を通して、神は皇帝や王という世俗の君主たちに統治を委託してきた、と考えられていたのが中世であった。だからこそ、神意の委託を象徴するセレモニーとして、法王や大司教によって帝冠や王冠が授与される戴冠式が意味を持っていたのである。この場合の力関係を図解すれば、

神 → 法王 → 皇帝　となる。

ところが、フリードリッヒはこうは考えていなかった。図解を試みれば次のようになるかと思う。

神 → 法王（宗教面）
神 → 皇帝（現実生活面）

少年時代を過ごしたパレルモの王宮からはすぐの距離に、通称をマルトラーナと呼ばれる教会がある。内部はモザイクで埋まった今なお美しい教会だが、そこに入ってすぐの右側の壁面に、フリードリッヒにとっては母方の祖父にあたるシチリア王ルッジェロ二世の戴冠を描いたモザイクがある。そこでの王ルッジェロは、イエス・キリストの手から王冠を授けられている。また、パレルモの郊外に建つモンレアーレの大聖堂には、同じく金色の地に描かれたモザイク画で、ノルマン王朝最後の王であったグイエルモ二世の戴冠が描かれている。こちらも、王冠を授けるのはイエス・キリスト自ら。

フリードリッヒは、法王からでもなく大司教からでもなく、イエス・キリスト自らの手で王冠を授けられるシチリアの王たちを見ながら育ったのであった。そして、この少年時代のこの体験に加えて、成長した後に彼自らの胸のうちで確かになっていった考えがプラスされる。

信者たちの精神面でのケアや死後の安心はローマ法王の管轄下にあることは認めるが、それ以外の世俗の世界における実際の生活面に関してならば、責任はあくまでも皇帝や王にある、という考えだ。聖書にあるイエス・キリストの言葉、「皇帝のものは皇帝に、神のものは神に」を、フリードリッヒは自分の考えの支柱にしていたのであった。

だからこそ、『メルフィ憲章』中の各法令は、「皇帝が命令する」という言葉で始まっている。この法律を

グイエルモ二世（モンレアーレ大聖堂）とルッジェロ二世（マルトラーナ教会、右）

制定したのは自分であり、その公正な執行も皇帝である自分が全責任をもつ、ということの宣言だ。現代人が読めば救いようもないくらいの保守反動に聴こえるが、あの時代ではこのような書き方でもしないかぎりは実現不可能な、実に大胆でキリスト教世界の君主としてはリスクを冒さずにはやれないことの第一である、「政教分離宣言」でもあったのだった。

完全な皇帝主導のもとに一二三〇年の秋にはすでにスタートしていた憲章作成の作業に、一年を通じて協力しつづけた人々をあげれば次の三種に分けられる。この人々こそが、一二三〇年の秋から冬にかけて、そして翌・一二三一年の五月から九月にかけての〝メルフィ合宿〟をともにした人々である。つまり、早朝の鷹狩りという気晴らしができたフリードリッヒ以外には、他には何の愉楽にも恵まれない山間の小都市にカンヅメ状態にされていた人々であった。

第一は、法律の専門家たち。

ボローニャ大学で教えていたのをフリードリッ

ヒにスカウトされ、ナポリ大学の初代学長に就任していたベネヴェント生れのロフレドが代表格になる。この派に属す人は他に三人いたが、『憲章』作成後はいずれもナポリ大学で教えることになる若手の法学者たちであった。

第二は、高位の聖職者たち。パレルモの大司教ベラルドとカプアの大司教ジャコモがこの派の人々を代表する。彼ら二人は、シチリア王国内の聖職界の第一と第二の地位を占める人であったというだけでなく、破門中のフリードリッヒが率いた十字軍にも進んで同行したという、高位聖職者にしては剛の者でもあった。

この二人の参加理由は二つある。第一は、いかに本音では政教分離を目指した憲章作成でも、宗教関係者が二人も加わっていることを世に知らせるためである。「政」と「教」の分離は目指しても、それは「政」のみで行うのではなく「教」も加わって行ったということをデモンストレーションするのは、「教」との間での無用な摩擦なしに法治国家に持っていくための戦術でもあった。

第二は、これまた無用な摩擦を避けるためだが、文章の構文に彼ら二人が眼を光らすことが必要であったからだ。異端問題をあつかった部分などはとくに、この二人の意見を容れて書き直されたのではないかと思うほどである。

第三に属す人々だが、実務家たちと呼んでもよい人々になる。フリードリッヒが王国再編成に手をつけた一二二〇年当時は封建領主であったのだが、あれ以来フリードリッヒから政府の高官に登用され、封建諸侯でありながら中央集権化への過程では重要な歯車になったという愉快な男たちでもあった。前にも述べたが、この男たちはフリードリッヒの人材活用術によって、マフィア退治に活用されたマフィアの親分たち、のような役割を果したのだから。この派に属す人々の代表格は、エンリコ・ディ・モッラだが、フリードリッヒに死ぬまで忠誠をつくすこの人以外にも、有力な元封建諸侯で今は高級官僚、という男たちは少なくなかったのである。

そして、この三種のいずれにも属さない、それでいて『メルフィ憲章』作成には欠かせなかった人物がもう一人いた。ピエール・デッラ・ヴィーニャである。フリードリッヒよりは数歳年長のこの人物の存在理由の最たるものは、美麗な文章を書く才能に秀でていたことにあった。いかに内容は立派でも、教養が高いと自認する人々が感心する美文で書かれていないと、読まれないでそのままクズかご行きになる危険がある。この種の配慮を欠かせなかったのが、中世という時代でもあったのだ。ちなみに、フリードリッヒ自身は悪文家ではなかった。ただ、問題の核心にダイレクトに斬りこんでいきすぎる癖はあった。

シチリア王国内の各分野の重要人物を網羅しただけでなく、一定期間とはいえ彼らをメルフィにカンヅメ状態にしての作業なのだから、憲章の作成が隠密裡に進められたわけではまったくない。実際、早くもローマ法王の知るところとなる。一二三〇年のクリスマスを前にして第一回のカンヅメ状態から解放された人々がそれぞれの任地にもどった頃を見計らったかのように、法王グレゴリウスは皇帝フリードリッヒに、私信の形の手紙を送ってきた。六十歳の法王は、三十六歳になったばかりの皇帝に、次のように書く。

「つい最近わたしの耳にも届いたことなのだが、おまえは、おまえ自身の考えによるのか、それとも悪質な助言者に影響されてかは知らないが、新しい法令集を準備中だという。これは、大いなる弊害をもたらしかねないがゆえに注意が必要だ。なぜなら、これを進めることによっておまえ自身がキリスト教世界の秩序の破壊者になりかねないからであり、それによっておまえが誰よりも、神の恩寵を失うことになるからである。おまえの知性と良識を信ずるがゆえになおのこと、悪意に満ちた助言者を身辺から遠ざけ、神と信徒たちの敵になるような行為からはなるべく早く手を引くよう推めたい」

この手紙と同時に、法王グレゴリウスは、大司教ゆえに法王にとっては部下にあたる、カプアの大司教ジャコモにも手紙を送っている。こちらのほうは部下にあてたものゆえ遠慮のかけらも見えず、フリードリッヒの憲章作成に積極的に参加しているこの大司教を厳しく叱責し、高位聖職者の身でありながら法王の意に背《そむ》く作業に協力するなどは見過ごすわけにはいかないと、不快感を露わにしている。

しかし、憲章作成に着手していたフリードリッヒには、キリスト教会を排斥する考えはまったくなかった。彼が考えていたのは、排除ではなく、責任分野を明確にしたうえでの共生である。キリスト教会は信徒たちの宗教面を担当し、世俗の君主である自分は同じ信徒たちの現実の生活面での責任を持つ、としているにすぎない。となれば担当分野別に責任の所在をはっきりさせるだけなのだから、キリスト教会にとっても不都合はないと考えたのだ。

しかし、このように考えたのでは中世的ではなくなるのである。中世のキリスト教会は、キリスト教によってすべてを律することこそが神の恩寵に浴す唯一の道だと信じられていた。精神面だけでなく、日々の暮らしのすみずみにまで、神の眼が光っていると信じて疑わなかったのである。自分の考えだけが正しい、と信じている人に、別の新しい道を示すのは、中世にかぎらずいつの世にも難事なのである。

しかし、中世も、この一色で塗りつぶされていたわけではなかった。もしも塗りつぶされていたのであったら、たとえ二百年の後にしてもルネサンスは生れようがなかったのだ。曲がりくねった表現ながらも正しき道にもどれと忠告されたフリードリッヒも、ただ単に叱責されたカプアの大司教も、法王にはどのような返事を書いたのかは知られていない。だが、二人とも、法王の考える「正しき道」にはもどらなかったことだけは確かであった。

一二三一年と年が代わった五月、メルフィでは〝合宿〟が再開されていた。そしてその果実は、この年の九月に入ってから公表された。

『メルフィ憲章』は、別名『Liber Augustalis』(アウグストゥス憲章)とも呼ばれる。法治国家としての帝国をスタートさせた人でもある古代ローマの初代皇帝アウグストゥスが、フリードリッヒの憧れの人であったのだ。

そして、アウグストゥスから始まったのが、「Pax Romana」（ローマによる平和）だが、フリードリッヒも、「Pax Fridericiana」（フリードリッヒによる平和）の確立を目指していたのであった。そしてそれを、神聖ローマ帝国という、選帝侯たちによって選出されたがゆえにトップの座に就いているドイツではなく、世襲権を行使するだけの自領であるためにより自由に振舞える、シチリア王国で試みようとしたのである。いずれは、ヨーロッパの南で成されたこの実験が、ヨーロッパの北でもモデルにされるようになる時代を夢見ながら。

国体

ならば、キリスト教会のトップであるローマ法王を、それゆえに教会を中心に機能してきたこれまでの社会秩序への破壊行為かと心配させた『メルフィ憲章』とは、実際にはどのような法令から成り立っていたのか。

まず、国のかたちだ。

各地に割拠する封建領主たちの上に皇帝なり王なりが乗っかっていたのが、中世そのものと言ってよいこれまでの封建社会であった。

しかし、フリードリッヒの求める国のかたちはちがう。皇帝でも王でも単に上に乗っかっている存在ではなく、主導権を発揮して全体を引っ張っていく能動的な存在であり、それゆえに、国家運営上の全責任を負う。

この考えを端的に示していたのは、諸侯でも庶民でも教会関係者でも、不当な行為を受けた際の報復であろうと自分で勝手にやってはならず、裁判所に訴えて法的な解決を待つ、とした項目である。これは、封建諸侯が享受してきた既得権のうちの司法権を、ゼロにまで落としたことを意味していた。フリードリッヒの考える秩序とは、武力や腕力によるのではなく、法によって実現さるべきものであったのだから。

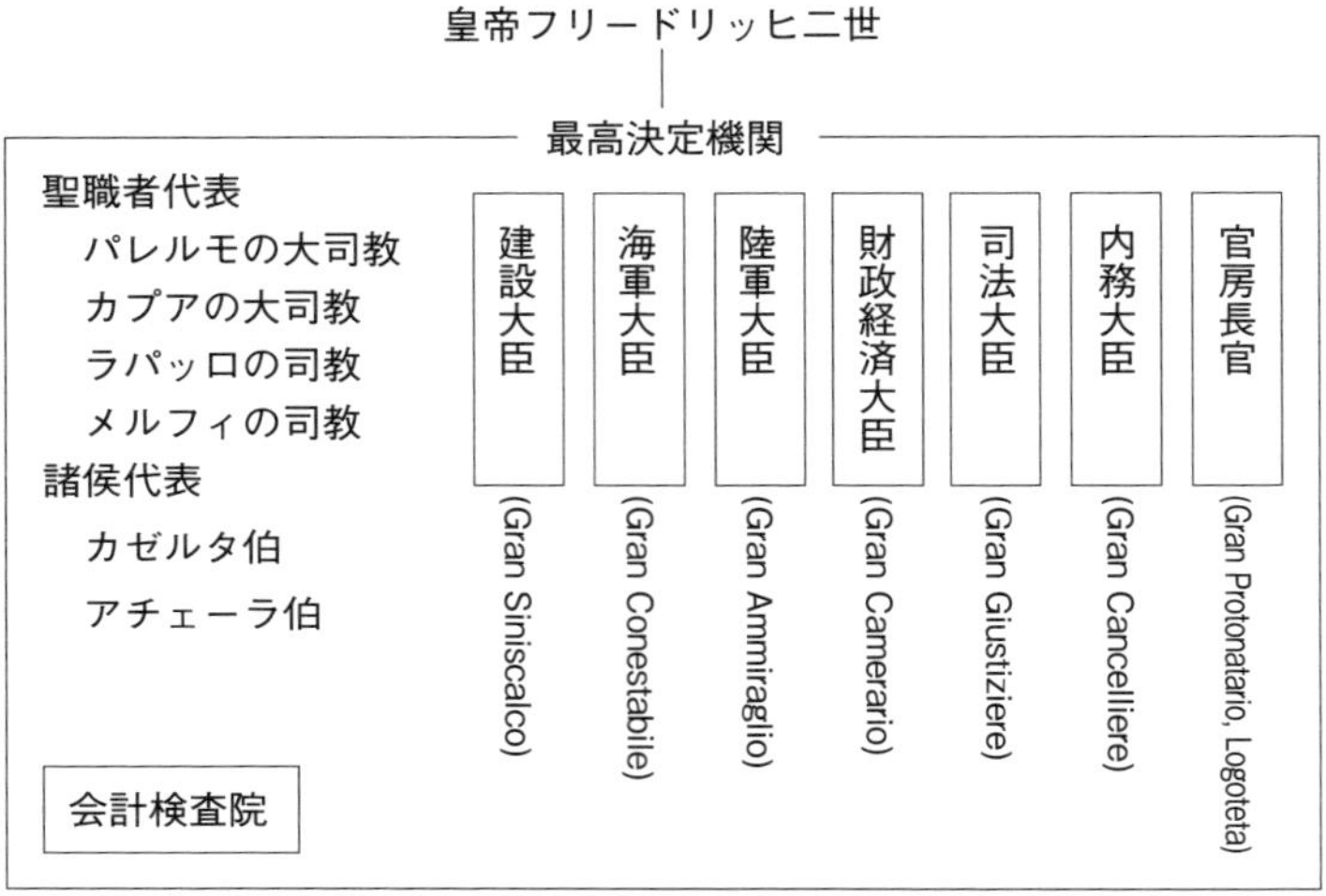

シチリア王国の統治機構

封建諸侯たちを集めただけの従来の会議は消滅し、フリードリッヒの王国では、常設の「王室会議」が設置される。現代で言えば閣議で、議長はフリードリッヒ、その下に七つの部門別に七人の大臣が置かれ、それ以外に、四人の高位聖職者と二人の封建領主が、学識や経験の豊富な人という理由だけでなく、各自が属す社会の利益代表という意味でも、閣議には加わる。つまり、宗教を排除した世俗の国家ではあっても聖職界の代表を加え、封建制度から脱皮した中央集権国家であっても旧制度の代表も加わっている、というわけだった。

それに、君臨するとともに統治するのがフリードリッヒの考えである以上、閣議は、議長である彼も加わったこの十四人の間で交わされる活潑な討議で進むのが常になる。フリードリッヒが不在のときの議長は、皇帝が誰よりも信頼していた、パレルモの大司教ベラルドが務めていたようである。

このシチリア王国の最高決定機関は、現代風の図解を試みるとすれば上のようになるが、シチリア王国全体はパレルモを州都にするシチリア島と、フォッジアの王宮を中心にした南イタリアに二分され、それぞれには地方政府が置かれていたこともつけ加えておかねばならない。

しかも、国のかたち自体がピラミッド型になっている以上は、閣議での決定事項がピラミッドの下部に向って上意下達になるのは当然としても、そればかりでもなかったのである。フリードリッヒは席の暖まる暇もないくらいに各都市を巡回するのが常であったが、新しい町に行くやそこで、「パルラメント」としか訳しようのない会議を召集する。召集される人々は大きく三つに分かれていて、三分の一は封建諸侯、次の三分の一は聖職者階級、そして残りの三分の一は市民の代表が占めていた。上座に坐る皇帝に向って、何であろうと自由に発言できる雰囲気まではなかったろう。それでも、発言は認められていたのである。この三部会がわれわれの前に再び姿を現わすのは、これより五百七十年が過ぎたフランス大革命を待たねばならない。

三巻に分れ全部で二百六十項目にもなる『メルフィ憲章』は、キリスト教徒の現実の生活面に関してならば皇帝である自分が全責任を負うとしたフリードリッヒの心意気を映すかのように、微に入り細にわたる配慮に満ちている。あの、他には何もやることのないメルフィに二回も合宿させ、合計すれば半年もの間カンヅメ状態にしたのだから、法律でも考えなければ時間の過ごしようもなかったのだろうと思うと笑ってしまうが、微に入り細にわたるそれらを分野別に整理すれば次のようになる。

司法

まずは、フリードリッヒが最も重視していた司法関係。

法の公正で平等な施行は、これまでは各自で勝手にその権利を行使してきた封建諸侯や聖職者の関与を排除しないかぎりは実現しない。それには、排除した人に代わって司法分野を担当する専門家が必要だ。だからこそナポリ大学の法学部が重要になってくるのだが、法律の専門家の需要は限りがなかった。なぜならフリードリッヒは、公正を期す策として、裁判官のその地での任期は一年と決めたからである。判決も、この任期中に出さねばならない。裁判の公正は、結果を早く出すことにもあると考えていたのだろうが、現代イタリアでも判決には十年以上もかかることを思うとタメ息が出る。

しかもフリードリッヒは、裁判官と検事と弁護人の三者ともに、彼らだけの同業者組合を作るようにさせたのだ。医師や薬剤師にはすでに作らせていたから、これら中世の自由業者たちも、これで初めて自分たちの権利を守ると同時に適切な費用で職務を遂行できるギルドを持つことになった。

ただし、法治国家を謳う以上は、誰でも裁判に訴えることができる状態にしておく必要がある。『メルフィ憲章』では、貧しい人や未亡人や孤児という社会の弱者が裁判に訴えた場合の全費用は、国家が持つと決められた。そして、これは明らかにローマ法の継承だが、控訴権も認められる。つまり、告訴されただけでは有罪ではないとされたのだ。そして控訴先も、ローマ帝国時代と同じに皇帝と定められていた。

経済

経済も、秩序ある平和な国家の確立には重要極まりない。空腹に耐えられなくなれば容易に暴徒化するのが人間だからだが、フリードリッヒはシチリア王国の経済力向上を、北部イタリアの自治都市《コムーネ》のような自由放任ではなく、国の統制下で進めると決めたのである。つまり、統制経済である。シチリアの海外貿易を長年にわたって牛耳ってきたジェノヴァやピサの商人たちも、一種の治外法権地区でもあった居留地を持つことを許されなくなった。要するに、シチリア王国をベースにしてビジネスする以上は、たとえ外国人でも関税その他の税金は払え、というわけだ。また、シチリアの産物は、シチリアの人々の船で輸出される、とも決める。とはいえ、これまでのようにジェノヴァやピサの商人たちによる販路開拓に頼れなくなったため、フリードリッヒはチュニジアを始めとする北アフリカのスルタンたちとの間に通商条約を結び、自国の物産の販路を確保してやらねばならなかったのだが。

中世の最大産業は、何と言おうが農業である。しかも「シチリア王国」は、小麦の一大生産地帯でもあった。この農業をさらに振興させるためのモデルと言うか中核と言うかに、フリードリッヒは王家所有の農地を使う。農業を、農民が個人で耕作する形態と、企業として運営される王家所有の大農園の並立にし、それによって生産性を向上させようとしたのである。ゆえに、大農園に至っては、耕作の品種から始まるありとあらゆることが、王室から給与をもらってその職に就いている管理人の責任において細かく決められ、その忠実な実施を求められる。これまたフリードリッヒが設置させた内閣直属の会計検査院の仕事には、これら大農園の収入だけでなく経費の細部までもが適切に記入されているかをチェックすることもあった。

国営農場と言ってもよいこの種の大農園は別にするとして、農民が自分で所有する農地を耕作する場合だが、収益の十二分の一は、国税として国家に払うと決まる。残りの十二分の十一にあたる分の収穫は、農民が町の市場に持って行って自由に売ってよく、それによって得た収益は、農民の稼ぎとして認められた。また、『憲章』では、耕作地の拡大にも言及している。新規の耕作地を開拓する者には、十年間の「十二分の一税」の免除が認められていた。

税制

公正な税制こそが善政の根幹であるとは私でも確信しているが、それゆえに「税は広く浅く取るものであり、税率は変えない」と考え実行した古代のローマ帝国の税制は公正な税制のモデルと思っている。だが、その古代でも、国に払うゆえに直接税と考えてよい国有地の借地料は、そこからあがる収入の十分の一と決まっていた。だから、『メルフィ憲章』が定めた十二分の一税は、広く浅くをモットーにしていた古代ローマの税制の精神にも忠実なのである。

しかし、多神教ゆえに専門の聖職者階級が存在しなかった古代ローマとちがって、キリスト教という一神教の支配下にあったのが中世ヨーロッパである。その中世では、人々は三種に分れていると考えられていた。

「祈る人」――専門の聖職者たちを意味する。

「闘う人」――封建諸侯とその配下の騎士たちで、祈る人と働く人を守るのが任務。

「働く人」――農民や手工業者や商人は「庶民《ポポロ》」とされ、この層に属した。


そして中世キリスト教世界では、「祈る人」も「闘う人」も税を払うことは課されておらず、「働く人」だけが、自分たちの心の平安のために「祈ってくれる人」であるという理由で、また、自分たちの身の安全を保証する「闘う人」であるからという理由で、この二者に、税を払う義務を課されていたのである。

ここでは間接税は措いて直接税のみに話をしぼるが、フリードリッヒが統治する「シチリア王国」の国民は、国に払う「十二分の一税」に加え、これだけはヨーロッパのキリスト教国全体に共通していた、「十分の一税」の名で有名な税金を、ローマ法王をトップに置くカトリック教会に払わねばならなかったのだ。大雑把に計算しても、シチリア王であるフリードリッヒに払うのとほぼ同額の税金を、ローマ法王にも払うということになる。

これだけでもフリードリッヒ下の「働く人」は古代のローマ人に比べて二倍の直接税を払うことになるが、封建諸侯たちの所有する領地に住む「働く人」は、その程度では済まなかった。農地の所有主が、封建諸侯であろうが大司教であろうが修道院であろうが関係なく、領民の安全を保証するという理由によって、良心的な所有主でさえも収入の五割を取り上げていたのが中世社会であったのだ。この五割にさらに、「祈る人」への十分の一税が加わるのである。


ではなぜ、中世のほうが古代よりも税金が高かったのか。

すでに述べたように、中世では、古代にはなかった「祈る人」に払う一割があった。

だが、それだけでは、これを引いた直接税が五割になることの説明にはならない。

高くなってしまう理由を一言で言えば、古代とちがって中世では、安全保障に要する費用が高くついたからである。

「内　海《マーレ・インテルム》」と呼んでいた地中海を中心にして、ヨーロッパと中近東と北アフリカを網羅していたのがローマ帝国である。安全保障費が膨大な額になっても当然なくらい、広大な領土を領していたのがローマ帝国であった。だが、ローマ人は、それを驚くほどの低額で現実化していたのである。

完全舗装の幹線だけでも八万キロに及び、砂利舗装も加えれば三十万キロにもなったローマ街道網を帝国の全域に張りめぐらせていたローマは、戦略要地ごとに設置した軍団基地から必要な地帯に、敏速に兵力を移動させるシステムを確立していたのだった。つまり、国境の全域に兵士を常駐させておけば膨大になるそのための費用を、この方法で節約していたのだ。なにしろ、あの大帝国を守るための防衛要員が、主戦力である軍団兵が十五万から十八万、補助兵力も加えても、三十万を越えなかったのである。日本の自衛隊の兵力と、さして変わらない。

これが中世になると、住民の安全を保証するのは大帝国ではなく、各地に数多く割拠する封建領主国になる。防衛に責任をもたねばならない地域は、比較もできないくらいに小さくなった。それでも、防衛に要する騎士や兵士は常備しておかねばならない。もちろん、割拠と言うくらいだから近隣の領主との仲が良いわけがなく、常備兵力を提供し合うなどは夢である。それで、軍事上の必要はなくても、また「闘う人」でありつづけるためにも、防衛要員は常にかかえておかざるをえず、それで防衛費用が高くつくようになってしまったのである。そして、この費用が「働く人」に課される税金に転嫁されるのも、この状況下では当然の帰結であったのだ。

フリードリッヒはこの状況を、変えたかったのである。彼自身は封建諸侯よりは断じて広い領土の統治者であるにかかわらず、常備兵力を極度に減らしている。一万か、それ以下に減らしたのだ。この規模は、有力な封建諸侯と同程度の水準だった。

フリードリッヒは、諸侯たちが常備する兵力が、国外の敵に対してだけではなく、国内の敵、つまり領民、を押さえつけておくためでもあるのに気づいていた。それでフリードリッヒは、軍事力で領民の反乱を阻止するのではなく、低い税率で領民の不満を軽減することを考えたのである。ローマ法王に払う「十分の一税」はしかたない。だが、領主である自分に払う税は低く押さえよう、と。十二分の一税は、この考えの表われであったのだ。

しかし、「税は広く浅く」をモットーにしていた古代ローマの税制を踏襲したかった想いはわかるが、フリードリッヒが生きていたのは中世の封建社会であった。封建領主たちは、「闘う人」であることをつづけたいためにも、自前の兵力は減らさない。この封建諸侯たちを統治下に置くためにも、彼らのそれを越える兵力は必要だった。

それで彼は、必要となったときには臨時特別税を課税する権利を、王であり皇帝である自分が持つ、と定めたのである。これは後の歴史学者たちによって、合理的で通してきたフリードリッヒの政治の中での唯一の中世的な政策、であったとして批判が集中することになるものだが、歴代のローマの皇帝たちが一貫してつづけてきた政治を、フリードリッヒは一人でしようとしていたのだ。無理が伴うのも、しかたなかったとさえ思う。

その無理を可能なかぎり減らそうとしたからこそ、彼の経済政策が、統制経済と批判されることになったのである。『メルフィ憲章』でのフリードリッヒは、国の専売品を決めている。塩と鉄と真鍮とタール、がそれだった。

これらの品の生産者は、国が定めた価格で国にしか売れない。国はそれを、財務状況によって変化はあったにせよ、四倍から六倍の値で市場に出す。ちなみに、国の専売とされたこの四品目は、敵方を利するという理由でローマ法王庁から、イスラム世界への禁輸品目にされていたくらいだから、当時では必要不可欠とされていた品であったのだろう。税金を低く押さえながら国庫の収入を増やそうとするのだから大変だったのだが、農業の生産性の向上と言い専売品の決定と言い、さしたることもしないのに五割も取り上げていた封建制度を改革したければ、それに伴う苦労は絶えなかったのであった。

フリードリッヒ三十六歳の作品である『メルフィ憲章』は、この視点に立って読まれるべきである。なにしろ、法の公正で平等な施行に留まらず、市場経済主義にも言及していたのだから。

見本市

いかに生産性の向上に努めても、それらが売れないことには経済力の向上にはならない。『メルフィ憲章』では、イタリア語では「フィエラ」(fiera)と呼ぶ、商品を持ちこんで売り買いする「市《いち》」の再編成まで決めている。それまでは王国内の各都市ごとに勝手に開催していたマーケットを、皇帝命令によって定めたのだった。史料が遺っている南イタリアのみをあげるにしても、次のようになる。

アクィラ近くのスルモーナ——四月二十三日から五月八日までの十五日間。
カプア——五月二十二日から六月八日までの十七日間。
ルチェラ——六月二十四日から七月一日までの七日間。
バーリ——七月二十二日から八月十日までの十九日間。
ターラント——八月二十四日から九月八日までの十五日間。
コセンツァ——九月二十一日から十月十一日までの二十日間。
レッジョ・カラーブリア——十月十八日から十一月一日までの十四日間。
バレッタ——十一月半ばから十二月半ばまで。

愉快なのは、各商品市《フィエラ》の間には移動を考慮した期間が置かれていることで、業者さえ望めば、これらすべての商品市に出品できることだった。また、これらは国と地方が共同で管理する年に一度の大型見本市(エキスポ)であって、地方だけが管理する町ごとの「市」は、小さな町でも週末ごとに開かれていたのである。

商品の流通は血管内を流れる血液に似て、国家という住民共同体を生かすのに欠かせない。南イタリアと

南イタリア

シチリア島を合わせた「シチリア王国」内の「エキスポ」ともなれば、ルチェラ在住のアラブ人にかぎらず、フリードリッヒとは友好的な関係を結んでいた北アフリカからのイスラム教徒も姿を見せていた。「フィエラ」とは、物産の見本市であり、商談を交わす場でもあったからだ。

また、シチリア王国内の「フィエラ」には、この当時ではまだ交易立国の北イタリアの都市国家でもまれにしか見られなかった、ユダヤ人の姿さえも見られたのである。フリードリッヒはこの人々に、金利の上限は定めてにしろ両替や金貸し業務を認めていたからで、これらのユダヤ人は、商品ではなく銀行の語源になる「バンコ」(banco)、つまり机、を前にして坐っているので一眼でわかるのだった。

「フィエラ」とは、異なる物産の流通の場であることによって異なる人種の交じり合う場になり、それゆえに異なる考え方の交流の場にもなりうる。フリードリッヒが「フィエラ」の活性化に熱心であったのは、経済面での理由によるだけではなかったのである。

通貨の確立

しかし、「フィエラ」の活性化を望むならば、なおも二つのことへの配慮を欠くことは許されない。欺くことが誰にとっても難事になるくらいに正確な計量法の確立と、誰もが喜んで手にするくらいに信用の置ける通貨の確立、がそれである。

メルフィにカンヅメ状態になっていた皇帝とその協力者たちも、もちろんこの二大重要事についても配慮は忘れなかった。

長さ、重さ、量のすべてにわたって、正確な数値が定められる。そして、それに違反した者には莫大な額の罰金が科されると同時に、「フィエラ」からは永久追放になるとも決まった。


通貨の確立に関しては、問題は簡単ではなかった。当時の地中海世界で国際通貨と呼べるものは一つもなかったが、その中でも比較的にしろ広く流通していたのは、ビザンチン帝国のソルドとイスラム世界のディナールで、ヨーロッパの通貨ではなかったのだ。シチリア王国にはアマルフィの通貨であったターリがあったが、アマルフィがイタリアの海洋都市国家から脱落してからは、ターリは国際通貨の地位も失っていた。と言って、次の時代の経済大国になるジェノヴァやフィレンツェやヴェネツィアは、いまだ自国の金貨を持っていなかった。つまり、国際的に通用する通貨は、ヨーロッパでもオリエントでも、空白状態にあったのだ。


フリードリッヒはそれを、自分で新たに作ると決める。南イタリアのブリンディシとシチリア島のメッシーナの二箇所で、『メルフィ憲章』発布と同時に鋳造が始まった。フリードリッヒの命名で、彼の憧れの人にちなんで「アウグスターレ」（Augustale）と名付けられた金貨だが、これでも明らかなように、後のルネサンスのモットーになる、「古代復興」そのものである。

「アウグスターレ」と呼ばれた金貨の重さは五・三グラム、直径は二〇ミリ、純度は二〇・五金。表面には古代ローマの皇帝に似せたフリードリッヒの横顔が彫られ、古代ローマの金貨アウレリウスに似て、略文字で周囲が飾られている。裏面は、神聖ローマ帝国の紋章である鷲《わし》が刻まれ、周囲を囲む文字は、こちらもラ

フリードリッヒのアウグスターレ金貨(右)、ディナール金貨(中)、アウグストゥスのアウレリウス金貨(左)

テン語で「FRIDERICUS」(フリードリッヒ)。要するに三十代半ばのフリードリッヒは、古《いにしえ》の皇帝アウグストゥスを気取ったのであった。

ただし、重さ七・八グラムだった古代ローマ時代のアウレリウス金貨をまねたい気持はわかるが、「アウグスターレ」も五・三グラムある。アウレリウス金貨でも広く使用されていたわけではない。帝政下のローマでも、給料の支払いなどはその二十五分の一の価値しかない、デナリウス銀貨が使われていたのである。

しかし、日常には使われなくても、信用置ける基軸通貨が確立している利点は大きい。その通貨を発行している国への信用度を増すことになるからだが、「アウレリウス」の存在理由も、それをまねたフリードリッヒの「アウグスターレ」も、その存在理由はこの点にあった。要は、人間とは、喜んで手にする通貨を持つ国と喜んで経済関係を持つ、というわけだ。フリードリッヒの狙いも、そこにあった。

とはいえ、通貨である以上は、日常でも多用されることは重要だ。美しさでは中世のどの国の金貨にも優ると言われた「アウグスターレ」だったが、それ以外の通常通貨も必要になる。二分の一の重さの「小アウグスターレ」を始めとする日常生活に必要な通貨はやはりあり、金一グラムゆえに手軽な「ターリ」も併用されたようである。

それでもなお、フリードリッヒの「アウグスターレ」金貨は、中世時代のヨーロッパでは初めて鋳造された、信用度の高い通貨になった。自分たちの通貨である「ディナール」を「アウグスターレ」に両替するのを、喜ばないイスラム商人はいなかったという。

一二五〇年のフリードリッヒの死を境にするかのように「アウグスターレ」の鋳造量は落ちていく。そしてそれと入れ代わるように、次々とイタリアの都市国家が金貨を作り始める。

一二五一年、ジェノヴァ共和国が、「ジェノヴィーノ」の鋳造を開始。

一二五二年、フィレンツェ共和国が、「フィオリーノ」の発行を始める。

そして、一二八四年、スタートは遅くても始めるとなると徹底するのが常のヴェネツィア共和国が、「ドゥカート」を発行することで金貨の鋳造群に加わってくる。

その後は「フィオリーノ」と「ドゥカート」の二通貨が、以後のヨーロッパと中近東世界の国際通貨になっていく。「フィオリーノ立て」か「ドゥカート立て」で、ヨーロッパでもオリエントでもビジネスは成立するようになったのだから。フィレンツェとヴェネツィアが、自ら生産する中産階級の産んだ文明文化であるルネサンスの主人公になっていくのに、信用置ける通貨の鋳造が伴走するという感じでもあった。

ちなみに、フリードリッヒの横顔が刻まれた「アウグスターレ」を三十年以上にもわたって探したのだが、ついに手に入れることができなかった。アウグストゥスが刻まれた二千年昔の金貨は買えたので自分の手でさわることができたのだが、八百年昔でしかない「アウグスターレ」にさわることができたのは、イタリアの造幣局に頼みこんで、そこのコレクションにあった一枚でようやく実現した。これ以外にも、ドイツやイギリスの博物館に少しならばあるという。

こうも残っている数が少ないのは、鋳造された数自体が少なかったから、という理由だけでない。中世最高の美しい金貨という評判を得たことで欲しいと願う人が多いらしく、コイン市場には出てこない。手に入れるのに熱心だった人はイスラム世界の人にも多く、それで、散逸した地方の特定さえも不可能なのである。幻の金貨、と思うしかないのかもしれない。

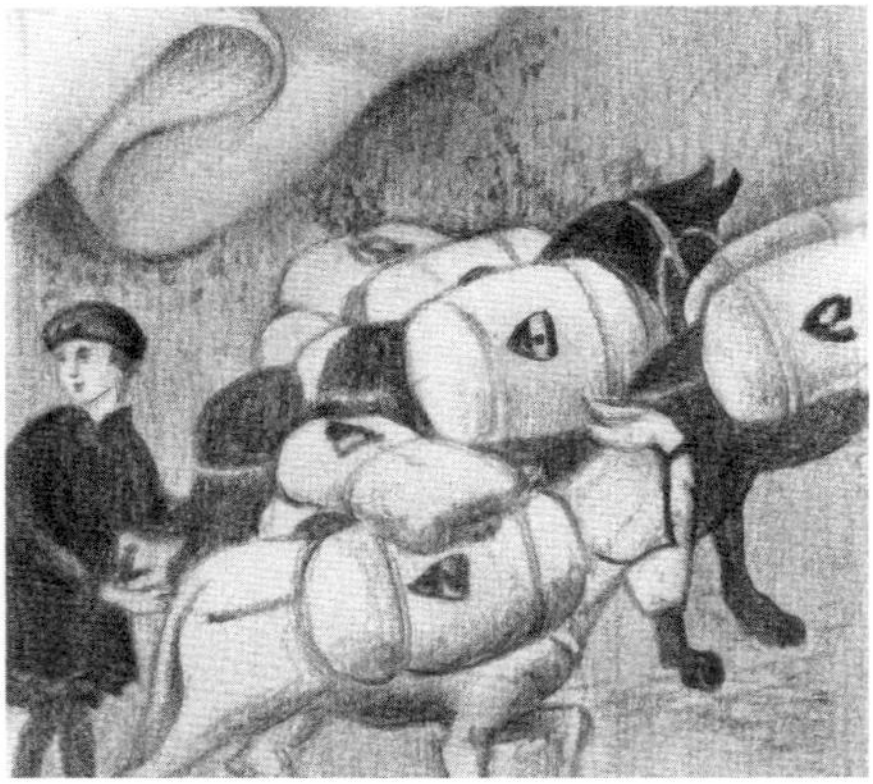

フリードリッヒの公用便

このように、フリードリッヒ主導で成った『メルフィ憲章』は、封建社会から近代的な国家への移行に必要と思われるすべての必要事項が、法律という形で列記されていたのである。だが、それを実際に機能させていくには、膨大な数の官僚が必要になってくる。ナポリ大学の卒業生だけではとうてい足りず、フリードリッヒは、バレッタの町に、事務官僚養成だけを目的にした高等学校を新設する。そして、ナポリ大学やこの官僚養成校を卒業した若者たちが、フリードリッヒという「頭脳」が考え出す政策を実行に移していく、有能な「手足」になっていく。というわけで、官僚機構確立の重要性に中世のヨーロッパで最初に注目した人も、フリードリッヒになるのだった。

そして、整備された官僚機構を活用するには、あの時代ではなおのこと、機能する伝達システムの確立が欠かせなくなる。この種の制度の重要性に中世で初めて着目したのは、イタリアの通商国家であるヴェネツィアやジェノヴァやピサだが、彼らはビジネスマンだ。ビジネスが専門でない君主となれば、そこでもフリードリッヒが最初の人になる。

公用便を詰めこんだ皇帝の紋章入りの袋を積んだ馬の列が城門を出ていくのが、フリードリッヒが滞在中の町の人々には見慣れた風景になる。そして、それと入れ代わるように、同じような袋を背にした馬の列が城門を入ってくる風景も。

フリードリッヒに従って滞在先を移動する人々だけでも、百人から百五十人と言われたくらいであった。皇帝の移動となれば誰でも思い浮べるのが華麗な服の多勢の宮廷人を従える光景だが、フリードリッヒの場合は、公文書を筆記する書記たちからそれを運ぶ人々までが、常に従っているのだった。皇帝の一行はイコール、移動する官邸でもあったのだから。

以上が、一二三一年にフリードリッヒが発布した『メルフィ憲章』と、その重要部分の抜き書きである。普通ならばこの種の重要文書は、法律用語でもあったラテン語で記されるべきであった。それが『メルフィ憲章』だけは、全文イタリア語で記されている。高等教育を受けていない人でも読める、俗語で記されているのだ。なるべく多くの領民に読んでもらいたいという、フリードリッヒの熱き想いを表わしていた。

そしてこれを読めば、三十代半ばになっていたフリードリッヒが、自国であるシチリア王国をどのように構築したいと願っていたかもわかる。一言で言えばそれは、封建社会を脱して君主を頂点にして機能する国家への移行だが、憲章作成を聴きつけるや早くも伝えてきた法王グレゴリウス九世の心配と怖れは、出来あがったこの憲章を読んだ後ならば解消したであろうか。

いまだ『メルフィ憲章』が日の眼を見ない前にすでに、フリードリッヒによるこの憲章が、「ローマ法王を頂点にするキリスト教世界の秩序の破壊になりかねず、ゆえに神の恩寵を失う行為になりかねず、神と信徒たちにとっての敵になりかねないゆえにやめよ」と書き送ってきたのが、法王グレゴリウスであった。

それでもやめなかったから『メルフィ憲章』は完成したのだが、完成した憲章のコピーは必ず、ローマ法王にも送られていたはずである。なぜなら、フリードリッヒ自身は認めようとしなかったが、ローマ法王側の言い分ではあくまでも、シチリア王国もローマ法王の領土の一部であり、その国の王は、ローマ法王の家臣の一人、であったからだった。

ゆえに、ローマ法王は読んだのだ。では、読んで心配と怖れは解消したのか。

まったく解消しなかったのである。それどころか、心配と怖れはますます増大したのだった。

ローマ法王グレゴリウス九世は、フリードリッヒによる『メルフィ憲章』の制定を、ローマ法王を頂点とするキリスト教世界の秩序の破壊であり、神の恩寵を失う行為であり、神と信徒への敵対行為であるとする考えを、変えようとはしなかったのである。

　つまり、『メルフィ憲章』は、法王とキリスト教会へのフリードリッヒの反体制的な考えが結実したもの、と断じたのだった。

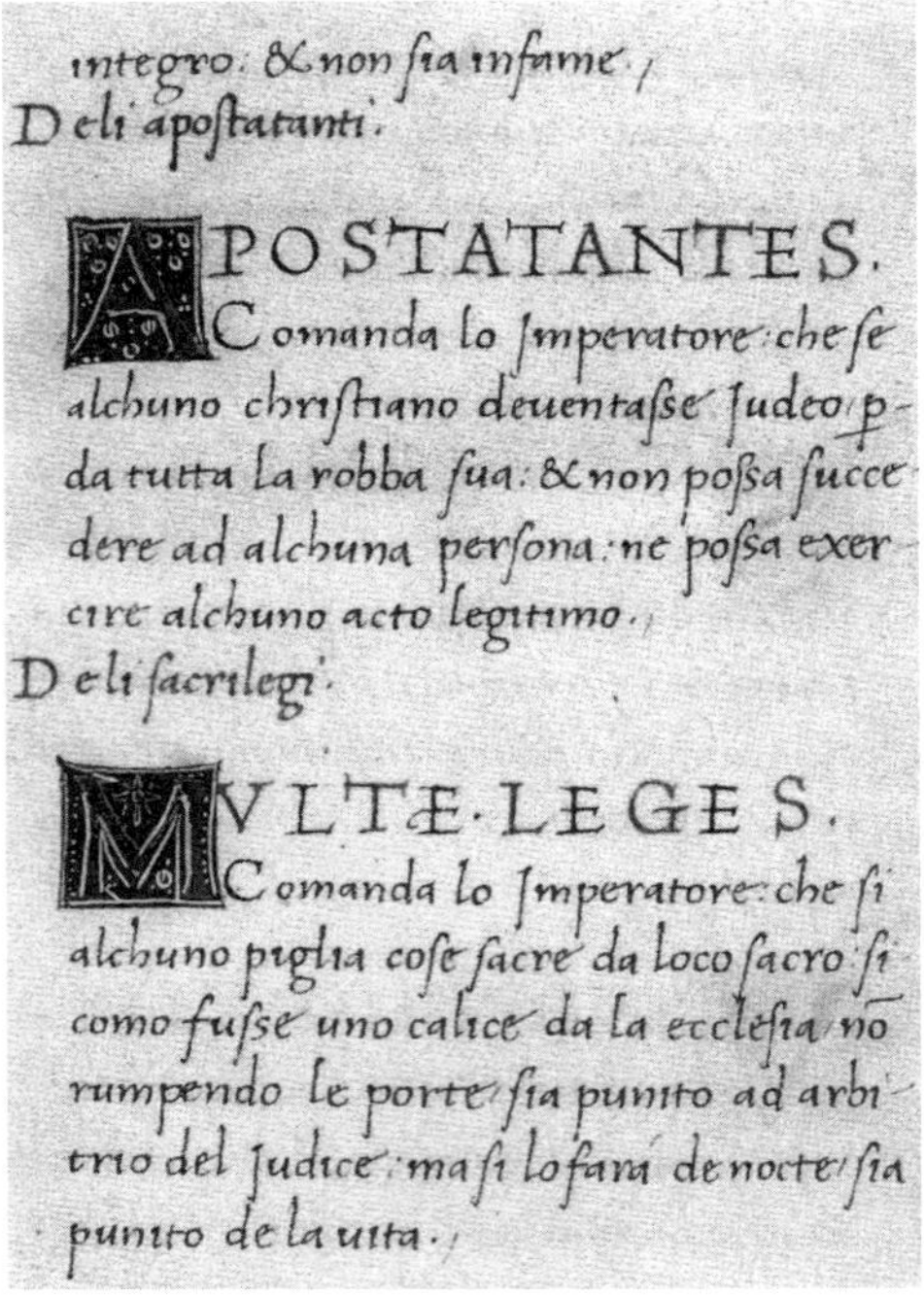
integro. & non sia infame.
Deli apostatanti.
APOSTATANTES.
Comanda lo Imperatore che se
alchuno christiano deuentasse Judeo p-
da tutta la robba sua: & non possa succe
dere ad alchuna persona: ne possa exer
cire alchuno acto legitimo.
Deli sacrilegi.
MVLTÆ·LEGES.
Comanda lo Imperatore che si
alchuno piglia cose sacre da loco sacro si
como fusse uno calice da la ecclesia no
rumpendo le porte sia punito ad arbi
trio del Judice: ma si lo fara de nocte sia
punito de la uita.

メルフィ憲章の一部

　以前のグレゴリウスならば、ここで即、破門に処したろう。だが、フリードリッヒに対しては、破門が効果のないことは、法王自らがいやというくらいにわかっていた。また、十字軍遠征に発とうとしないというのと、国を機能させるための法律を制定したというのは同じではない。法律を制定したというだけで、破門に処すわけにはいかなかったのである。

　しかし、「平和の接吻」をしたことで仲直りし破門も解いてやったというのに、その足ですぐ宗教の関与を排した世俗国家の構築には欠かせない法令集の作成に取りかかった三十六歳を、六十歳はそのままで許す気はまったくなかった。「法王は太陽で皇帝は月」と思いこんでいるのだ。絶対服従すべき立場なのにそれを拒否した、と思うだけで腹が煮えくり返り、それ以外のすべては見えなくなってしまうのがグレゴリウスであった。法王は、新しい武器を探し始める。もちろんのこと、このフリードリッヒを牽制するのに効果ある「武器」を。

一二三一年九月——皇帝フリードリッヒ二世、『メルフィ憲章』を発布。
一二三二年二月——法王グレゴリウス九世、『異端裁判所』を開設。

この日付けは偶然ではない。『憲章』のすべての項目は、「皇帝が命ず」で始まっている。法王グレゴリウスにしてみれば、たとえ信徒の現世を律する法律でも、「法王が命ず」でなければならないのであった。

「異端裁判所」

「破門」は、日本で言えば「村八分」である。いや、破門に処された者とはあらゆる関係を絶たねばならないというのがキリスト教会の決まりであったから、「八分」ではなくて「十分」である。だが、最悪の場合でも住民共同体《コミュニティ》から追放されるぐらいで、死刑にされるとまでは決まってはいなかった。

ところが、「異端」となるとちがってくる。

イスラム教徒もユダヤ教徒も仏教徒も、キリスト教徒にしてみれば「異教徒」だ。自分たちが信ずる宗教とは異なる宗教を信じている人々、というだけの存在であり、差別視はしても、いまだ真の教えに目覚めていない哀れな人々、という意味での差別でしかなかった。

反対に、「異端の徒」となると、「異教徒」が他人であったのに反して身内の問題になる。同じくキリスト教の信者でいながら、その信じ方が、キリスト教会の定めた信じ方と異なっている、と断じられた人々を指すのだから。それゆえに、異教徒よりは、キリスト教のコミュニティにとっては有害な存在になる。

こう思い始めれば、どう対処すべきかも明白になる。腐った果物が一つでも入っていればいずれは箱全体の果物が腐ってしまうので、すでに腐ってしまったものは見つかりしだい箱から取り出して捨てるしかない、と考えそれを行動に移す、というわけだ。残りの果物を守るためにもやらねばならない処置、である以上、大義名分は充分にある。しかし、だがこう考えるようになると、「村八分」にしたり追放したくらいでは、充分な処遇ではなくなる。火あぶりにでもして、地上から抹殺するしかないということになる。「異端裁判所」は腐った果実を見つけ出す機関であり、それの公式名が「聖なる」(sacro)という形容詞つきであったのは、信仰を守るという、彼らにとってはこれ以上はない聖なる目標を達成するための機関になるからだ。法王グレゴリウスは、これに眼をつけたのである。そしてこの機関を動かしていく実務を、ドメニコ宗派の修道僧たちに一任したのだった。

貧しさをモットーにしキリスト教の神は愛の神であると説くフランチェスコ宗派に対して、ドメニコ宗派のほうは、修道僧という立場では同じでも、学問好きが集まる集団として知られていた。

学問好きが、悪いわけではない。それどころかドメニコ修道会に属す僧たちは、古代人が遺した書物を忠実に筆写して後世にバトンタッチするという重要な功績の立役者たちでもあった。しかし、欠点もある。書かれていたり定められていたりすることを、疑問もいだかずに信じこむ、という性向だ。こうなると、書かれたり定められたことのほうが正しくて、それに合わない人間のほうがまちがっている、と思うようになってくる。それゆえか、ヨーロッパでは、ドメニコ宗派の修道僧たちを、「神の忠実な犬」と呼んでいた。法王グレゴリウス九世は、彼が設立したこの「聖なる異端裁判所」を、神の忠実な犬たちに託したのである。

それまでにも、「異端」を敵視する考えはあった。だが「異端者」を、それ専門の裁判所で裁くことまではしていなかった。「それ専門の裁判所」を設立したのがグレゴリウスであったのだ。

法王グレゴリウス九世による「聖なる異端裁判所」の設立のそもそもの動機は、現代の学者たちも指摘しているように、皇帝フリードリッヒ二世の、法王側からすれば反体制的に見える行動を、ことあるごとに牽制していく武器を持つことにあったのだった。そして、フリードリッヒ自身も、ある意味ではグレゴリウスに、そのヒントを与えていたのである。

『メルフィ憲章』中でも異端問題にふれた箇所があるが、そこではフリードリッヒは、異端問題はローマ法王が決めることである、としている。皇帝のものは皇帝に、神のものは神に、というイエス・キリストの言葉に従いたければ、人間の現実生活に関しては皇帝である自分が責任を負うが、人間の信仰面に関してはローマ法王の責任分野に属す、となってしまうのだ。法王グレゴリウスは、それに食らいついたのだろう。異端かどうかは、ローマ法王である自分が決めることである、と。

だが、こうして、中世と近世を通じてヨーロッパ中を震駭《しんがい》させることになる「異端裁判所」、私の見るには当時の秘密警察でもあった『聖なる異端裁判所』は、これまた聖なる存在であるローマ法王に直属する「神の忠実な犬たち」によって運営される機関としてスタートしたのである。それも、『メルフィ憲章』発布のわずか五ヵ月後に。

皇帝が主導することで成った『メルフィ憲章』と、法王が設立したことでスタートした「異端裁判」は、わずか五ヵ月をはさんで具体化されたということを除いても、法律というものに対しての中世人の考え方のちがいも示しているように思える。

人間が集まって共に生活するに必要なルールである法律には、大別して二つある。

第一は、神が作って人間たちに与えた法律。モーゼの十戒が好例だ。神が作ったのだから、人間ごときには変えることからして許されない。

第二は、人間が自分たちのために作った法律。この代表は、言うまでもなく古代のローマ法である。そして、人間が作ったのだから、適応しなくなれば改めるのは当然と考えられていた。

しかもローマでは、改正のやり方までも簡単を良しとしていた。旧法を改正すると決まっても既得権者の反対で実現に持っていけない可能性を考慮したのだ。それで、旧法を改正するのではなく別に新法を作成し、旧法の中でもその新法が抵触する部分だけが自動的に消滅する、というやり方が、古代のローマ人の法改正のやり方であった。

フリードリッヒの「憲章」の改正条項も、このローマ式を踏襲している。なぜなら、『メルフィ憲章』の基盤自体がすでに十年前に制定した『カプア憲章』でできていたのだが、この十年間にフリードリッヒは、四度にわたって改正をくり返している。彼が法律というものを、自分という人間が領国民である人間のために作る、共同生活を機能させていくためのルール、と考えていたことを示している。だから、合わなくなれば改めるのは当然だ、と。

これとは反対に、法王グレゴリウスによる異端裁判に関係する諸法は、成立した当初からいっさい改められていない。あったものを改めるのではなく、なかったものをつけ加えて増えていったのが、異端裁判法の特質であった。

しかもそのつみ重ねは、より厳しくする方向で成されていくのである。当初は明記されていなかった拷問も十八年後には明記され、当初は死刑としか決まっていなかった刑が、生きながら火あぶりに処す刑になっていったように。

フリードリッヒとグレゴリウスのちがいの第二は、第一で述べた彼ら二人の法に対する考え方のちがいから派生しているのだが、法律で定められたからには字句どおりに忠実に実施されねばならないのか否か、にもあった。

もちろんグレゴリウスは、神の地上での代理人である自分が定めたことゆえ厳格に実施されねばならない、とする立場に立つ。

一方、フリードリッヒは、宗教者でないのはもちろんにしても、法律の専門家でもなく、統治者であり政治家であった。法律は、ただ単に厳密に実施すればよいというものではなく、良識が介在してこそ、平等でありながら公正でもあることで共同体の利益にも合致するようになる、と考えていたのである。良識に基づいた法律の施行の好例としては古《いにしえ》のソロモンの裁きが有名だが、あのときのソロモンは、ユダヤ法の忠実な施行者としてではなく、ユダヤという国を統治する王として裁いたのであった。

フリードリッヒも、自国内に住むユダヤ教徒には、この時代の例に従って、黄色のユダヤの星を服につけるよう命じていた。また、ルチェラに住むイスラム教徒が、キリスト教徒と見まごう服を着けるのも喜ばなかった。

しかし、異端裁判所が、この人々を自国内に住むのを認めること自体を非難してきたのに対しては、彼らは異教徒であって異端の徒ではないとの理由で、問題にもしなかったのである。

とはいえ、たとえ異教徒でもフリードリッヒの領国内に住む以上、フリードリッヒが定めた法に違反する行為は許されない。彼がドイツに滞在中のあるとき、ドイツ人の間から猛烈なユダヤ排斥運動が起ったことがある。なぜなら、ユダヤ教徒たちはキリスト教徒の幼児を誘拐して殺してその肉を食った、というのだ。ゆえに、ユダヤ人が集まって住む居留区全体を焼き払い住民を殺戮《さつりく》する充分な理由があると、皇帝に訴え出たのである。人を殺しその肉を食すのは犯罪行為だから、統治者としてのフリードリッヒには、法を忠実に施行したければユダヤ人の大量殺戮を認めるしかない。

しかし、フリードリッヒは、犯罪者を罰するのは皇帝の役割であるということを理由に認めなかった。と言って、認めないままで放置することも、政治的には災いの源になりかねない。

それで彼は、証拠を探し出すための調査委員会の設置を命じた。この委員会による調査が終わるにはしばらくの時間を要したので、その間に燃え狂っていた反ユダヤの感情も相当な程度には落ちついたのである。そして、結局は委員会は確たる証拠を提出することができず、こうして、フリードリッヒ統治下のユダヤ人たちは助かったのだった。

法律は、施行しだいで良き法にもなれば悪法にもなる。それを常に意識しているのが統治者の責務の第一になるが、忠実に実施することこそが法の番人の責務と信じて疑わない人々から見れば、これさえも既成の秩序の破壊に映るのだった。

しかし、フリードリッヒは既成の秩序の破壊と見なされようとも敢然と対したが、同じことをしてもより悪賢く行うという例もあったのだ。異端裁判に対して、ヴェネツィア共和国がとった態度がそれである。ヴェネツィアも、法王の派遣する異端裁判官は受け入れた。ただし、異端裁判官は修道僧というローマ法王直属の聖職者のみとせず、ヴェネツィア政府の人間も一人加わるとし、そのヴェネツィア人が反対した場合は裁判自体が無効になる、とした条件を認めさせたうえで受け容れたのである。

ヴェネツィア共和国は、「まず初めにヴェネツィア国民、次いでキリスト教徒」などということをモットーにするくらいだから、ローマ法王に恭順な国ではなかった。そのヴェネツィアでは、異端裁判はどう行われたのか。

まず、検事役のドメニコ宗派の修道僧が見つけた容疑者が被告席に引き出されてくる。これまたドメニコ宗派の修道士が務める異端裁判官が、その罪人の起訴理由を読みあげる。それが終わるや、裁判官席に坐っていたヴェネツィア共和国側の人間が、立ちあがって部屋を出て行く。これで、異端裁判は成立しなくなってしまう。

ヴェネツィア共和国は、ローマ法王が始めた異端裁判に、正面切って反対したのではなかった。だが、いかにも経済人の国らしく現実的なサボタージュを続けることによって、ヴェネツィア共和国内では、魔女裁判もふくめた異端裁判は一件たりとも成立しなかったのである。一般の犯罪者に対しての、斬首刑は行われた。しかし、キリスト教の信仰のしかたが適切でないという理由による、火あぶりの刑は一件も起らなかった。

フリードリッヒによる「メルフィ憲章」と法王グレゴリウスによる「異端裁判」のちがいの最後は、次の一事にもよく表われていた。

古代のローマ法を参考にしただけに、「憲章」でも、訴えられた側の人権は尊重されている。第一審の判決だけではいまだ無実で、最終審の判決が出て初めて有罪になる、と決められていたことだ。つまり、控訴権が認められていたということであり、ゆえに弁護人の役割が重視されていたということであった。

一方、裁判ということならば同じでも、異端裁判となると、第一審で有罪と決まれば、それをくつがえすに足る反証が出ないかぎりは有罪で決まってしまう。まずもって、弁護人の出番がない。また、裁きの場に引き出される前にすでに残酷きわまりない拷問を与えておいて、「くつがえすに足る反証」の提出など期待できようか。異端裁判とは、初めから結果が決まっていることを、裁判仕立てにしたにすぎないのであった。

その証拠に、フリードリッヒ統治下の法廷では、弁護人の存在が非常に重要になる。医師や薬剤師と同じに同業者組合の結成を認めたくらいだから、フリードリッヒ自らがそれを自覚していたということだ。反対に、異端裁判所での弁護人の存在は、有名無実もよいところだった。誤りは絶対に犯さないのが神だが、ローマ法王はその神の地上の代理人とされている。その法王の直属の部下であるドメニコ宗派の修道僧が、異端裁判では検事であり裁判官であった。この裁判で、それに反論する役割を荷負う弁護人の存在理由が無になるのも、キリスト教会の側にしてみれば立派に論理的であったのだ。

要するに、異端者と眼をつけられたら最後なのである。捕えられ拷問にかけられるだけでなく、自白しようがしまいがにも関係なく、首をつられるか火あぶりになるかして地上から抹殺されるのが、「神の忠実な犬たち」に眼をつけられてしまった者の運命であった。なにしろ、異端者とは、放置しておいては正しい信仰をもつ人々に害をもたらす、腐った果実でしかなかったのだから。

この「聖なる異端裁判」がどこよりも長期にわたって生きつづけたのはスペインだが、そのスペインではナポレオンに征服されてようやく鎮静化したのである。フランス革命の温床になった啓蒙思想が、異端裁判の思想とは対極に位置したからでもあった。

しかし、それに至るまでの実に五百年以上にわたって、他の女たちに嫉妬された美しい女が魔女裁判にかけられ、金持ちがそれを羨望する人からの密告で異端裁判官の前に引き出されるという状態がつづいたのである。嫉妬や羨望からは何も生れず、それどころか社会を毒することにしかならないにかかわらず、正義という仮面をかぶる人々によって延々とつづいたのであった。

その最前線に立ちつづけた修道僧たちは、悪魔的なところなどはまったくない、清廉潔白でまじめで信仰心も厚い聖職者たちであった。だが、自分たちのしていることが、正しい行為であると信じて疑わない人々でもあったのだ。

異端裁判は、ヨーロッパの中世から近世を通じてのキリスト教会の、最大の汚点であったと言ってよい。これに比べれば、十字軍遠征などかわいいものである。動機がどうあろうと他人の国に押しかけるのは賞《ほ》められたことではないが、十字軍に参加した人の多くはあの地での死という代償は支払ったのである。反対に、異端裁判の当事者たちは、安全な場所に身を置きながら、多くの人々を次々と残酷な運命に追いやる行為をやめなかった。自分たちこそが、神の喜ばれる聖なる業務を遂行していると固く信じながら。そして、腐敗した人間に対しては、非人道的で無神経で残酷に対処するのは当然と信じながら。

狂信の一言で片づけるには、あまりにも哀しい。ヨーロッパ史にとっては恥ずべきで憎むべき風潮であった異端裁判は、一二三二年に、法王グレゴリウス九世が設立したことからスタートしたのである。それも、皇帝フリードリッヒを異端と断じたからではなく、異端の怖れあり、という六十歳の老人の被害妄想から始まったのであった。

しかし、こう考えるだけでは歴史は悲観一色に染まってしまい、それに親しむ意欲も失わせる。だが、人々の言行の集積である歴史には希望を持つに値することもあるから、歴史に接していても救われるのである。

異端裁判を考えついたのも、ヨーロッパの中世に生きた人々であった。だが、その流れに抗したフリードリッヒもヴェネツィア人も、同じヨーロッパの中世に生きた人間であったことである。

異端裁判所がスタートした一二三二年から数えて七百六十八年が過ぎた西暦二〇〇〇年、ときのローマ法王ヨハネス・パウルス二世は、長年にわたってキリスト教会が犯してきた罪のいくつかを、世界に向って公式に謝罪した。そこにあげられた項目の一つが、異端裁判であった。

当初の効果

話を、異端裁判所設立当時の一二三二年にもどすが、『メルフィ憲章』によって政教分離の国家モデルを堂々と示した皇帝フリードリッヒに対し、異端裁判所を設立することでフリードリッヒを牽制するに有効な武器を手にしたと思った法王グレゴリウスだったが、実際となるとそれを使えるような状態にはまったくなかったのである。

一二三二年を基準にすれば、ヨーロッパの大国になる一方であったフランスとはいえ、当時の王ルイ九世は、いまだ母親の摂政から脱け出していない十七歳。

イギリスは、失地王と呼ばれたジョンの死後に王位に就いたヘンリー三世は二十五歳だが、「失地王」が受け容れた『マグナ・カルタ』のおかげで、王の権力は低下したまま。それにこの王はフリードリッヒに心酔していたので、法王側に立つはずはなかった。

つまり、当時のヨーロッパの強国の指導者の中で、三十七歳の皇帝フリードリッヒ二世に対抗できる力を持った君主は一人もいなかったのである。いかに六十二歳の法王が腹を立てようと、その法王の側に立って皇帝に刃向える君主は一人もいなかったのだ。それにフリードリッヒは、イェルサレムの王でもあった。キリスト教徒にとってこれ以上はない聖都を守る義務を負うイェルサレム王を、どのような理由で異端と断じることができるのか。

これでは法王も、慎重に行動するしかなかったのである。次に述べるエピソードが、この時期のグレゴリウスの胸中を示していた。

もはやサラセン人（つまりイスラム教徒）の町として知られるようになっていたルチェラに、法王グレゴリウスは、異端裁判の実務を一任していたドメニコ宗派の修道僧を送りこむ許可を、フリードリッヒに求めてきたのである。ルチェラも、フリードリッヒが領有する「シチリア王国」内の町であったからだ。

フリードリッヒは、法王からの要求を、サラセン人は異教徒ゆえに異端の対象にはなりえない、という理由で拒否する。

だが、このままで引き退ったのでは、ローマ法王の権威が失墜する。それで法王グレゴリウスは、重ねてフリードリッヒに要求した。ドメニコ宗派の修道僧の派遣の目的は異端者を探し出すことにはなく、イスラム教徒への布教にあるのだ、として。改宗は個人の問題と考えるフリードリッヒの答えが、それならばOK、となったのも当然だ。

どうやら、ドメニコ宗派の僧たちは、布教者としてもなかなかに有能であったらしい。イスラムの町であったルチェラの住民のうちの少なくない人々が、このときにキリスト教に改宗したという。その一人がジョヴァンニ・モーロと改名して後に名を成すことになるアラブ人の若者だが、この男が名を成すのはフリードリッヒに登用されたからであった。

しかし、このようなエピソードよりも重要なことは、ルチェラではその後も、イスラム教を信じつづけるサラセン人とキリスト教に改宗したサラセン人が、共に住む町としてつづいたということである。以前はモスクの尖塔から響くモアヅィンしか聞こえなかった町に、教会の鐘も鳴り響くようになったのだ。つまり、第六次十字軍でフリードリッヒが実現した、キリスト教徒の統治下にあるイェルサレムでも、キリスト教徒だけでなくイスラム教徒も住みつづけるという例が、ルチェラでもくり返されたということであった。

そして、フリードリッヒは、布教の成功を知って法王グレゴリウスがさらに求めてきたこと、キリスト教に改宗後もルチェラに住みつづけるサラセン人の信仰が本物であるかどうかを、ドメニコ宗派の僧を送って調査したいという要求に対しては、どう答えたかはわかっていないのだが、OKはしなかったことだけは確かである。それまでOKしては、異端裁判を容認することになるからであった。

しかし、この、どこにも敵のないように見えたフリードリッヒにも、まったく予想していなかった方角から敵が現われることになる。それが、どの家庭でも起りうる父と息子の問題でもあったところが、いかに優れていようと生身の人間であることでは変わりのない存在の哀しさであった。

息子ハインリッヒ

フリードリッヒの長男ともなれば、世襲権を行使できるシチリア王国の王位は当然としても、神聖ローマ帝国の皇帝位を継ぐうえでも最短距離にいたことになる。なにしろ、現シチリア王で現皇帝であるフリードリッヒと、その最初の正妻のアラゴン王家の息女との間に生れた、長男でしかもただ一人の嫡子であったのだから。嫡出の男子にふさわしく、一二一一年にパレルモの王宮で生れている。フリードリッヒが十六歳の年に得た後継者ナンバーワンが、この、若くして死んだ父と同じ名を与えられたハインリッヒ七世であった。つまり、誕生の瞬間から、フリードリッヒの後継者と運命づけられていたということになる。

まず、一歳の誕生日を迎えるか迎えないかという一二一二年二月、ヨチヨチ歩きの幼児はパレルモの主教会《カテドラル》で、シチリア王として戴冠した。これが、ドイツと南イタリアが同一君主の統治下に入るのを嫌うローマ法王へのフリードリッヒの対策であることを、もちろん幼児は知らない。そして三月、十七歳の父親は二十七歳の母と一歳の息子をシチリアに残してドイツへ発って行った。若き父親がドイツの地で神聖ローマ帝国皇帝の地位を確実にするための苦労をしている間、幼な子は優しい母親の保護の下《もと》、陽光輝く南欧で育っていったのである。

だがそれも、四年間でしかなかった。一二一六年、ローマでの皇帝の戴冠式が現実になってきた段階で、フリードリッヒは、妻と息子をドイツに呼び寄せる。ローマでの戴冠式を済ませた後はシチリア王国の再構築に本格的に手をつけるつもりでいたフリードリッヒには、戴冠式後もドイツにもどる気はなかった。だが、それには自分が不在でも彼が再編成したドイツがそのままで機能していくための方策は整えておく必要がある。それには、後継者ナンバーワンである長男をトップにすえるのが、ドイツという封建色の濃厚な社会では最も自然で現実的な選択と考えたのである。

一二一六年七月、母と子をドイツへ来させる任務を、フリードリッヒは、彼が最も信頼し、彼にとっては誰よりも気の置けない仲の二人に託す。パレルモの大司教ベラルドとチュートン騎士団の団長ヘルマンの二人に託したのだ。なぜなら、母親のコスタンツァが息子のドイツ行きに反対であったからで、そのコスタンツァを、常日頃助けてきた大司教ベラルドと、ドイツ人には珍しく巧妙な外交の名手でもあったヘルマンに、コスタンツァの説得役を託したのであった。

コスタンツァの反対の理由は、彼女自身がフリードリッヒと結婚する前に嫁いでいたハンガリー王家の政争の犠牲者であったからで、若くして未亡人になっただけでなく、まだ少年でしかなかった息子を失うという苦い体験があったからだ。教養が優れているわけでもなく個性も強くなかった彼女だが、女の直感で、一人息子を政争に巻きこまれる危険から離しておきたいと願ったからだろう。また、スペイン生れなのにハンガリーに嫁いで苦労した彼女にしてみれば、ドイツ人もハンガリー人同様にアルプスの北に住む人々になる。そのドイツ人社会に最愛の息子を送りこむなど、母としては耐えがたかったのかもしれなかった。

しかし、フリードリッヒは、何ごとも考えたうえで決める男なので、言い出したからにはめったに変えない。そのフリードリッヒを熟知する二人が、コスタンツァに向って、ここはフリードリッヒの命ずるとおりにするしかなく、感受性にも欠けていない彼のことだから、少年のハインリッヒに悪いようなことをするはずがない、とでも言って説得したのかもしれない。結局、五歳のハインリッヒは、その月の末に母のコスタンツァとともに、パレルモの大司教とチュートン騎士団の団長に伴われてシチリアを後にしたのだった。

十月、初めは海路、その後は陸路を通って、フリードリッヒの待つニュールンベルグに到着した。五歳の幼児は、あと二ヵ月で二十二歳になる父に、四年ぶりに再会したことになる。いや、別れたのは一歳の年だったのだから、初めて会った、とすべきかもしれない。

五歳の幼な子を待っていたのは、フリードリッヒの召集に応じてニュールンベルグに集まって来ていた諸侯の前で、父親によってシュワーベン公領を授与されたことだった。シュワーベン地方は、ホーエンシュタウヘン家発生の地である。この地の領主に任じられたということは、赤ひげ皇帝、そしてフリードリッヒとつづいてきたホーエンシュタウヘン一門の正式な後継者であると、ドイツの有力者たちの全員に紹介されたことを意味していた。

父親は、どこに居ようと席の暖まる暇もないくらいに移動をくり返す人であったから、ドイツに居るようになってもハインリッヒには、父親不在はさしたる問題ではなかったろう。ドイツに来ても、母親との暮らしはつづいていたのだから。ドイツ人が好きでなかったらしいコスタンツァは社交も好まず、ために母と子の生活は、ハーゲナウの城の中で静かに過ぎていったのだった。

だがそれも、四年後には断たれる。ローマでの戴冠式の機も熟したと見たフリードリッヒが、八年に及んだドイツ滞在を切りあげてローマに向うと決めたからだった。そして、ローマ法王の手から帝冠を授けられるのは皇帝の自分だけではなく、妻も皇后としての冠を授けらるべきだと、コスタンツァにもローマ行きの同行を命じたのである。常に夫に従ってきたコスタンツァは、このときもフリードリッヒに従う。だがそれは、九歳になったばかりのわが子を一人でドイツの地に残していくことであり、もしかしたら二度と会えない別離になるかもしれないのだった。

しかし、フリードリッヒも、九歳で残していく息子を中心にした状況の整備には、万全を期していたのである。

一二二〇年八月、ドイツでは伝統的に兵力の集結地とされているアウグスブルグに、フリードリッヒはローマ行きに従う軍の集結を命じた。アウグスブルグには、皇帝に従って南下する将兵だけでなく、それを見送る諸侯たちも集まっていた。

二十五歳になっていたフリードリッヒは、その人々を前にして、九歳のハインリッヒを「ドイツの王」に任命したのである。自分が不在中のドイツは、このハインリッヒ七世によって統治されるということを、公式に告げたのであった。だが、これと同時に、九歳のドイツ王を助けて実際上は統治をする任務に、幼王の後見人という資格で、ケルンの大司教を任命していたのである。

この人事は、当時のドイツでは考えうる最上の人選でもあった。

ケルンの大司教エンゲルベルトは、その年三十五歳。ドイツの名門貴族の出身であるだけに、同じ階級に属す諸侯たちでも反対しにくい。また、教養の深い人なので、反対派への説得力も充分にあった。そのうえ、聖職者でありながら、狂信的なところがまったくない。六年前からフリードリッヒとは親しい仲であり、狂信的な人と親しくなるフリードリッヒではなかったから、大司教エンゲルベルトのバランス感覚は本物であったと言えた。

そのうえ、大司教という法王に次ぐ高位聖職者でありながら、権威を盾に高圧的に振舞うところもなかった。一言で言えば、人情にも通じた人であったのだ。フリードリッヒはこの三十五歳に、九歳の息子を預けたのである。

実際、この人がそば近くにいて助けていた五年の間、九歳から十四歳までの時期のハインリッヒの統治は、イタリアに行ったままの父親が何ひとつ心配することもない状態でつづいていたのである。

母親のコスタンツァは、ローマで夫とともに戴冠した年の二年後に、シチリアで病死していた。十一歳でしかないハインリッヒにとって、母親の死が打撃でなかったはずはない。だが、それによる心の動揺も、大司教の助けで乗り越えることができていたのだった。

この状況が一変するのは、フリードリッヒが再編成したドイツ社会に不満を持っていた人々によって、大司教エンゲルベルトが暗殺されたときに始まる。ハインリッヒが住む城から自分の屋敷にもどる途中で、暗闇から襲ってきた一団によって殺されたのだ。父親よりもハインリッヒも父親的な存在であった人を失った十四歳のハインリッヒが、一度として味わったことがなかった孤立感に突き落とされたのも当然だ。しかも、この直後に、すでに決まっていたとはいえ、初めての結婚を経験することになる。

結婚の相手は、オーストリア公の息女のマルゲリータである。もちろんのこと政略結婚で、オーストリアにまで勢力を拡大したいフリードリッヒが考えた結婚だ。新郎は十四歳だが、新婦は二十一歳。年齢差の結婚は珍しくなかったが、この結婚は、初めから冷えきった状態で進むのである。子を生《な》すことは義務だから、これには夫も妻も協力したようだが、息子が二人生れた後でも、冷えきった夫婦関係は変わらなかった。

十四歳で経験したこの不幸な結婚が、ハインリッヒにとって、自らへの信頼を築いていくうえで、最初の障害になったのではないかと思う。女に冷たくされて、自信を失わない男がいようか。それもいまだ十四歳という、あらゆる意味で微妙な年頃に飲み下さねばならなかった経験であった。

ここは開き直って父親をまね、さっさとあちこちで愛人をつくってはあちこちで子を産ませる、で行けばよかったのである。だが、強靭な性格の父親よりは優しく包みこむ母親の性格のほうを継いだのではないかと思うハインリッヒには、この種の開き直りはできなかったのだろう。その結果、対女性恐怖症になり、さらに対人恐怖症になって行く。女も、下層の女としか交われなくなり、甘言をもって近づいてくる人としか会わなくなったのである。

おそらくはこの時点で、父親は助けの手を差しのべるべきであった。だが、フリードリッヒの持つ欠点が、その必要に眼を向けることを邪魔する。フリードリッヒくらい独立で独歩型の人間もいなかったが、このタイプの人は、オレはもっと状況の悪い状態でも乗り越えてきたのだから、おまえにできないはずはない、と考えがちになる。つまり、他人にも自分と同じ能力を要求しがちなのである。

しかし、人間は同じようには出来ていない。親と子でも、同じようにはできていない。逆境でも克服できる人はいるが、克服できない人も多いのだ。そのうえ、さらなる逆境に、自分で自分を追いこんでしまう人さえいるのである。

結婚した一二二五年から父親に呼び出されて叱責されることになる一二三二年までの七年間、父親のフリードリッヒのほうは、ドイツにいる息子のことを思い遣る余裕もないほどの忙しい歳月を送っていたことは確かである。

シチリア王国を、封建社会から君主制の国に変えるという難事業。

十字軍を率いて遠征はしたものの、外交のみで聖都イェルサレムを再復するという、十字軍史上では初めての試み。

それに成功して帰国したものの、ローマ法王との関係改善に要した一年間。

破門が解かれた直後から始めた、『メルフィ憲章』による法治国家への脱皮。統制経済と通貨制度の確立。

これらが、フリードリッヒが三十歳から三十七歳までの間に成し遂げたことであった。それと同じ時期、十四歳から二十一歳の時期にあったハインリッヒのほうは少しずつ進む性格破綻《はたん》という地獄に生きていたのである。それも、より悪いやり方で。つまり、父親の定めた政策に反する法を連発するというやり方で。

『メルフィ憲章』を公表した直後からは、フリードリッヒの耳にも、ハインリッヒの統治に対するドイツ諸侯の不満の声が入ってくるようになっていた。しかもその声は高まる一方で、もはや放置は許されなくなる。『メルフィ憲章』を発布して一仕事を終えた想いであったフリードリッヒは、翌・一二三二年の復活祭に、北東イタリアのアクィレイアに諸侯を召集し、久しぶりの皇帝臨席の「ディエタ」を開くと決めたのである。

一二三二年の春、十二年ぶりに再会した父の息子に対する態度は、誰が見ても厳しいものだった。それでも三十七歳の父親は、二十一歳の息子が犯してきた数々の過ちを許す。ただし、箇条書にした諸事項を示し、以後はこれらを忠実に実行せよと命じたうえで許したのだった。しかもそれを、諸侯たちが居並ぶ前で言い渡したのだ。二十一歳のハインリッヒは、命じられたすべてを守ることを、ドイツの有力者たちの前で誓った。

しかし、父と別れて再びドイツにもどってきたハインリッヒには、受けた屈辱を屈辱と感じている様子は見えなかった。他人眼《よそめ》には、父との再会では何も起らなかったかのように振舞っていた。だが、対女性恐怖症から対人恐怖症になっていたのが、父と再会したことによって対父親恐怖症にまで進んでいたのを、再びイタリアにもどった父親は気づかなかったのである。


衆に優れた人を父親に持ってしまった息子には、二つの道しか残されていない。

第一は、父の命ずることすべてを、忠実に実行する道。

第二は、父親の影響力から脱したいがあまりに、父への反抗への道に進むやり方。

二十一歳のハインリッヒは、第二の道を選んでしまう。

まず、フリードリッヒの統治に反対する諸侯たちに接近した。ドイツ王であるハインリッヒのこの行動に、反フリードリッヒ派が勢いづいたのも当然だ。だが、反抗は、ドイツ内に留まらなかった。ハインリッヒは、父親にとっては宿敵と言ってよい、ミラノを中心に結成された「ロンバルディア同盟」にも接近したのである。この、父にとっての宿敵への接近の理由は、父とロンバルディア同盟の間に立って関係の改善に努めることにはなかった。真の理由は、ロンバルディア同盟に参加する各都市によってアルプスへの道が封鎖されてしまえば、フリードリッヒといえども容易なことではドイツに来れなくなる、であったのだ。父親に会いたくないという想いだけで、父親の敵と結んでしまったのである。


ミラノを中心にした「ロンバルディア同盟」とは、イタリア半島の北西部の自治都市（コムーネ）が集まって出来た同盟だ。同じく北伊でも北東部は強力なヴェネツィア共和国の影響下にあるので、ロンバルディア同盟に加わるコムーネは少ない。それでも、イタリアからドイツへ向うアルプス越えの幹線路は、ミラノからの道とヴェローナからの道の二つまで押さえていた。

だが、ロンバルディア同盟下にある北西イタリアは、法的には神聖ローマ帝国の領有に属す。にもかかわらずこれらコムーネはフリードリッヒの支配下に入るのを拒否し、それでロンバルディア同盟が結成されていたのである。この状況下では、動機が何であろうと、ハインリッヒによる同盟接近は、父親であるだけでなく皇帝でもある人への裏切り行為になってしまう。法的には、大逆罪に値する行為ということであった。

三年前の一二三二年当時のように、イタリア半島の最北東部になるアクィレイアでの「ディエタ」開催を理由に息子を呼びつけ、これ以後彼がやるべき事柄を列記して与え、その忠実な実施を誓わせたうえで再びドイツに帰らせる段階は、もはや過ぎてしまっていたのである。『メルフィ憲章』による国造りが順調に進んでいることが確かになった一二三五年、フリードリッヒは自分のほうからドイツへ行くと決めた。

ただし、皇帝の長男との同盟で勢いづいていたロンバルディア同盟傘下の自治都市群《コムーネ》は皇帝のアルプス越えを断じて阻止するかまえでいたので、ヴェローナから北上してブレンネル峠を越えてドイツに入るという、アルプス越えの幹線路の安全は保証できなくなっている。海路をとってアクィレイアまで行き、そこからは陸路を大きく迂回してドイツに入る道をとるしかなかった。

フリードリッヒはこのときのドイツ行きに、七歳になる次男のコンラッドを同道している。正妻から生れた子であろうと愛人との子であろうといっさい差別しない育て方をしていたフリードリッヒだが、自分の正式な後継者となると嫡出の子でなければならないのだった。キリスト教会とその長であるローマ法王が、認知されてはいても庶出を認めていなかったからである。ハインリッヒも正妻から生れた子だから嫡子だが、コンラッドも、二番目の正妻であったイェルサレム王国の王女との間に生れたゆえに嫡子なのだ。このコンラッドを同道していたということは、フリードリッヒはハインリッヒを、捨て去る気でいたことを示していた。

それにしても、四十歳になっていた父親にとって、二十四歳の長男は、自分の後を託す人の年齢としては理想的であったはずである。それが今、二十四歳を捨てて七歳に代えるしかなくなっている。父親としても皇帝としても、苦い想いなくしては決定できないことであったろう。

しかし、遠まわりをせざるをえなかったとはいえ、ドイツに入ってからのフリードリッヒの心を明るくしたのではないかと思うのは、諸侯をはじめとするドイツ人からの熱烈な歓迎だった。ドイツ人たちは上から下まで、ハインリッヒの日毎に変わる指令の連発に困り果てていたのである。厳しくとも一貫して乱れない父親の統治のほうを、彼らは良しとしたのだった。

七月、近づいてくる父親の影におびえるしかなくなっていたハインリッヒは、まず、逃げ出すことを考える。だが、亡命先にと頼ったフランス王からは、返答さえも返ってこなかった。さすがにハインリッヒも、ミラノに逃げることは考えなかった。ロンバルディア同盟軍の先頭に立って、戦場で父と対決する勇気はなかったのだ。

その息子の許《もと》に、父親が送ったチュートン騎士団の団長ヘルマンが到着する。ハインリッヒが五歳の年に初めてドイツ入りしたときの介添役であったこの人が、今では二十四歳になっているあのときの幼な子に向って、どのように説得したのかはわかっていない。だが、どう説得しようが、ハインリッヒに残された道は一つしかなかった。父親の前に出て本心から許しを乞い願う、でしかなかったのである。

二日後の七月四日、ウォルムスの城にいる父親の許に、ヘルマンに連れられたハインリッヒが訪れた。四十歳のフリードリッヒの二十四歳の息子への対応は、冷たく厳しいものだった。父の足許に身を投げ出して許しを乞う息子、だけならば、同席していた諸侯たちとて同情したかもしれない。だが、息子の罪状は、あまりにも明らかだった。

父は息子に、死罪を言い渡す。罪状は、忠誠を誓った人に対する裏切り行為、であった。死罪、という言葉が発せられた瞬間だけ、同席していた人々の間からは声にならない声があがった。だがそれも、つづいて発せられたフリードリッヒの、死罪は免じて終身の禁固刑に処す、という声で、何か形にならない空気のような感情がふわりと床に落ちる、という形で収まったのである。ハインリッヒはそのまま、ウォルムスの城内の牢に連行された。


その後まもなく、ハインリッヒは南イタリアに送られる。鎖つきの囚人としてではない。ただ、誰とも会えず息子たちにさえも会えず、南イタリアの内陸部にある城塞を転々と移動しての完全な隔離生活が、二十代も後半に入っていたハインリッヒの日常になった。

この生活は、六年の間つづく。その六年が過ぎた一二四二年、もはや恒例行事のようになっていた城塞から別の城塞への移動中に事故は起った。監視の兵士たちの注意がそれたのを見たハインリッヒは、ちょうどそのとき通過中だった崖の上の道から、乗っていた馬もろとも空中に飛んだ。三十一歳でしかなかった。

それを知らされた父親から葬式を行う修道僧たちに送られた、指令書というか私信というかが残っている。それによれば、四十七歳になっていたフリードリッヒは三十一歳で自死を選んだ息子の葬式を、事故の現場に近いコセンツァの主教会《カテドラル》で行うよう指示している。それも、遺体にはかつて彼が占めていたドイツの王の正装をまとわせるよう指示し、遺体を収める大理石の棺も、黄色の地に黒く鷲の縫いとりがほどこされた、ドイツ王の旗で包むよう命じている。そして最後に、皇帝としてはあのような処置をとるしかなかったが、父親としての想いならば別であると書き、その父の哀しみに応《こた》えるにふさわしい葬式にしてくれるよう求めて手紙は終わっている。その願いに応えたのか、コセンツァの主教会で行われたハインリッヒの葬式は、この地方では珍しい壮麗なものになった。

それから七百五十六年が過ぎた一九九八年になって、ピサ大学の病理学部による、ハインリッヒの遺体の検査が行われた。それによれば、身長は一メートル七十二センチぐらいの骨格のしっかりした体格だが、左のひざに重大な欠陥があり、生前の彼は歩くときに左足を引きずっていたにちがいない、としている。もしかしたらこれが、妻の冷淡さの原因であり、対人恐怖症にまでなった原因かもしれない。そして研究者たちは、より確実な可能性として、死の十年ほど前から患っていた性病をあげている。性病の進行による精神の不安定も、二十代に入っていたハインリッヒを苦しめた原因になっていたのかもしれなかった。

父親をこのような不幸で失ったハインリッヒの幼児二人は、フリードリッヒが引き取って、イタリアで育つ。再婚のほうに関心が強い母親の許に置きつづけるのに、安心できなかったからであった。

このハインリッヒ七世について、後世の学者たちはいちように厳しい評価を下す。フリードリッヒの後を継ぐに必要な資質を欠いていた、という理由によってである。

まったく、この人々の言うとおりなのだ。フリードリッヒの長男には、父親が持っていたすべての資質が欠けており、それにもまして決定的であったのは、強靭としてもよいくらいの意志力が欠けていたことだった。

しかし、歴史上には、スタートでつまずいてしまったがゆえに、その後も次々とつまずいてしまう人間もいるのである。歴史上の著名な人の全員が、マキアヴェッリの言う、リーダーに必要な資質である、力量と運と時代の要求に応える才能のすべてに恵まれているわけではない。歴史は、高い地位に就いていなければ平穏に暮らせたのに、とか、別の時代に生れていたならば力を発揮できたのに、と思う人であふれている。それにマキアヴェッリも、力量（ヴィルトゥ）と運（フォルトゥーナ）の重要性を同列に置いている。運命を司る神は女神で、それだけに気持が移りやすい。好運に恵まれてきた人を、一転して悪運に突き落とすのだから、と。それでも、息子を襲った不幸は、父親であるフリードリッヒにも、自分の過ちを反省させたようであった。

ハインリッヒに代えるからにはドイツに残してくるしかなかった次男のコンラッドだが、この少年を助ける役を課された人々の人選は完璧を期す。

まず、あらゆる面でこの任に適切とされた人々で周囲を固めただけに留まらず、この人々に対しては皇帝の命ずる政策を忠実に実行する義務が課された。その上彼らには、皇帝への精密な報告の義務も課される。つまり、どこに移動しようが、父親と息子の周辺が緊密に連絡をとり合うシステムを確立させたのだ。たとえフリードリッヒがアルプスの南にいようと、アルプスの北にいる息子のすぐ背後には、皇帝自身がいるという体制にしたのだった。

そのうえ、フリードリッヒは、これこそがハインリッヒの失敗に学んだことと思うが、コンラッドとの間では頻繁に手紙を書き合うようにした。父親が常に自分のことを気づかってくれていることを、息子が感じられるように、との考えからである。

鷹狩りは好きだけどラテン語の授業は好きではない、と書いてきた十歳の息子に対し、四十三歳の父親は、鷹狩りが好きなのはけっこうだが、ラテン語で自由に話し書くことは君主にとっては欠くことは許されない能力だから、嫌いなどとは言わずに習得に努めるよう、と書いた手紙を送り返す。そして、息子がラテン語に慣れるように、息子への手紙もラテン語で書くようにしたのだった。

また、息子への別の手紙では、次のように書いている。

「皇帝や王が他の人々と異なるのは、彼らが占めている高い地位によるのではない。

これら君主には他の人々が持っていない、より遠くを見透す知力とより適切に対処する判断力があるからで、高い地位を占める権利といえども、ただ単にこれらを持っているというちがいによるにすぎない」

フリードリッヒでも普通の父親と変わらないことを息子に説くのかと思うと笑ってしまうが、それでもこの種の配慮は、良好な効果にはつながったようであった。コンラッドはドイツの地で、対女性恐怖症にも対人恐怖症にもなることなく、対父親恐怖症にもならずに育って行ったのだから。

しかし、フリードリッヒは、不幸に押しつぶされる男ではなかった。不幸に襲われてもそれをはね返してしまう男である。

ウォルムスの城でハインリッヒに終身の刑を言い渡した日からわずか十一日後の七月十五日、その同じウォルムスの城で、彼には三度目になる結婚式をあげていた。

花嫁は、イギリス王の妹で二十一歳のイザベル。嫡出の子がコンラッド一人では後継ぎが不安で、嫡出子のスペアを作っておく必要からの結婚であったことはもちろんだが、政略上の理由もあった。

この一年前に、フランス王ルイ九世がプロヴァンス伯の息女と結婚していた。プロヴァンス伯は、南仏では最大の領主で、有力者ナンバーワンと言ってよい存在だ。ゆえにこの結婚は、南仏を傘下に置くプロヴァンス伯と北仏を支配するフランス王が手をにぎったことを意味し、北仏と南仏の間で長年にわたって闘われてきた「アルビジョア十字軍」もついに終結したことを意味していたのである。それも、フランスの王が南仏をとりこむ形で。

これは、以後のフランス王の力が強大化することを予測させた。そのフランス王の力の強大化を放置しないためには、イギリスに背後から圧力をかけさせるのが有効になる。とはいえそのイギリスは、前王ジョンによるフランス内のイギリス領の大半を失ったことによって、そしてこの「失地王」が調印せざるをえなかった「マグナ・カルタ」によって、王権の低下はいちじるしかった。それでもイギリスとフランスの間は、狭いドーヴァー海峡がへだてるだけである。それがフランス王に、イギリスの圧力を感じさせるくらいの力にはなっていた。

このイギリスと、フリードリッヒは結ぶことにしたのである。フランスをおとなしくさせておくための、戦略であったのはもちろんだ。

二十一歳のイギリス王女は、兄の獅子心王と比べて失地王と軽蔑されていた男の娘とは思えないほど、美しく活潑で教養も豊かな女人であったらしい。結婚は政略と嫡出子作りのため、と割り切っていたフリードリッヒに、愉しい結婚生活もあることを教えたようである。とは言ってもこのように推理したのは、英国人の研究者一人だけであったのだが。いずれにしても四十歳と二十一歳の結婚生活は、一男一女を得て六年間つづいた。イザベルの二十七歳での死は第三子の死産によるもので、子を産むことは当時の女にとって、死さえも伴うほどの冒険でもあったことを示している。

一方、夫のフリードリッヒのほうは、結婚した身であることなど頭のすみにさえもないかのように、いつもの彼の政治に没頭する日々をつづけていくことになる。女の存在がまったくと言ってよいほどに影響を与えなかった男は歴史上に少なくないが、彼もその一人であった。

第六章　「フリードリッヒによる平和」（Pax Fridericiana）

フリードリッヒにとっての最強の敵は、その生涯を通して、「時間」であった。

彼が、何を措《お》いても目指したのは、法に基づいた国家の建設である。それを実現した先人として彼が憧れたのはローマ帝国初代の皇帝アウグストゥスだが、アウグストゥスこそが「パクス・ロマーナ」（ローマによる平和）を成し遂げた当の人、と見たからだろう。フリードリッヒは、中世のアウグストゥスになりたかったのだ。「パクス・フリデリチアーナ」（フリードリッヒによる平和）を実現することによって。

しかし、平和とは、良心的な人が夢見るようにはいかない。関係者全員が一堂に会して胸襟を開いて話し合えば、実現できるというものではないのである。もしもそうであれば、紛争が起ってもただちに解決しているから、世界は簡単に平和になる。だが、解決しない紛争が世界中に蔓延《まんえん》しているのが人間世界の現実であり、古今東西にわたっての人類の歴史なのである。

ならば、実際に平和が実現したのはどのようなケースであったのか。

一言で言ってしまえば、「平和」の前に「平定」が成された場合である。言い換えれば、関係者の一人が他の全員に対して、軍事的にしろ何にしろ圧倒的に優位に立ったときなのだ。恒久的な平和は、平定という段階を経た後で初めて手をつけることができる。

平定と平和の関係

「パクス・ロマーナ」を例にとれば、あれもアウグストゥスが一人で成し遂げた業績ではなかった。たしかに彼は、ローマの都心に、「アラ・パチス」（平和の祭壇）と名づけた神殿を建てたりしたからパクス・ロマーナの象徴のように見られているが、この人が表舞台に登場する以前にカエサルが、軍事力を使って平定してくれていたからである。

ユリウス・カエサルは自著の『ガリア戦記』の中で、「ガリアは平和になった」と書いている。直訳すればこう訳すしかないのだが、古代のローマ人の考え方に則して意訳するならば、「平和の前提である平定は終わった」となる。古代のローマ人の頭の中では、「平定」と「平和」はごく自然につながっていたのだった。

ユリウス・カエサルは、三十九歳で始めたガリア制覇行から五十六歳で暗殺されるまでの十七年間で、ヨーロッパと中近東と北アフリカを網羅することになるローマ帝国の、領土の大半の平定を成し遂げたのである。

その後を継いだのが、アウグストゥスだ。ローマ帝国の初代の皇帝になるこの人は、ライヴァルだったアントニウスを破った三十六歳の年から七十七歳で死ぬまでの四十年間を費やして、「パクス・ロマーナ」、つまり「ローマの主導する国際秩序の確立」を成し遂げる。

そして、この後を継いだのが二代目の皇帝になるティベリウス。ではこの人は、五十六歳で帝位に就いてから七十九歳で死ぬまでの二十三年間に何をしたのか。

結論を先に言ってしまえば、「パクス・ロマーナ」を、国外の敵だけでなく国内の敵にも広げたことである。言い換えれば、治安を確立したことなのだ。人間は、自分の家の戸閉まりは自分でできる。だが、自分の家の外でも、昼でも夜中でも安全に歩けるようにすることまでは、彼にはできない。ゆえにそれを、個々人にも保証するのは公機関の義務になる。ティベリウスにとっての内なる敵が、盗賊や山賊になったのも当然だ。ティベリウス統治下のローマ帝国内で、生きたまま猛獣の餌食にされるという極刑に付されたのは、盗賊や山賊の頭《かしら》と決まっていた。

だが、これを成し遂げたことで、「パクス・ロマーナ」も完成の域に達したのである。広大なローマ帝国内に住む人々は、ボディ・ガードを使える地位にもなく雇うカネもない人でも、帝国内のどこにでも安心して旅することができるようになったのだから。「パクス」（平和）とは、国外に対してだけでなく国内に対しても確立しないかぎり、つまり制覇だけでなく治安も充分でないかぎり、真の意味での「パクス」にはなりえないし、「パクス」（平和）と称する資格もないのである。

「パクス・ロマーナ」とは、能力でも経験量でもベテランの域に達していた三人の男が、次々とバトンタッチするかのように三代にわたって、合計すれば八十年の歳月を費やして創り上げた国際秩序であった。

だからこそ、その後にカリグラやネロのような統治不適格者が帝位に就いても、帝国は崩壊しないで済んだのだ。百年後の五賢帝時代になっても、賢帝たちが行う必要があったのは、言ってみれば「パクス・ロマーナ」のメンテナンスにすぎない。街道や橋のメンテナンスとはちがって帝国のメンテナンスであるからには簡単な仕事ではなかったのは確かだが、国体の改造までは必要ではなかった。「ローマ帝国の建国の父たち」であったカエサルとアウグストゥスとティベリウスの三人による、基盤づくりと建造と仕上げという作業のすべてが、着実に堅固に成されていたからである。

いつ頃からフリードリッヒが、法による秩序の確立とその延長線上にある平和の樹立という、政治にとっての窮極の目的に強い関心を持つようになったのかはわかっていない。ただし、その関心が明らかな形で登場した年はわかっている。それは、彼が二十五歳の年だった。

一二二〇年、フリードリッヒはローマで、法王によって、神聖ローマ帝国皇帝フリードリッヒ二世として戴冠した。信心深い中世人にしてみれば、ローマでの法王による帝冠の授与、というセレモニーを経て初めて、正式に神聖ローマ帝国皇帝に就任したことになるのである。二十五歳でフリードリッヒは、その最初の試練をクリアーしたことになった。

この直後に彼はイタリアを南下してカプアに行き、その地で『カプア憲章』を発表する。そして、その十年後の一二三〇年、『メルフィ憲章』の起草が始まり、翌年に公表された。このメルフィ憲章は、『Liber Augustalis』(アウグストゥス憲章)とも呼ばれた。その中で定められた新金貨の名称が「Augustali」(アウグストゥス金貨)であったのと呼応している。『カプア憲章』と『メルフィ憲章』の関係は、試案と決定案の関係に似ていた。決定案だからこそ「アウグストゥス憲章」と名づけたのかもしれない。だが、この名称一つ取っても、三十代に入ったばかりのフリードリッヒの心意気を示していた。

しかし、法による秩序の確立とそれによる平和の樹立を求めた想いはわかるが、その前提である平定に対しては、その重要性を認めていなかったのか。いや、それへの関心は、相当に早い時期から持っていたのである。

十四歳の年に自分で勝手に成人宣言をし、ではと法王が推めてくれた結婚もさっさとし、新妻が持参金代わりに持ってきた騎兵五百を率いて、南イタリアとシチリア島から成る「シチリア王国」の平定に乗り出していたからだ。それまでのシチリア王国は、フリードリッヒが孤児でしかも幼いのをよいことに封建諸侯たちは勝手に振舞い、事実上の無政府状態がつづいていたのである。それゆえ、成人して母方からの世襲権を完全に行使できるようになったフリードリッヒには、彼らを〝平定〟する大義名分を初めて持てたことになる。諸侯たちも、これ以後は勝手な振舞いは許さないと宣言した十四歳の王には従うしかなかった。封建社会の有力な構成員である彼らとて、社会での立場ならば王の部下ではあったのだから。

十七歳の年にドイツに発つ。アルプスの北側での〝平定〟には、八年を要した。神聖ローマ帝国の中核であるドイツでは「シチリア王国」とちがって、フリードリッヒは世襲権を行使できなかったからだ。祖父と父が皇帝であったことで、彼も皇帝への最短距離にいたことは確かである。それでもドイツでは、選帝侯たちが選出してくれないかぎり、皇帝への控えの間とも言えるドイツの王にもなれない。十七歳から二十五歳までのフリードリッヒは、そのドイツで、高位聖職者と世俗の諸侯から成る封建社会を調整し直すことぐらいしかできなかった。

だが、この現実に則した政略によって、ドイツの王と皇帝の座を確実にする。このドイツでの〝平定〟にとってのゴールが、ローマでの法王による戴冠式であった。だからこそ、これをも済ませるや早速、『カプア憲章』に着手したのである。「シチリア王国」では、彼自身の出自と地位を最大限に活用したのが、フリードリッヒにとっての〝平定〟であったのだから。

だが、フリードリッヒには、「ローマ帝国建国の父たち」が直面しないでも済んだ障害が存在したのである。

古代のローマは多神教の社会であったから、これ一つと決まった国家の宗教がない。ゆえに、それ専従の固定した聖職者階級がなかった。なにしろ宗教上の祭儀さえも、他の職業を持っている人のもちまわりで行っていて、ローマ人の正装であったトーガの端で頭部をおおうだけで祭儀を行うことができたのである。反対に中世は、東のイスラムでも西のキリスト教でも、一神教の世界である。一神教には教義がある。ゆえにその解釈をする人が必要になるので、それ専従の聖職者階級が生れる。「祈る人」と呼ばれた階級だが、この祈る人たちを組織化したのがカトリック教会であり、それを運営するのが法王庁であり、これらのすべての上に君臨するのがローマ法王なのである。つまり、「祈る人」も祈るだけでなく、強大な権力を持つ集団になっていたということであった。

しかも、中世では、この「祈る人」の集団は、彼ら以外の他の集団に対しても指針を与える権利を持つと考えられていた。法が人間が共生していく上でのルールであることには同意する、だがそれとても、キリスト教会の方針に基づいていなければならない、というわけである。

ローマの皇帝たちならば、人間社会を機能させるためのルールを作るのに、そこに住む人々の必要性だけを考慮すればよかった。だが、中世に生きるフリードリッヒは、それさえも、キリスト教会側の考えのすき間をかいくぐりながら進めねばならなかったのである。教会法にふれたとたんに、つまり法王庁の方針に反したとされたとたんに、異端と断じられる危険があったからで、異端とは中世では、反体制と断じられること同じだった。

ローマを見習った法治国家を建設しようとしているフリードリッヒの前に立ちふさがった試練のもう一つは、彼には、長年にわたって「パクス・ロマーナ」が存続しえた最大の要因であった「クレメンティア」、つまり寛容路線、を使えないことであった。

ローマ人は、戦争をすること自体は罪にはならない、と考えていた。だが、それが終わり講和を結んだ後に、そのときにした誓約を破って反旗をひるがえした場合は罪になる、と考えていたのだ。ローマ人が最も重視したモラルである、「フィディス」（信義）に反する行為だからであった。

こうなるとローマは、圧倒的な軍事力を投入しての鎮圧を躊躇《ちゅうちょ》しない。徹底的な壊滅が、一度は結んだ講和を反古《ほご》にして反ローマに起《た》った民族に待っていた運命だった。寛容路線も、圧倒的な軍事力を背にしていたからこそ、効果を発揮できたのである。

フリードリッヒは生涯を通じて、圧倒的なまでの強大な軍事力を持ったことがない。祖父の赤ひげ皇帝が十万の兵力を集めることができたのに対し、彼が使えた兵力は常に一万前後でしかなかった。

封建社会で兵力を持っているのは、この社会での「闘う人」である封建諸侯である。祖父のフリードリッヒ一世はこの封建諸侯を束ねることで満足していたから彼らから兵力を提供させることもできたのだが、孫のフリードリッヒ二世は、封建社会から法治国家に改革することに意欲を燃やしていた。それも、封建諸侯を法治国家の高級官僚に変えながら。

その彼が、世襲領土ゆえに兵力の徴集が容易なはずの南イタリアで兵士を集めるのに苦労し、結局はドイツから集めざるをえなくなったのも当然だ。彼が、兵士としてはイタリア人よりもドイツ人を信用していたのではない。「シチリア王国」では法治国家化がより進んでいたからである。反対にアルプスの北では封建制度がより濃く残っていたので、諸侯さえ同意してくれれば、兵は集められたのだ。

ちなみに、中世の一千年の間、「クレメンティア」(寛容)という言葉は死語になる。中世では皇帝も王も諸侯も、他を圧倒できるだけの軍事力を持った人はいなかったからである。その時代に生きながらフリードリッヒは、「パクス・フリデリチアーナ」(フリードリッヒによる平和)を実現しようとしていたのだ。しかもそれを一段と強力に押し進めると決めた一二三六年、彼はすでに四十一歳になっていた。「時間」は、その彼をいつもせき立てた。

「ロンバルディア同盟」

その年の夏、ローマ法王グレゴリウス、フランス王ルイ、イギリス王ヘンリーを始めとする西欧キリスト教世界の有力者全員は、ドイツから送られてきた皇帝フリードリッヒの、「ロンバルディア同盟」参加都市群への平定行を始めるという通告を受け取った。中でもとくにフランス王とイギリス王に対しては、書簡を送るだけではなく特使を派遣して、その理由を説明し了解をとることまでしている。

理由は明快で、イタリアからドイツへのアルプス越えのたびにロンバルディア同盟参加都市による妨害を受ける現状を放置しておくことは許されず、北部イタリアにあるこれらの都市は神聖ローマ帝国領である以上、この反抗行為をやめさせる権利は皇帝の自分にある、というものである。フランス王にとってもイギリス王にとっても自国内の反抗分子は共通の悩みであったから、彼らからの了解を取るのは容易だった。だが、ローマ法王グレゴリウスだけは別の見方をしていたのである。

ローマを中心にした中部イタリアは、後に詳述するある理由によって、ローマ法王の領土ということになっている。その領土の領主でもあるローマ法王にとっては、ドイツの神聖ローマ帝国領と南イタリアのシチリア王の領国によって北と南からはさみ討ちにされる状態は、あらゆる手段に訴えようと見たくない悪夢だった。

だが現状は、神聖ローマ帝国皇帝でありシチリア王でもあるフリードリッヒが、北も南も押さえている。そのフリードリッヒがアルプスを越えるたびにロンバルディア同盟から妨害を受けるという現在の状況は、法王にとってみれば不都合なことは少しもなかったのだ。それどころか、この状況のままで続くことのほうを望んでいたのである。

もちろんフリードリッヒも、ローマ法王の胸の内は知っている。それで法王の許《もと》にも特使を送ったのだが、その特使に与えられた任務は、仏王や英王へのような、理由を説明し了解を取ることではなかった。ロンバルディア同盟との対決が戦闘に訴えないでも解決できるための会議を、ローマ法王が召集してくれるよう求めたのである。要するに、潜在的には敵である人を、仲介役として舞台に登場させようとしたのだった。グレゴリウスは、これこそ平和を願うローマ法王の役目であるとしてその申し出を受ける。

受けたことは受けたが、法王の真意は平和的な解決にはない。皇帝の側は特使としてチュートン騎士団の団長ヘルマンとピエール・デッラ・ヴィーニャを送りこんでいるのに、ロンバルディア同盟側の代表は姿も見せない。法王も、彼らに早く来るよう催促もしなかった。こうして、外交による解決への最初の試みは、不発で終わったのである。

それでもフリードリッヒは、もう一度試みる。今度は皇帝である彼自らが、ピアチェンツァの会議を召集し、召集令はロンバルディア同盟参加の都市にも送られた。召集令を送ると同時に、一千騎を従えて彼自らアルプスを越えてイタリアに入る。それを知るや、妨害に出ていた人々はそれぞれの都市に逃げ帰った。それでいて、ピアチェンツァでの会議に代表を送ってきた都市は一つもなかったのである。

歴史上「ロンバルディア同盟」(Lega Lombarda)の名称で知られるこの同盟は、いつ、何が目的で結成されたのか。

この同盟に参加した「コムーネ」と呼ばれる自治都市は、どことどこであったのか。

なぜ、ヴェネツィア共和国は、都市国家であることでもミラノと同じ条件下にありながら、この同盟には参加しなかったのか。

中世も後期に突入したこの時代のイタリアを特色づけることになる「コムーネ」と呼ばれるこの現象は、なぜ、中伊や南伊では起らず、北伊、それもとくに北西部のイタリアで起ったのか。

なぜ、あの時代にイタリアで生れたこれらの自治都市《コムーネ》は、領土の広さからすれば神聖ローマ帝国のドイツはもとよりのこと、南伊とシチリアを合わせた「シチリア王国」にさえも比較できないくらいに狭い地域であったにかかわらず、連合を組んだにしろ正面切って、神聖ローマ帝国の皇帝にさえも反抗できるまでのパワーを持つことができたのか。

ミラノを中心にする北西イタリアは今でもロンバルディア地方と呼ばれているが、「ロンバルディア同盟」は一一六七年、ミラノの呼びかけで結成された。当時の神聖ローマ帝国皇帝のフリードリッヒ一世、歴史上では「バルバロッサ」(赤ひげ)の名で知られるこの皇帝が、法的には神聖ローマ帝国領になる北伊にも皇帝の支配権を確立する目的で軍勢を南下させてきたので、それをさせてはならじという想いで結成されたのである。

皇帝の直轄権が確立されると、「ポデスタ」(podesta)と呼ばれていた、行政と軍事と司法を担当する長官にも皇帝が派遣する人が就任し、税制も皇帝が決めるようになる。コムーネの住民は、そうなるのを嫌ったのだ。歴史研究者の中には、自由を求めたがゆえ、とする人が少なくない。だが、現代のわれわれが考える自由、行動や言論までの自由を制限できるほどの力は、当時では皇帝さえも持ってはいなかった。

ただし、司法も行政も経済政策も自分たちだけで決めたいという願望は、現代から見れば当然至極な願望である。それゆえ現代の歴史学者たちはイタリア語の「コムーネ」を「自治都市」と訳すのだが、内実となるとこうは簡単で理想的でもない。前述したロミオとジュリエットの悲劇そのままに、コムーネ内での勢力争いは熾烈を極め、勝った側が負けた側を殺すか追放するかで排除し、自分たちに好都合な人を長官に選び、税制も自分たちに有利なように決めるのが実情であったのだ。熾烈な争いも結着がつかない場合は、実際はこのような場合のほうが多かったのだが、都市を代表する公人である「ポデスタ」というのに、他の都市から人を招じ、その人に就任してもらったくらいであった。ミラノの長官に、ヴェネツィア市民が就任したりしている。

「自由を欲して」という心情は美しいが、その現実はこれであったのだ。熾烈きわまる内部抗争という犠牲は払っても自治は守りたい、というのが、コムーネと呼ばれる自治都市の実体であった。

この「コムーネ」が、皇帝と激突したのも当然だ。押さえつけようとする旧勢力と、押さえつけられまいとして起ち上った新興勢力の、激突でもあったのだから。だからこそ、二百年後にルネサンス時代を控える中世後期を特色づける歴史的現象になったのである。

軍を率いてアルプスを越えてきた赤ひげ皇帝とロンバルディア同盟の軍事衝突は、十年間終わらなかった。とはいえ、十年の間、間断なく闘っていたのではない。皇帝が南下してくるや戦闘が再開されるという感じで、数年ごとに闘っていたのである。初めのうちは皇帝側が優勢で、一度などはミラノが灰燼《かいじん》に帰したこともあった。だが、少しずつにしろ戦況はロンバルディア同盟側に有利に展開するように変わる。そして一一七六年、皇帝赤ひげは、「レニャーノの戦闘《バトル》」の名で有名な戦闘で、大敗北を喫してしまった。

このときになって、それまで中立を維持していたヴェネツィア共和国が乗り出してくる。そして、心中では皇帝の勝利を望まずコムーネ側を応援していたローマ法王アレクサンデル三世も引きこんで、ヴェネツィアで講和会議が開かれた。海の都ヴェネツィアに、ローマ法王、皇帝赤ひげ、そしてロンバルディア同盟の代表が集まったのだ。このときに成ったのは六年間の休戦だけだったが、六年後の一一八三年には講和も成立する。それが「コンスタンスの講和」と呼ばれているのは皇帝がそれに調印したドイツの町の名を取ったからだが、赤ひげというだけで知らない者もいないほどにイタリアでは有名になったこの皇帝も、当初の野望はくじかれたことになった。

では、「コンスタンスの講和」では、何が決まったのか。

神聖ローマ帝国皇帝フリードリッヒ一世は、ロンバルディア同盟の諸都市《コムーネ》を公的に認めた。神聖ローマ帝国領内ではあっても各コムーネ内部での経済、行政、司法の自治権を公認したのである。「ポデスタ」の任命権を放棄し、コムーネが他国に派遣する領事《コンスル》の人選権も、各コムーネにあると認めた。

その代わりコムーネ側も、法的には領有権を持つ皇帝への恭順は誓う。長官《ポデスタ》も領事《コンスル》も任期は一年なので、一年ごとに彼らは皇帝に忠誠を誓うわけだ。ただし、誓っただけではなく、これら自治都市の公務執行者たちは、外交や国外戦争のような重要事項については、皇帝に相談したうえで決める、と明記された。

これら以外にもコムーネ側は、一万五千リラの賠償金（これは一時金）と、毎年二千リラの年貢金を、大家に借家人が払う家賃という感じで皇帝に納金する。また、皇帝がアルプスを越えてイタリアに南下する際には、それに要する全費用を負担することも決まった。


「コンスタンスの講和」は、妥協の産物であった。皇帝は名を保ち、コムーネ側は実を取ったのである。だが、北部とはいえイタリア人との間で成った妥結を、ドイツ人が信じつづける、という具合にはならないのが、なぜか両民族の歴史なのである。それに、ドイツ男そのものの「赤ひげ」は「闘う人」の代表である皇帝であり、相手のイタリア男たちは、活潑な手工業者ではあっても中世では、「祈る人」や「闘う人」よりは一段低く見られていた「働く人」であった。その彼らに講和にまで持っていかれて、黙って引き下がる「赤ひげ」ではない。それに、まだ壮健な肉体を誇る五十八歳。この七年後には、第一次十字軍で取りもどした聖都イェルサレムをイスラムの名将サラディンに奪還され、それに怒って西欧全体が起ち上った第三次十字軍で、獅子心王リチャードよりも先にオリエントに向うことになる赤ひげである。近くまで進軍していながらつまらない事故で溺死してしまうが、サラディンと丁々発止と闘うことになる獅子心王に、強気でも劣る男ではなかった。皇帝を話し合いの場に引き出したことで勝った勝ったと喜んでいる、「コムーネ」の鼻を明かす策を考えたのである。

シチリア王国の王であるノルマン王朝のグイエルモ二世には、子がなかった。だが、後継ぎのないことが悩みのこの王には、結婚しないままに三十一歳になっていた伯母がいた。一方の赤ひげには、二十歳になるハインリッヒという後継者がいる。この二人を結婚させる、というのが赤ひげ皇帝の考えた策であった。こうなればハインリッヒは、皇帝の後継ぎであるとともにシチリア王になり、その後は、コスタンツァとハインリッヒとの間に生れた子に継承されていく。どうやら、ローマにいる法王にも北伊のコムーネにも気づかれないように極秘のうちに進められたらしいこの線で成された説得を、シチリア王のグイエルモ二世は承諾した。後継者のいないことが悩みであった彼にしてみれば、これで自分の後もシチリア王国の存続が保証されたことになったからであった。

一一八六年、「コンスタンスの講和」調印の三年後、いずれは神聖ローマ帝国皇帝になるハインリッヒと、シチリア王国の王位継承者のコスタンツァは、ミラノの主教会《カテドラル》で壮麗な結婚式を挙げた。赤ひげにすれば、法的にはあくまでも自国領であるミラノに対する権力の誇示でもあったのだが、それがわかっていながらミラノ市民は、皇帝の息子の結婚式を挙行したのだ。費用はすべてミラノが負担し、新郎新婦の一行がイタリア滞在中に要した費用は、ロンバルディア同盟が負担した。

この二人にはなかなか子が生れず、それでも優しく対してくれる夫にコスタンツァは申しわけない想いでいたのだが、結婚後八年して、ようやく男の子に恵まれる。その子が、この作品の主人公であるフリードリッヒ二世である。

だが、赤ひげの心配はやはり当っていたらしい。一一九〇年、オリエントに向う途中で赤ひげ皇帝が溺死したのを知るや、ロンバルディア同盟の諸都市は講和で定められていたことを反古《ほご》にし始めたのだ。赤ひげの後の皇帝位はハインリッヒが継いだが、その彼も七年後、三十二歳の若さで死ぬ。残されたのは、三歳のフリードリッヒ。そのうえ翌年には母まで失って、完全な孤児になる。このことは北伊のコムーネにとって、事実上の皇帝不在の時代が来たことを意味していた。

もちろんのこと、彼らが「コンスタンスの講和」を守りつづけるはずはない。こうして北部イタリアは、赤ひげが南下を決意する以前と同じ状態にもどってしまったのである。「ロンバルディア同盟」も、敵がいなくなった以上、自然な形で解散した。

それでもなお、皇帝という存在自体に対する反感は消えなかったのだ。解散から十五年が過ぎた一二一二年、十七歳になっていたフリードリッヒは初めてドイツに向う旅に出た。すでにシチリア王国の王ではあった彼だが、まだドイツの王でもなく、ましてや神聖ローマ帝国の皇帝への道は確かではなかった時期である。そして、南伊からドイツに向うにはアルプスを越えて行くしかなく、ジェノヴァで船を捨てた十七歳とそのわずかな数の随行者たちは、ジェノヴァからアルプスの入口であるヴェローナまでは、北西部イタリアをなめに突っ切って行くしかなかったのだ。

その一行を、ドイツに行かせまいとして追ってきたのが、ミラノ兵の一隊だ。このとき、フリードリッヒたちは馬もろとも川にとび込んで逃げる。「赤ひげ」時代から皇帝派でありつづけたクレモナの町に逃げこんで、ようやく難を免れることができたのだった。

解散状態にあるものの、「ロンバルディア同盟」のリーダーはミラノである。いまだ十七歳のフリードリッヒでも、赤ひげ、ハインリッヒ、と二代つづいて神聖ローマ帝国皇帝になったホーエンシュタウヘン一門に属す以上、皇帝への最短距離にある。老若にかかわらずこの一門の男たちにはイタリアとドイツの間は自由に行き来させせない。ミラノ人の胸の中に燃えつづけていたこの想いは、同盟が解散していた後でも消えていなかったのであった。

その「ロンバルディア同盟」が、解散から三十年が過ぎようとしていた一二二六年になって、再度結成されたのだ。今回もまたリーダー格はミラノで、目的も同じく反皇帝。フリードリッヒはこの六年前の一二二〇年、ローマで法王の手から帝冠を授けられるというセレモニーを経て、名実ともに神聖ローマ帝国皇帝に就任していた。

四十代の赤ひげ皇帝に抗してロンバルディア同盟を結成した北伊のコムーネが、その半ばの年頃でしかない皇帝の出現に、警戒を強めたことを示している。そのうえフリードリッヒ二世は祖父の一世とちがって、神聖ローマ帝国皇帝であるとともにシチリア王国の王でもあった。つまり、ドイツとイタリアの双方に領国を持っているということだ。コムーネが点在する北部イタリアは、南伊からドイツに向う道筋になる。地理上の理由だけでも、赤ひげよりは孫のフリードリッヒのほうに、北部イタリアを平定する大義も名分も強いことになった。

歴史上では、皇帝赤ひげに抗して結成されたときの同盟は第一次ロンバルディア同盟と呼ばれるが、その孫のフリードリッヒに抗して結成されたこれは、第二次ロンバルディア同盟と呼ばれることになる。そしてこの「第二次」には、二十五年間という存続期間も明記されていた。何やら中世のヨーロッパにも「人生五十年」という概念はあったのかと思うと笑ってしまうが、その年三十一歳であったフリードリッヒも、生きたとしても五十代半ばまで、と見積もられたのである。

しかし、期限が決まっていなかった「第一次」でも、期限が二十五年とされた「第二次」でも、北伊のコムーネが集まって結成された「ロンバルディア同盟」が、神聖ローマ帝国皇帝に抗する目的で結成されたことでは変わりはない。それゆえに、対皇帝への軍事行動のみにかぎった同盟、ということでも変わりはなかった。

そして、もう一つ、変わらなかったことがある。それは、第一次でも第二次でも、「ロンバルディア同盟」

の背後には常に、「ローマ法王」が控えていたことである。皇帝の力が強くなるのを一貫して嫌ってきたローマ法王だから当然でもあるのだが、それゆえにロンバルディア同盟と皇帝との対決は、ローマ法王と神聖ローマ帝国皇帝との対決になってしまうのだ。宗教が表面に出ていないこの場合でも、本質的には、「法王派」(グェルフィ)と「皇帝派」(ギベリン)の対決であるからだった。

「法王派《グェルフィ》」と「皇帝派《ギベリン》」

もしも南欧史という分野があるならば欠くことは許されない「ロンバルディア同盟」だが、この同盟に参加していた「コムーネ」(自治都市)を列挙せよ、という質問に確答するのはむずかしい。終始、確信犯的としてもよいくらいに同盟側にあった都市と、これまた確信犯的に皇帝派であった都市はあげることはできる。それはミラノとクレモナだが、この二都市は、手工業とはいえ製造業立国として、互いにライヴァル関係にあったのだった。

この二都市以外の都市は、当初は参加していたのに離脱したり、しばらくしてもどってきたりしていたので、確実な答えを与えることはできないのである。なぜなら、旗色を決めるのも、コムーネ内部での抗争に左右されないでは済まなかったからであった。

シェークスピアの『ロミオとジュリエット』も、原作になった年代記はこの時代を舞台にしている。舞台になったヴェローナも、ロンバルディア同盟に参加していた。そして、この時代のコムーネの例に忠実に、ヴェローナも内部は二分していたのだ。ロミオの属すモンタギュー家と、ジュリエットが生れたキャプレット家は仇敵の間柄にあるが、モンタギュー家が皇帝派を唱えるならば、キャプレット家は確実に法王派になる。

そして、モンタギュー家が内部抗争に勝てば、ヴェローナは同盟を離脱し、皇帝側に変わる。反対にキャプレット家が勝てば、同盟側に留まりつづける、という具合だ。また、皇帝の断固とした攻勢にさらされてコムーネ内部の人心が動揺し、それまでは優勢だった法王派に代わって皇帝派が多数派に変わる、という事態も珍しくなかった。これもまた、ロンバルディア同盟の参加都市の名と数が、始終変わっていた理由の一つでもある。

それでも、フリードリッヒに抗する目的で結成された第二次ロンバルディア同盟に参加したコムーネは、参加を表明した時点では次のようになった。

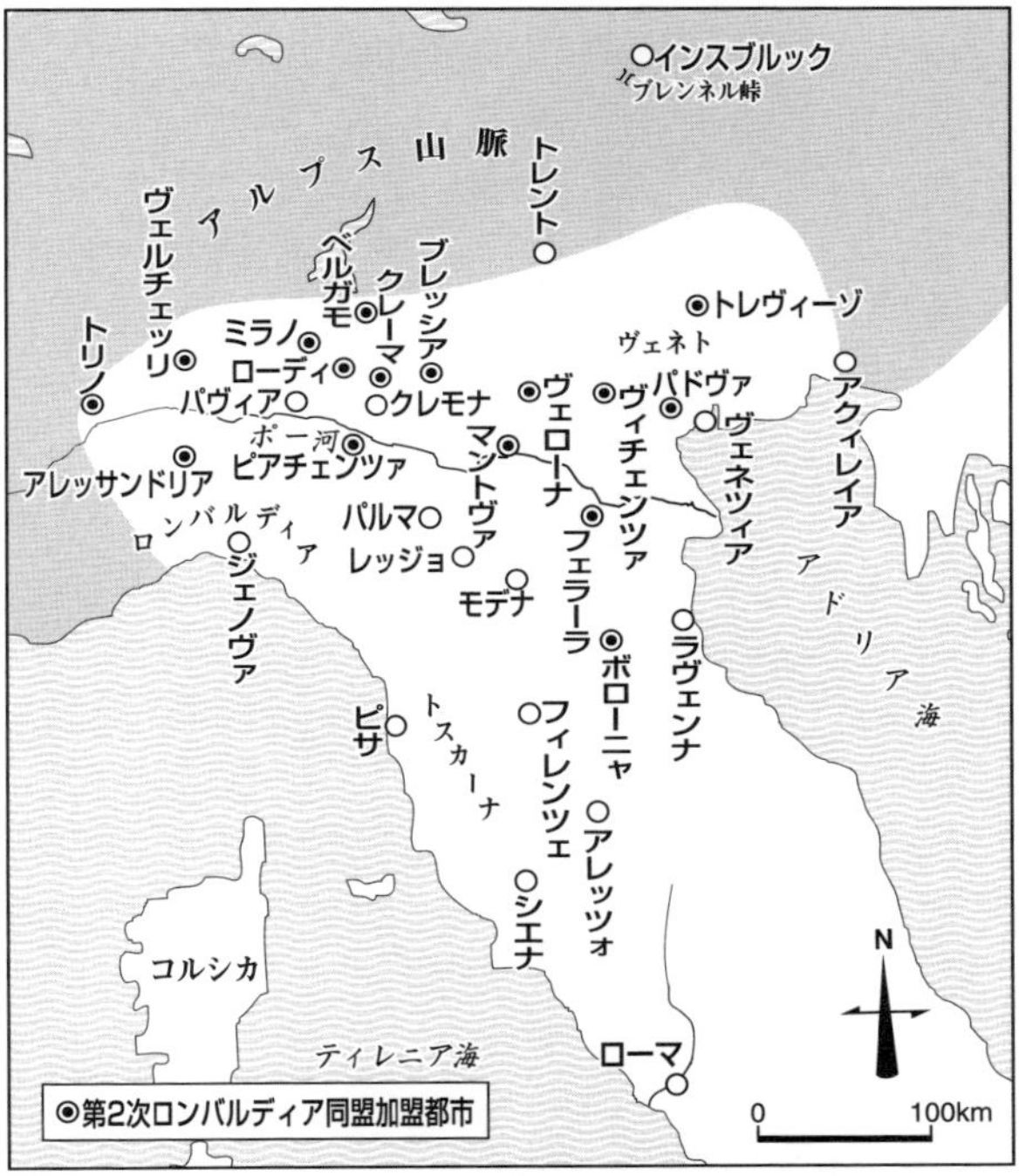

第２次ロンバルディア同盟に参加した北イタリアの諸都市

西から東に、トリノ、ヴェルチェッリ、ローディ、アレッサンドリア、ピアチェンツァ、ミラノ、クレーマ、ベルガモ、ブレッシア、マントヴァ、ヴェローナ、ヴィチェンツァ、パドヴァ、トレヴィーゾ。そして中部イタリアにまで近づけば、フェラーラ、ボローニャとなる。

一二二六年三月にミラノの呼びかけに応じて代表を送り、第二次ロンバルディア同盟に参加したコムーネは、この十六の自治都市であった。これ以外に北伊でそれなりの力を持っていたコムーネは、ジェノヴァとパヴィアとクレモナとヴェネツィアとピサ、の五都市である。この五都市すべてが、皇帝側に立っていたわけではない。皇帝派が明らかであったのはクレモナだけと言ってよく、他の四都市は、代表を送らなかった、というだけであった。

これではフリードリッヒが、イタリアとドイツとの間を往復するのに、常に苦労してきたのも当然だ。フリードリッヒの前に立ちふさがっていたのは、アルプス山脈だけではなかった。その南側を全線にわたって、ロンバルディア同盟というバリケードが立ちふさがっていたのである。

しかし、北イタリア全域は、西半分を占めるロンバルディア地方と東のヴェネト地方に二分される。ロンバルディア地方の中心都市がミラノであれば、ヴェネト地方で最も強力な都市はヴェネツィアだ。そのヴェネツィア共和国は、ロンバルディア同盟とは終始距離を置いていただけでなく、中立の立場を利用してコンスタンスの講和の仲介までしている。自治を旗印にかかげた都市国家であることでも、北イタリアに位置することでも他のコムーネと同じ条件にあったにかかわらず、なぜヴェネツィアだけは参加しなかったのか。

ヴェネツィア共和国

ヴェネツィア人は、北伊の他の都市のように、どこかの領主の土地を借りて自分たちの都市を作ったのではなかった。古代末期、それまでは人が住もうとさえもしなかった海の上に、ところどころ頭だけが出ている陸地を一つ一つつなげて行って出来たのが、ヴェネツィアという都市である。また、中世に入った九世紀にはそのヴェネツィアでもわが領土に加えようと、神聖ローマ帝国初代の皇帝であるシャルル・マーニュの息子ピピンが攻めてきたことがあったが、ヴェネツィアはそれを追い返すのに成功している。このヴェネツィアが、神聖ローマ帝国の領土に加えられたことは一度としてなかった。赤ひげも、その孫のフリードリッヒも、ヴェネツィアだけは他のコムーネとは同一視せず、神聖ローマ帝国外の独立国、として対している。そしてこれが、「ロンバルディア同盟」にヴェネツィア共和国が参加しなかった、理由の第一である。つまり、皇帝から口出しされる危険はないのだから、その皇帝に反抗する必要もないというわけだった。

理由の第二は、ヴェネツィア人独特としてもよい、国家、ないし住民共同体、への考え方にある。海の都であるヴェネツィアの「足」は、陸路を使える他の都市とはちがって「船」になる。その船内で争いが起きようものなら先に進むどころではなく、悪くすれば沈没してしまう。このヴェネツィアがいかに細心の注意を払って内部抗争が起きない社会づくりに努めたかは『海の都の物語』を読んでもらうしかないが、そのヴェネツィアが「中世のローマ」と呼ばれていたのは、国内一致に持っていく能力では優れていた古代のローマに比べられたからである。

海の上では、船長と船員たちの意見が常に一致するとはかぎらない。だが、船長も船員たちも航行の続行を最優先することになれば、歩み寄りも可能になる。ヴェネツィア共和国は、この考えで運営されてきたのである。ロミオとジュリエットの悲劇は、ヴェローナやミラノでならば起ったろう。だが、ヴェネツィアでは、起りようがなかった。なぜなら、共和国政府が、上層であろうと下層であろうと関係なく、ヴェネツィア共和国の市民たちの間が、仇敵関係になるのを許さなかったからだ。

こう考えるヴェネツィア人にしてみれば、同じ北イタリアに位置する他の自治都市《コムーネ》の内部争いからして、理解を越えていただろう。いや、心中では軽蔑していたかもしれない。内部抗争に費やされようとエネルギーはエネルギーだが、それではエネルギーの浪費になり、中世屈指のエコノミック・アニマルであるヴェネツィア人から見れば、経済的には何の利益も生まない子供じみた意地の張り合い、にすぎなかったのである。

とはいえ、皇帝とも同盟とも距離は置きながら、その置いた距離の保持には留意している。通商立国であったヴェネツィアにとって、皇帝派も法王派も買い手であると同時に売り手でもあった。「コンスタンスの講和」は、このヴェネツィア共和国の外交が成功した好例である。ヴェネツィアは、講和に持って行くための会議に場所を提供しただけではない。皇帝赤ひげとロンバルディア同盟の代表と法王アレクサンデル三世が一堂に会しての会議を終始リードしたのは、このヴェネツィアのスピリットを体現していた元首であったのだから。

しかし、ヴェネツィア共和国が「ロンバルディア同盟」に参加しなかったのはなぜか、はこれで説明できたとしても、「船」を「足」と考えてきたということでは同じのイタリアの海洋都市国家には、ヴェネツィアのライヴァルであったジェノヴァもある。それなのになぜジェノヴァは、初めのうちは皇帝側についていたのに同盟側に変わったのか、という疑問が残る。

それに対しては、船内での争いは絶対に許さない、とした生き方をDNAのようにしてしまったのがヴェネツィアで、そこまでは徹底しなかったのがジェノヴァであった、と答えるしかない。二百年後にコロンブスを出したからというだけでなく、ジェノヴァの男たちの船乗りとしての能力は、中世の地中海世界では群を抜いていた。だが、彼らの祖国ジェノヴァときたら内部抗争の連続で、有力な四つの家系が常に二派に分れて争っていた。ドーリアとスピノラ、フィエスキとグリマルディである。

内部抗争でドーリア家とスピノラ家の連合が勝てば、フィエスキ家とグリマルディ家はジェノヴァから追放される。だが、追放された側も勢力ならば伯仲しているので、もちろんのこと政権奪還を策す。ただしその「策」というのがジェノヴァ人になると、祖国とは目と鼻の先に位置するモナコを基地にして、ジェノヴァ船でも敵側の船と見るや襲いかかり荷を奪い船員は奴隷に売るというやり方になる。こうしてフィエスキ・グリマルディ連合が政権奪還を果すやドーリアとスピノラ一門が国外追放になり、これだけは仇敵と同じやり方で同国人の船を攻撃する。このやり方での政権奪還をくり返してきたのが、海洋都市国家ジェノヴァの歴史であった。だから、皇帝フリードリッヒとの関係も、フリードリッヒの方針への賛否というよりも、ジェノヴァ国内では二派のうちのどちらが政権を取っていたか、のほうにかかっていたのである。ちなみに、ドーリア一門は皇帝に親近感を持っていたが、フィエスキ一門の男たちには皇帝に反感をいだいていた者が多かった。これが、ジェノヴァである。ヴェネツィアでは絶対に起りえないロミオとジュリエットの悲劇も、ジェノヴァならば起りえたのであった。その辺の事情は、ヴェルディ作のオペラ『シモン・ボッカネグラ』を観ればわかる。

このように、北部イタリアに位置する自治都市という条件では同じでも、その内実となると種々様々であったのだ。

しかし、活用されたか浪費に終わったかは別にしても、エネルギーならば満ちあふれていたことは確かである。それほどのエネルギーを内包する現象が、なぜ北イタリアでは起り、中伊や南伊では起らなかったのか。北イタリアに住む人々のほうが働き者であり、南イタリアには怠け者しか住んでいなかったのか。

働き者か怠け者かのちがいは、十三世紀というこの時代ではまったく関係なかった。関係していたのは、住んでいたのが国として機能していた地域か、それとも機能していなかった地域か、のちがいだけである。

まず、中西部イタリアは教会領ということになっていたので、善政か悪政かは別にして、ローマ法王の統治下でまとまっていた。

南イタリアとシチリアだが、この地方は古代のローマ帝国滅亡後にはビザンチン帝国領になる。その後、ビザンチンに攻め勝ったイスラム教徒のアラブ人が支配する時代が、二百年の間つづいた。そのアラブ人を征服して支配者になったのが、北部フランスから流れてきたノルマン人である。この人々によるノルマン王朝も、フリードリッヒの母を最後にするまで、ほぼ二百年間統治したのだ。しかも、アラブ人もノルマン人も、被征服者たちを追放するか殺すかして、自分たちの支配を確立したのではない。被征服者に征服者のほうが同化する形で支配権の確立に成功し、それゆえに二百年もつづいたのである。フリードリッヒが王になった「シチリア王国」、つまりシチリア島と南イタリアを合体した南伊全体は、このように、権力の空白時代を経過しないで中世も後半に入った、という歴史を持っていた。

一方、北イタリアは、ローマ帝国の滅亡以後は長く、侵略してきた蛮族に支配される時代がつづく。それも北伊全域への支配権を確立するまでの力を持った蛮族は存在しなかったので、事実上の権力の空白状態は長きにわたってつづいたのだった。

この空白状態の中で、コムーネは生れたのである。税金だって、いくら払うかを決める人がいない状態が長くつづけば、いくら払うかは自分たちで決めよう、という気持になるだろう。彼らが働き者になるのは、この後に生れた結果である。当初は、決める人がいない以上は自分たちで決めよう、と思った人が集まって、「コムーネ」と呼ばれる自治都市が、まるで雨後の筍のごとく北イタリアに生れていったのであった。

「コムーネ」(Comune)というイタリア語自体、「共生」を意味する言葉だが、古代には存在しなかった中世の造語である。つまり、純粋に中世的な現象であったということで、機能する「国家」(Res publica)には欠くことのできない権力が空白であった状況下で生れた、「住民共同体」(Res publica)であったのだった。同時代でありながら、また地理的にも近くであったにかかわらず、「コムーネ」はフランスでは生れていない。この時代のフランスは封建社会であり、封建諸侯たちとそれを束ねる形の王がいて、しかもこの状態で一応にしろ安定していた。権力の空白状況下にないこのフランスに、自治都市は生れようがなかったのである。

それにしても、支配下に置く地域ならば猫のひたい程度しか持っていなかったにかかわらず、これら北イタリアのコムーネ(自治都市)は、たとえ他の同類との間で同盟を組んだにしろ、なぜ広大な領土を持つ皇帝に反抗できるまでのパワーを持つことができたのか。

中世も、西暦一千年を過ぎて後期に入ってくると、人口が増えてくる。天候の温暖化によるとか、農耕技術の向上によるとか説はさまざまだが、要するに、以前のように簡単に人が死ななくなったのである。「神がそれを望んでおられる！」のスローガンの下《もと》、ヨーロッパから大挙して中近東に侵攻した十字軍は西暦一〇九五年から始まるが、これもヨーロッパの人口増がなければ起っていなかった、と思うくらいである。

なにしろ十字軍運動は、この後も二百年はつづくのだから。

しかし、増える一方の人口を、農業地帯だけでは吸収できない。十字軍でも、聖地に巡礼したことで満足して再びヨーロッパに帰ってくる人のほうが多かった以上、吸収できないことでは同じだった。ならば、どこで吸収していたのか。それも、一時的ではなく長期にわたって。

「コムーネ」（自治都市）のパワー

『ローマ亡き後の地中海世界』を書いていた当時に集めた史料の中に、現代ではモロッコ、アルジェリア、チュニジア、リビアと分れている北アフリカのイスラム世界と、当時では地中海をはさんでこの北アフリカと対していたキリスト教世界の国々、それもとくにイタリアの海洋都市国家のジェノヴァ、ピサ、ヴェネツィアが、何を輸入し何を輸出していたかについての研究書があった。

それによれば、北アフリカがイタリアの海洋都市国家に輸出していたのは、サハラの砂漠を越えて運ばれてくる黄金とアフリカ産の大理石という、天然資源である。一方、イタリアの海洋都市国家の船に積まれて北アフリカに輸出されていたのは、手工業水準とはいえ工業製品。つまり、北アフリカは、原材料を輸出して加工製品を輸入していたのである。

『ローマ亡き後の地中海世界』の主題は、パクス・ロマーナが崩壊した後に地中海の主人公になる海賊と海軍と交易商人を書くことにあった。それゆえ、北アフリカの輸出品が天然資源であるのが判明すれば、それでは余剰人口は吸収できず、職に就けない人々は海賊をつづけるしかなかった、という結論に達して終わりにできる。だが、これと同じ考察をイタリアにまで広げるとすれば、今、これを書いているテーマにも関係してくるのである。

イタリアの海洋都市国家は、アマルフィもピサもジェノヴァもヴェネツィアも、自分のところで製造した品を輸出していたのではない。しばらくするとヴェネツィアだけは製造業国家に変身していくが、十三世紀のこの時期にはヴェネツィアも、他の海洋都市国家と同じに交易を主とする国家であったのだ。ヴェネツィアも、ジェノヴァも、ピサも、近隣のコムーネから製品を購入し、それを中近東や北アフリカのイスラム世界に持って行って売り、得た稼ぎで香味料やその他のオリエントの物産を買い求め、それをヨーロッパに運んできて売るのが、これら交易立国であったのだった。

それゆえに彼らは、製造過程での人口の吸収には、この時代にはまだ直接には貢献していない。だが、手工業にエネルギーを集中しているクレモナやミラノやフィレンツェが人口を吸収していくのを、これらの都市の製品を買うことで貢献していたのである。

また、別の方面では、貢献していた、と言えないこともなかった。なぜならこれら海洋都市国家の船は、船長から漕《こ》ぎ手に至るまで、給料を保証した人々で固めていたのだから。一方、イスラム教徒の海賊船では、最も多い数を必要とする漕ぎ手には、拉致してきて奴隷にしたキリスト教徒を使うのが常だった。これ一つ見ても、中世も後期に入っていたこの時代、イスラム世界よりもキリスト教世界、それもとくに北部イタリアに、簡単に死ななくなったために増える一方の人口を吸収できる、社会が成立しつつあったことを示している。

だが、これだけならば、赤ひげ皇帝に抗した当時の第一次ロンバルディア同盟のパワーの解明には役立つが、フリードリッヒが直面した第二次ロンバルディア同盟のパワーまでは解明できない。なぜなら、第二次の同盟が結成された一二二六年という時期、同盟側、それもとくにリーダー役のミラノを強気にさせることになる、二つのことが重なるように起きていたからである。

第一は、南仏から北伊への多量の難民の、しかも自ら生産する技能を持った中産階級の移入。

一二〇八年にときのローマ法王インノケンティウス三世の提唱で始まった「アルビジョア十字軍」、異教徒相手ではなく異端とされたキリスト教徒を相手にした戦争も、結局は北部フランスと南部フランスとの闘いに変わった結果、ようやく終わりに近づいていた。完全な終末は一二三四年にフランス王ルイ九世と南仏最大の有力者のプロヴァンス伯の娘マルグリットが結婚したことで迎えることになるのだが、北仏が南仏を飲みこむ形で終わったことは、この結婚でも示されている。それで、飲みこまれるのを嫌った南仏人が、北伊に多量に流れてきたのだった。

この時期のミラノは、市街を守る防壁を、二倍の地域を守れるまでに広げている。自然増だけで、こうも急激に人口が増えるはずはない。中世という時代を通じて、北伊と南伊よりも、北伊と南仏のほうが、距離的にも近く他の多くの面でも共通するものを持っていたのである。南仏人にとっての避難先が、北西部イタリアになるのは自然の勢いであったのだ。

ミラノ市街図

この時期に集中した南仏から北伊への難民流入は、ミラノを始めとする北西部イタリアのコムーネの人口を急増させることになる。しかし、難民とは、受け容れ先が彼らを活用できない場合、受け容れ先のお荷物になり、社会不安の原因にさえもなりかねない。ところが当時の北西部イタリアのコムーネには、難民たちを活用する体制があった。これらの自治都市は、製造立国であったのだ。それで、逃げてきた難民に職を与えることができたのである。こうなれば難民も、定住するようになる。これが、ミラノを始めとする北伊のコムーネが強大化した、要因の最たるものであった。

この時代、ヨーロッパ最大の都市はパリだった。フランスの王たちがパリを定住の地にするようになって、人口も増えたのである。古代のローマは二百万近い人口の都市だったが、中世では百万規模の大都市は存在しない。その時代、最大の人口を誇っていたのが、十二万の人口をもつパリであったのだ。このパリに次ぐのが、フリードリッヒと対決しようとしていた時代のミラノである。そのミラノの人口は、八万から九万。ヴェネツィアが七万前後。ジェノヴァはこの半分。新興の意気に燃えていたフィレンツェでも六万を越えず、キリスト教会の本山があるローマの人口は三万でしかない。この、古代には「世界の首都」と言われたローマでは、古代には十一本あった水道も、一本だけ修復すれば充分という人口しか持っていなかったのである。

この時代に八万を越える人口をかかえ、しかもこの人々は自ら生産する中産階級に属していたから生産性も高く、ということは豊かであったということでもある。そのうえ人間には、自分たちに安住と職を保証してくれる国に対しては愛国心を持つという面もある。攻めて来られたら、持ち慣れない武器を手にしてでも守るという気概だ。こう思う人々が拡大した城壁の内側にまとまって住んでいたのが、ミラノを始めとする北西部のコムーネであった。この人々が、フリードリッヒの敵になるのである。

アッシジのフランチェスコ

北伊のコムーネの力を強くした要因の第二には、宗教をあげねばならない。この面での〝張本人〟は、アッシジのフランチェスコである。この修道僧は、一一八二年に生れ、一二二六年、第二次ロンバルディア同盟結成の年に死んでいる。だが、生前から彼の教えに共鳴する人は多く、それもとくに北伊のコムーネの住民の間に広く浸透していた。

アッシジに生れフランチェスコ宗派を創設したこの人を私はルネサンスの第一走者と見ているが、それは何も、この人の宗教者としての活動だけによるのではない。たしかに彼が説いたことは、当時のキリスト教では革命的だった。法王を始めとする聖職者たちの豪華絢爛に抗して清貧であることの尊さを説き、キリスト教の神は、これまでに言われてきたような厳しく罰を与える神ではなく、優しく包みこむ愛の神であると説いたのは彼である。また、古代では業病ではあっても病気の一つとしか思われていなかったライ病も、中世では神に呪われた証《あかし》とされ、ライ病患者とは神に呪われた人、とされていたのを改めたのも彼だった。これら哀れな人々は、防壁で守られている町から追い出されて生きていくしかなく、そのうえ歩くときも人々が気づいて離れられるように、鈴を鳴らすことを義務づけられていたのである。中世キリスト教会はこの人々を、神に呪われた者ゆえ当然と、この状態のまま放置しつづけたのだった。

フランチェスコと彼に共鳴する若者たちがまずしたことは、自分たちの手でこの人々の身体を洗い、彼らが安眠できるように市外の洞穴を整備し、そして食を与えつづけたことである。

これらの慈善事業への積極的な関与だけでも、フランチェスコの考えは、彼が生きていた中世という時代を越えていた。しかし、宗教学者たちは言及しないが、アッシジ生れのイタリアの若者は、より革命的なことも成し遂げていたのである。

それは、イタリア語では「テルツァ・オルディネ」(terza ordine) と呼ばれる、「第三階級」の組織化である。

何度もくり返すようだが、中世社会は三分されていた。「祈る人」と「闘う人」と「働く人」である。「働く人」は、「祈る人」には十分の一税を、「闘う人」には彼らが決める額の税を払っていた。聖職者階級である「祈る人」には、生きている間と死後の心の平安を祈ってもらうため、「闘う人」には、生きている間の身の安全を保証してもらうため、に税金を払っていたのである。だが、この種のカネの流れは、社会の中の地位の上下とは逆になるのは常だ。つまり、「働く人」の社会における地位は、中世社会では、「祈る人」や「闘う人」に次ぐ、第三の階級になるしかなかった。

しかし、フランチェスコは商人の息子として生れ育つ。商人として成功した父親はアッシジの有力者ではあったが、「働く人」の一人であることでは変わりはない。と言ってフランチェスコは、中世の既成階級である「祈る人」や「闘う人」を全廃せよ、と説くたぐいの革命家ではなかった。「神のものは神に、皇帝のものは皇帝に」と言ったイエス・キリストの教えの現実主義に、彼も賛成であったのかもしれない。

このフランチェスコが実行した「革命」とは、「働く人」たちからこれまで彼らが持っていた劣等意識を取り払ってやったことである。彼は言う。

わたしは、修道僧になる道を選んだ。だから、一生を不幸な人々の救済に捧げる。このわたしに賛同してくれる同志たちも、わたしと同じ人生を送ることになるだろう。

だが、修道僧ばかりになったのでは、社会は存続していけない。それに、われわれが行う慈善事業にもカネはいる。だから、わたしの考えには同意でも修道僧になるのには抵抗感があると思っている人たちは、堂々と俗人の生活をつづけてよいのだ。

この人々を、「第三階級《テルツァ・オルディネ》」と名づけよう。世の中には貧しく不幸な人々がいるということを常に忘れず、その人々の救済のためには精神的にも物質的にも援助を惜しまないが、常日頃は利潤の追求を目指した工業や商業に専念する生活を送る人々をまとめた組織、とでもいう意味だ。そして、得た利潤の一部をわれわれの修道会に寄附してくれれば信者の義務も果せる。また、時間ができたときでよいから近くの僧院へ行き、一週間ぐらいは修道僧と生活をともにするならば、「第三階級」の一員としては言うことはない。

このフランチェスコの教えが、またたくまに北伊と中伊のコムーネに広まったということでは、歴史研究者たちも一致している。心臆《こころおく》することなく金もうけに専念してよいのだ、と言われて、イタリアの「働く人」たちは安堵しただけでなく、勇気づいたにちがいない。資本主義は十六世紀のプロテスタンティズムから始まった、とするマックス・ウェーバーを待たなくても、資本主義は十三世紀の聖フランチェスコから始まった、と言いたいくらいである。

それにしても、と考えてしまう。フリードリッヒはフランチェスコより十二歳年下だったから、同時代人である。それにフリードリッヒも、『メルフィ憲章』で定めたように、自国である「シチリア王国」の地方議会には、聖職者と封建諸侯に加えて市民の代表も召集している。つまり、「働く人」の重要性には彼も目覚めていたということだ。にもかかわらず、コムーネという「働く人」の共同体を敵にまわすに際して、その困難さを完璧に理解していたかと言えばそうではなかった。なぜだろう。

フランチェスコもフリードリッヒも、この二百年後からは華麗な花を咲かせることになるルネサンスの先駆者になる。二人とも、既成の概念にとらわれず、開明的であったことでも似ていた。しかし、ちがいはやはりあったのだ。そのちがいの要因は、フランチェスコが商人の息子として生れたのに対し、フリードリッヒは、皇帝の息子として生れたことにあったのではないか。今風に言えば、フランチェスコは商人のDNAを継いでいたのに対し、フリードリッヒは皇帝のDNAを継いでいた、というわけである。

しかし、彼ら二人が生きていた十三世紀のイタリアで台頭しつつあった新興の勢力は、「祈る人」や「闘う人」ではなく、「働く人」になるのである。百年後に訪れるルネサンス前期には、「市民」と呼ばれることになる人々であった。

このように考察を進めてくると、もう一つの疑問にぶつからざるをえなくなる。それは、合理的でないと成功しない経済の世界で成功しつつあった北伊のコムーネなのに、なぜ、合理的でないばかりか旧勢力の最たる存在でさえあったローマ法王と、共同戦線を張ることができたのか。なぜ、旧勢力ではあっても合理的で開明的な、皇帝フリードリッヒとは激突してしまったのか。

「ロンバルディア人」(Lombardi)と総称される北西部イタリアに住む人々が、信仰心の浅いキリスト教徒であったのではまったくない。それどころか他地方のイタリア人よりはよほど純粋な信仰を持っていると自負しており、第一次十字軍によって聖都イェルサレムがキリスト教徒のものになった直後の一一〇一年、彼らだけで結成した十字軍をオリエントに送り出している。遠征は散々な結果で終わったのだが、北伊の人々には十字軍に参戦したことだけでも誇りとして残ったのだろう。ジュゼッペ・ヴェルディに、『第一次十字軍のロンバルディア人』（I Lombardi alla prima crociata）という名のオペラがある。

この一事でも示されるように、他の面では新興の意気に満ちていたにかかわらず、宗教面となると彼らは、既成の概念にどっぷりとつかり、それに疑いさえも抱いていなかった。つまり、異教徒イスラムは敵である、という考えから脱け出せなかった人々であったのだ。

同じ北イタリアに住み、同じく自治都市の住民でありながら、ヴェネツィアもジェノヴァもピサも、ロンバルディア同盟には参加せず、関係を持ったとしても微温的なもので終始する。それは、これら海洋都市国家がイスラム世界との交易で生きていたのに対し、交易立国ではない内陸部のミラノを始めとする自治都市《コムーネ》は、異教徒と接触する必要が少なかったからではないかと思う。自分たちが製造した品の買い手がイスラム教徒であっても、実際にそれを売るのは同じキリスト教徒の海洋都市国家であって、自分たちではなかったのだから。

これらロンバルディア人は、聖フランチェスコの教えに深く傾倒していた。このフランチェスコは第五次十字軍に同行したものの戦場には出ず、無防備で敵方のスルタンのアル・カミールを訪ねる。そして、スルタンさえキリスト教に改宗すれば、イスラムとキリスト教の間でも平和は実現すると説いたのだが、この平和外交は失敗した。イスラム教徒に改宗を勧めるだけでも彼らの世界では死罪と決まっていたから、その場で殺されても文句は言えなかったのだ。だが、アル・カミールは笑って放免してくれたので、中世では最も愛されたこの聖人はオリエントの地で死なずにすんだのである。しかし、失敗は失敗だった。そしてこのことを、誰よりもフランチェスコが知っていた。アッシジの聖者は、その後二度と、丸腰外交は試みようとしなかった。

反対に、ロンバルディア人が憎悪するフリードリッヒのほうは、平和を目的にした外交はしても、丸腰ではしなかった。彼も第六次十字軍を率いて中近東に向ったのだが、軍事力はわきに置いての外交だけの解決を期す。もちろん、イスラム教徒であるスルタンに、キリスト教への改宗を推めるなどということはしていない。相手が信ずる宗教を尊重する配慮が効いたのか、フリードリッヒはアル・カミールから、キリスト教徒にとっては悲願であったイェルサレムの譲渡を獲《か》ち取ったのである。

とはいえ、異教徒と交渉することによって目的を達するやり方自体に反対であったのが、ローマ法王のグレゴリウスだ。この法王は、フリードリッヒがオリエントに行っていて不在であるのをよいことに、彼の領国である南イタリアへの侵攻を呼びかける。この呼びかけに応じたのが、「ロンバルディア同盟」参加のコムーネであった。ただし、彼らが南下する前にフリードリッヒの帰国のほうが先に実現してしまったので、フリードリッヒとロンバルディア同盟の戦闘は、一二三〇年であるその年には起らなかっただけである。

しかし、この一事は、聖職者と経済人という共闘は不可能に見える間柄でも、経済人がロンバルディア人になれば、可能であったことを示している。十字軍遠征の最たる目的は、キリスト教徒にとってはこれ以上はないほどに聖なる地である、イェルサレムを取りもどすことにあった。だが、この目的には達することができても、それが異教徒との話し合いによるのでは許せない、とする点では、ローマ法王もロンバルディア人も同じ考えであったのだ。合理的な人ならばすべての分野で合理的に考える、とはかぎらないのである。

第一次ロンバルディア戦役

一二三六年八月、四十一歳になっていたフリードリッヒは、一千騎を従えてアルプスを越えた。一千の騎兵と言っても補助役の歩兵や馬丁を加えれば三千を越えるが、主戦力はあくまでも一千である。ロンバルディア同盟相手の戦役には一万五千の兵力を準備中のフリードリッヒだったが、この時期にはまだ一千騎しか手許にはなかった。

それでも頭から足の先まで鋼鉄製の甲冑で固めた一千騎は、現代ならば戦車百台を前にするに似た威圧感を与える。アルプスを越えさせないと張っていた同盟軍を、彼らの町に逃げ帰らせる効果はあった。一千騎を見たとたんに、ヴェローナは皇帝側に鞍替えする。

だが、フリードリッヒは、ロンバルディア問題の解決に軍事力を使うと決めた後も、外交で解決にもっていく道は閉ざしてはいない。とはいえ、ローマ法王グレゴリウスの真意は、皇帝の勝利にはない。それでもフリードリッヒは、軍事と外交の二面作戦はつづける気でいた。同盟側との仲介を法王に依頼するという名目で、裏にいて糸を引くグレゴリウスを表舞台に引き出そうとしたのである。

しかし、南イタリアに住む人々がフリードリッヒにつけた綽名《あだな》は「ファルコ」（鷹《たか》）であったが、ローマの庶民が法王グレゴリウスにつけた綽名は「グフォ」（ふくろう）である。

鷹は、比喩的には、頭が切れ活動的で欲望が大であるのを意味する。一方のふくろうは、これまた比喩的には、人間の悪い面にしか眼が行かず、ゆえに常に悪口を言う人交《づ》き合《あ》いの悪い人で、無愛想で陰気な人を意味する。綽名は、庶民の批判でもあるのだ。

そのふくろうが相手では、フリードリッヒも交渉役には手持ちのうちの最良のカードを投入するしかなかった。首席格は、チュートン騎士団の団長ヘルマン。これまでにも外交官として、と言うよりフリードリッヒの外務大臣としてすこぶる有能であることを示してきたこのドイツ人は、三大宗教騎士団の一つであるチュートン騎士団の団長という立場から、建前上は法王側《サイド》の人間になる。聖堂《テンプル》騎士団も病院《ホスピタル》騎士団もチュートン騎士団も、これらのような戦士集団ではない他の多くの修道院と同じに、ローマ法王の直轄下にあったからである。つまり、チュートン騎士団の団長ヘルマンにとっての直接の上司は、皇帝フリードリッヒではなく、法王グレゴリウスになるのだった。

いかに信頼していようとこのような立場にある人を交渉役として活用したのは、「フリードリッヒにとっての外交」の主力が、ローマ法王相手にならざるをえなかったからである。イスラム教徒のスルタンが相手ならば、フリードリッヒは自分でやれた。だが、ローマ法王が相手の外交には、本来ならば法王側の人間、である人を使ったのである。

このヘルマンの次席という感じでローマに送られたのは、ピエール・デッラ・ヴィーニャとタッデオ・ダ・セッサの二人。南伊出身のイタリア人で、年齢もフリードリッヒとは同年代。この二人はフリードリッヒが登用した人材だから、法王側の人間ではなかった。この三人が束になってかかっても、「ふくろう」はなかなかに手強い相手であったのだ。

ロンバルディア同盟との対決解消の条件、フリードリッヒ側の出した条件は、同盟参加のコムーネは皇帝の統治権を認める、としたことにつきる。ならば「ポデスタ」を任命することでの政治面での支配に限るように見えるが、統治には経済政策もふくまれる。要するに、皇帝の任命する行政長官を受け容れ、皇帝が決める率の税金を払えということだが、これがロンバルディア人には絶対に受け容れられないことなのであった。

政党「北部同盟」のシンボルマーク

ちなみに、現代イタリアには、「北部同盟」（Lega Nord）という名の政党がある。この政党のシンボル・マークは、八百年昔の「ロンバルディア同盟」を思い起させるかのように、皇帝軍に向って剣を突きあげるコムーネの兵士の姿になっている。そして、ヴェネツィア共和国が過去の話になってしまった現代では、北伊全域を地盤にできるようになった「北部同盟」が旗印にかかげているのが、第一に地方分権であり、第二は、北伊で徴収される税金はローマの中央政府に渡さず、北伊だけで使われるべき、になる。だが、これを強く主張したことで、北イタリアに住む人々の票を、二十一世紀の今なお獲得しているのも事実なのであった。歴史は、そのままの形ではくり返さない。しかし、ある事象に対する人間の感情ならば、くり返すのである。

これを見てもわかるように、首長の選出権と経済政策の自決権は、古今東西の別なく、地方分権主義の要《かなめ》であった。しかし、八百年昔の人であったフリードリッヒは、南伊では問題なく進行中の君主の許《もと》での中央集権国家の確立を、北伊でも現実化しようとしていたのである。その彼に、八百年後に生きるわれわれと同じ、地方分権への認識を求めることはできない。要するにフリードリッヒの頭には、ロンバルディア同盟が要求する地方分権などは入る余地はなかったのだ。北伊のコムーネがそれを獲得した「コンスタンスの講和」は、祖父の赤ひげ皇帝がレニャーノの戦闘で敗北したからやむをえず認めたこと、であると思っていたのである。

ローマ法王グレゴリウスも、頭の中に地方分権などは入ってこないことでは、皇帝と同じだった。ほんとうのところは法王にとって、同盟が要求する地方分権などはどうでもよいことだった。法王の関心事はただ一つ、コムーネと皇帝の対立が解消されないままの状態で今後もつづくこと、のほうであったのだから。対立が解消されれば、法王の領土とされているローマを中心にした中部イタリアは、南伊に加えて北伊までも支配下に置くようになった皇帝にはさみ討ちになる。それが解消されないままでつづけば、南伊とドイツとの間の往来も容易でなくなる以上、これまでの巧みな政治外交によって上昇する一方であったフリードリッヒの「パワー」を、大幅に減ずることにもつながる。

これが、皇帝と法王の間の交渉を一貫して流れていた本音である以上、交渉役に最良のカードを投入していながら決着に持っていけなかったのも当然であった。

ついに、フリードリッヒは、軍事力の行使に舵を切る。アルプスを越えてイタリアに入ってきた直後に入城したヴェローナにも、長居はしなかった。「ロンバルディア同盟」に参加しているコムーネの一つ一つの制覇に、明確な的を定めたのである。ヴェローナを出た後は、マントヴァへと軍を進める。その彼に、あらかじめ召集をかけておいた兵士たちが、ドイツからも南イタリアからも追いつき始めていた。

それでもフリードリッヒの視線は、眼の前の北イタリアだけでなく、ローマにも向けられていたのである。

本質的には武人ではなく政治家であった彼は、可能ならば常に、武力による解決よりも話し合いによる解決を選んだ、とは、彼を専門に研究する学者たちの大半の意見である。

十月、しばらくの軍事デモンストレーションを展開した後で、フリードリッヒはクレモナに入った。北伊のコムーネではあっても常に皇帝に忠実なこのクレモナに腰を落ちつけて、ローマで進行中の外交戦の成果を待つつもりでいたのである。

しかし、外交とは軍事を使わないで進める戦闘《バトル》だが、それが成功するには相手側に、価値観を共有する人を得た場合にかぎられるという欠点をもつ。イスラム教徒のスルタンとはそれを共有できたフリードリッヒだが、キリスト教徒のローマ法王とはむずかしいのだった。ゆえに交渉役の三人の功績は、それまでは二枚舌で来た法王の化けの皮をはぎ、法王グレゴリウスに正直な想いを吐かせたことに留まる。「ふくろう」は、ついに言ったのだ。それほどもロンバルディア同盟との問題を解決したければ、皇帝自らローマに来て、法王の足許にひれ伏して乞い願ったらよかろう、と。

ヘルマンからの報告でそれを知ったフリードリッヒは、十月三十日、騎兵だけを率いてクレモナを後にした。その皇帝を待っていたのが、この時期からフリードリッヒの副将のような存在になる、エッツェリーノ・ダ・ロマーノである。フリードリッヒとは同年輩だが、ローマ教会そのものへの嫌悪を隠さず、戦闘には慈悲は無用と高言する武将でもあった。

十月三十一日、百二十キロを一気に駆け抜けて、エッツェリーノと合流する。四十一歳のフリードリッヒが馬を降りたのは簡単な食事を口にしたそのときだけで、さらに三十キロを走破し、ヴィチェンツァの前に到着した。

予想だにしていなかった皇帝の到着は、ヴィチェンツァの住民に防衛の準備をする時間を与えなかった。十一月一日、ヴィチェンツァへの攻撃が始まる。すべての城門を固く閉める時間さえもなかったヴィチェンツァは、その日のうちに白旗をかかげた。

市内に入った皇帝軍は、降伏を獲得しただけでは終わりにはしなかった。火を放ち、破壊し、逃げまどう人々を馬で駆散らし、抵抗する市民は容赦なく殺しまくる。フリードリッヒの命令に忠実に従ったからだが、ロンバルディア同盟に参加していたコムーネの一つであったヴィチェンツァは、他のコムーネへの見せしめとして、徹底的に破壊されたのである。

制覇したばかりのヴィチェンツァの統治は、エッツェリーノに託された。ヴィチェンツァの司教邸の回廊を歩きながら、フリードリッヒは差していた短剣を抜き、それで回廊の生け垣の突き出ている枝だけを切りながら言った。武力で制覇した町の統治は、こうしてやるしかない、と。言われた側のエッツェリーノには、この種の忠告は無用であったろう。エッツェリーノ・ダ・ロマーノという男は、後にダンテの『神曲』では地獄に突き落とされることになる男だが、突き出ている枝葉だけでなく、根元から掘り起して処分してしまうので怖れられていたのである。

それでも、ヴィチェンツァがこうむった惨事は、やはり効果はあった。ヴィチェンツァの惨状はたちまち北イタリア全域に広まり、次々と皇帝の前に城門を開くコムーネが続出したのである。トレヴィーゾもパドヴァもマントヴァも、そして、皇帝軍が去ったのでまたも同盟側にもどる動きを示していたヴェローナも、またフェラーラの有力領主であるエステ家も、フリードリッヒの許に恭順を誓う使節を送ってきた。

北部イタリアのうちの東半分、ヴェネツィア共和国領を除いた北東イタリアの全域が、フリードリッヒの前に屈したことになる。十年前に第二次ロンバルディア同盟を結成した当時は十六もあったコムーネのうち、早くもその半ばが脱落したことになった。「ロンバルディア同盟」はその名に忠実に、北イタリアの西半分だけになってしまったのだ。これがフリードリッヒの、八月から十一月にかけての三ヵ月間で成し遂げた戦果であった。

フリードリッヒはここで、北伊を離れることにする。アルプスの北側で解決しなければならない問題があったからだが、この三ヵ月間の北東部イタリアでの戦果で、ローマ法王の態度が変わるのを期待したからでもあった。

十一月末という季節にもかかわらず、フリードリッヒはアルプスを越えた。八月に越えたときは北から南に越えたのだが、このときは南から北に越えたのである。行き先はウィーン。山道を馬で進みながら、四十二歳になろうとしていたフリードリッヒは、従う人々を振り返って冗談を言った。渡り鳥とは反対の方角に向うようだね、と。北伊での戦果で、機嫌もよくなっていたのにちがいない。

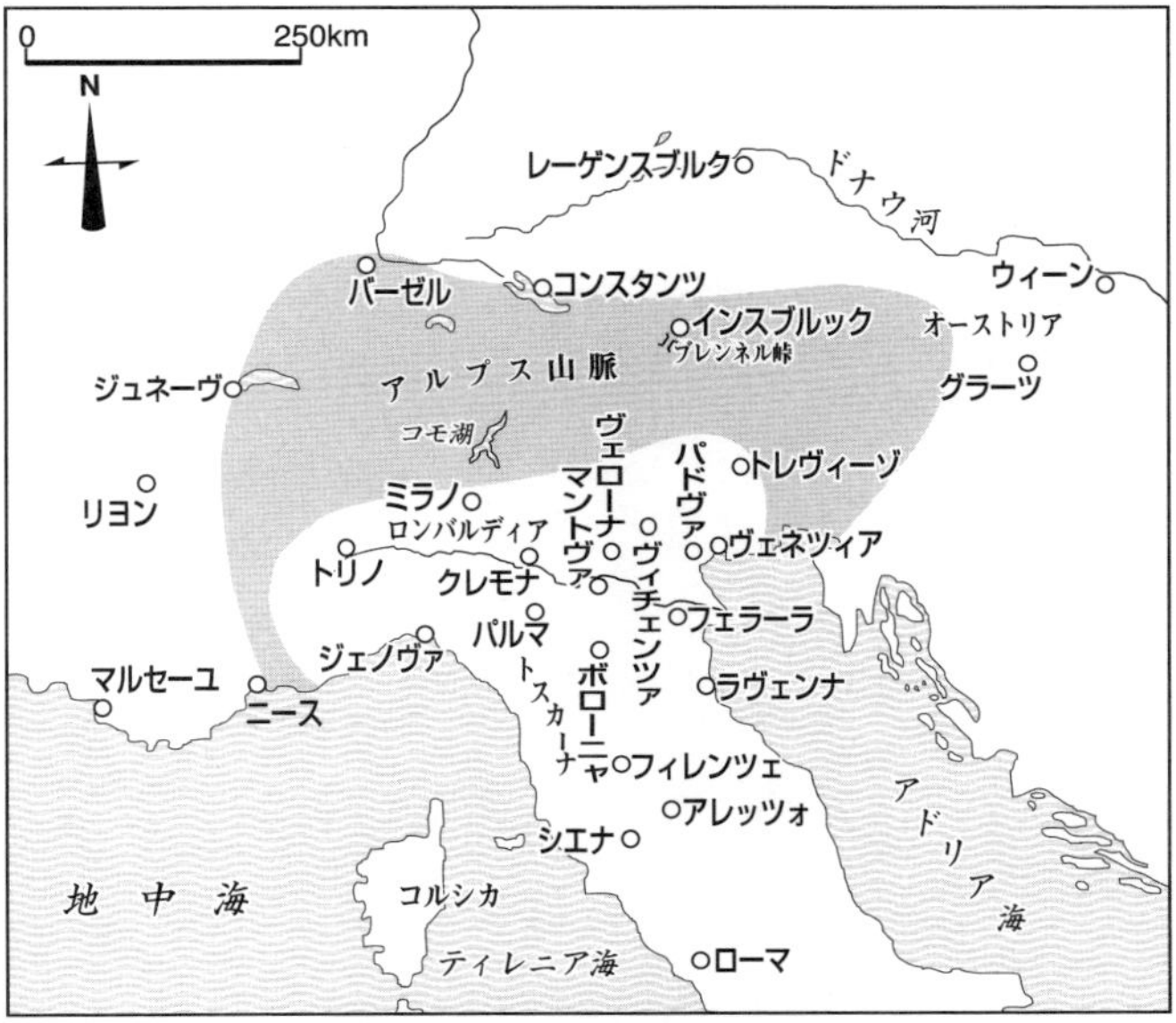

アルプス山脈と北イタリア周辺

ウィーンに行く必要があったのは、退位させた長男のハインリッヒが犯していた、失政の後始末のためである。ハインリッヒの妻はオーストリア公の娘だったが、皇帝の後継ぎの岳父になったことから自分の地位までも上がったと思いこんでいたオーストリア公が、それがハインリッヒの失脚で反古になってしまったのが不満で、何かと不穏な動きに出ていたのである。あからさまに、反旗をひるがえしたのではない。だが、皇帝が召集する「ディエタ」（諸侯会議）には出てこなくなった。

このオーストリア公を押さえこむのは、フリードリッヒにはむずかしい問題ではなかった。

アルプスの北側に広がる神聖ローマ帝国内での彼の勢威は、南伊のシチリア王国と同じように確固たるものになっていた。フリードリッヒが「ディエタ」を召集すれば全員が馳せ参じ、彼が求める事柄はその場で法律になった。さしたる規模の自前の軍事力を持っていなかったにかかわらず、アルプスの北側では、有力者も一般の庶民も、フリードリッヒを自分たちの皇帝と思い、誇りにさえもしていたのである。

司法行政を重視したフリードリッヒの政策によって、ドイツ社会は安定し、戦争も飢餓も姿を消していた。フリードリッヒが組織化した社会、高位聖職者である大司教が治める地方と世俗の領主の治める地方の共生システムが、充分に機能していたのである。秩序を好むドイツ人の気性に、合っていたのかもしれなかった。

この、ほとんど問題のないドイツでも、フリードリッヒは各地をまわり、重要な都市に立ち寄ればそこに「ディエタ」を召集し、諸侯たちをまとめる仕事をつづけた。反乱は、芽が出る前に始末しておくのが、彼の常のやり方でもあったのだ。グラーツ、レーゲンスブルグと、彼の旅は終わりがなかった。グラーツでは、一二三六年のクリスマスを過ごし、その翌日、四十二歳の誕生日を祝った。

そのフリードリヒにとっての唯一の心配は、後を継ぐことになる次男のコンラッドが、まだ九歳の少年であることだった。だが、この九歳以外に候補者はいない。それで、このときのドイツ滞在中に、コンラッドを正式にドイツの王位に就けることにしたのである。再度ウィーンを訪れたのもそのためで、ドナウ河が眼の前を流れるウィーンに召集した「ディエタ」で、フリードリッヒは諸侯に、正式にコンラッドを紹介した。諸侯たちは全員、九歳の少年が神聖ローマ帝国皇帝の前段階である、ドイツの王位に就くことを認めたのである。これで、正式な後継者を決めることはできた。

このことは、ドイツの諸侯対策としては重要極まりないことであった。フリードリッヒ自身は、ドイツに居つづけることは許されない立場にある。だが、ドイツの諸侯には、明確な形で彼の「代わり」を見せつづける必要はあった。しかし、コンラッドはまだ少年だ。それでフリードリッヒとは、昔からの友人でもあるマインツの大司教ジーグフリードを、教師兼後見人に指名した。この人物は聖職界の人間というよりも世の中を知り抜いた苦労人でもあった。長男ハインリッヒの失敗をくり返したくなかったフリードリッヒは、今は九歳でしかない後継者の育成を、ジーグフリードと自分の二人で、離れてはいても連絡は密にとることで共同して行うようにしたのである。自分はイタリアにもどっても、息子はドイツ王になった以上、ドイツに残していくしかなかったのだから。そして、息子を残してドイツを後にするそのときは、アルプスを北に越えてきてから半年も過ぎないうちに訪れることになる。ドイツに滞在中のフリードリッヒの許に、チュートン騎士団の団長ヘルマンが到着した。法王を巻きこんでのロンバルディア同盟との交渉が、予想はしていたとはいえ、やはり決裂したのだった。

決裂したのは、前年のロンバルディア同盟相手のフリードリッヒの戦果を示されても、ローマ法王が態度を変えなかったからである。法王は、戦果の如何にかかわらず、いつものやり方を変えようとしないフリードリッヒに、怒りを押さえかねていたのだった。

フリードリッヒ式情報公開

法王であろうと大司教であろうと司祭であろうと、聖職者とは、信者とは一対一で対する関係を好む人々なのである。信者の義務である罪の告白一つ取っても、わざわざそれ用に考え出された狭い告解室に、聖職者と信者は仕切りをへだてて向い合う。その中で信者は、これこれ悪いことをしました、と告白し、聖職者はそれを聴き、聴き終われば、アヴェ・マリアを何回唱えなさい、とか言っては告解者の冒した罪を許して放免する。聖職者とは神の意を伝える立場にあるとされているので、神の意に反したことをした信者を許す資格もある、と考えられていたのである。

この聖職者と信者との一対一の関係は、告解室の内部にかぎらない。他の場所でも聖職者が好むのは、大勢の信者に向って説教する場合でないかぎりは、常に信者と一対一で対するやり方であった。

それを、フリードリッヒは破ったのだ。すでにこの時期より十年は遡る十字軍遠征をめぐる破門騒動の頃にも破っていたのだが、ロンバルディア問題の解決を目指す法王との折衝では、よりはっきりと破るようになったのだった。

当時では、外交交渉と言っても、現代のわれわれの考える形での交渉ではない。交渉の当事者はあくまでも法王と皇帝なので、交渉はこの二者の間で交わされる書簡を介して進められる。フリードリッヒが派遣したヘルマンが首席の皇帝側の特使の任務は、法王が彼らに渡す皇帝あての書簡を皇帝に送ることに加え、その書簡が書かれた時期の法王と法王庁に関する情報を伝えるのが、彼らに課された任務の半ばを占める。残り半ばの任務は、皇帝から送られてくる法王あての書簡を法王に渡し、それを読んだ法王の反応を皇帝に伝えることであった。また、フリードリッヒの真意を、自分たちの言葉で、ということはオブラートで包んだ形にして法王に伝えるのも、特使たちの重要な任務になる。

これが当時の外交交渉である以上、当然ながら、法王と皇帝は頻繁に書簡を交わすことになる。

フリードリッヒは、その法王から送られてきた書簡までは公開しなかった。プライバシーの尊重という概念は存在しなかった時代だが、礼儀を守る概念は存在したからである。

ただし、皇帝フリードリッヒは、自分が法王グレゴリウスに書き送った書簡のほうは公開する。つまり、大量に筆写させ、それをヨーロッパ中の王侯たちに送りつけたのである。

皇帝から法王に送られた書簡は、法王が書いてきたことへの反論で埋まっていた。まずもって、最良の反論は、まず相手が言ってきたことを使って反論するやり方だ。ゆえに、皇帝から法王に送られた書簡を読めば、法王が皇帝に何を伝えてきたかがわかってしまう。IT時代の今ならば、このようなことは器械の操作一つで簡単にできるだろう。だが、八百年は昔の十三世紀では、多勢の書記に筆写させ、これも数多くかかえていた配達が専門の従者に持たせて、ヨーロッパ各地に〝配達〟することでしか実現できない。フリードリッヒの移動とともに百人もの随行者も移動するのは当時では周知の事実であったが、随行者のうちの多くは、コピー役の書記と配達人で占められていたのである。

しかし、フリードリッヒが駆使したこのやり方によって、フランス王やイギリス王を始めとするヨーロッパの有力者たちは、ローマ法王が自分たち世俗の王侯に対し、本音ではどのような考えでいるかを知ってしまったのだった。なにしろフリードリッヒは、密室であるべき告解室に〝スピーカー〟を付けたことで、あの狭い空間の内部で一対一で進むのが常であった聖職者と俗人の間の会話を、教会中に響きわたるようにしてしまったからである。しかも、その教会の中には、ヨーロッパ中の有力者たちがひしめきあって坐っており、その全員が告解室から流れてくる二人の声に聴き耳を立てているというわけだった。

十字軍に遠征するかしないかをめぐる十年前の法王は温和な性質のホノリウスであったから、フリードリッヒの悪だくみは見抜けなかったのだろう。だが、強気一筋のグレゴリウスとなると、見抜いたかどうかは知らないが、怒り心頭に発していたことは想像可能だ。前例のないことを考え出す才能では他を圧していたフリードリッヒだが、告解室での会話を教会中に、いや教会の外にいる一般の民衆にまで知らせることになるこの方式も、その一例にすぎなかった。

同時代の筆写書記

しかし、フリードリッヒはこのやり方を、情報は誰に対しても公開さるべきである、という考えによって実行したのではない。具体的な成果を期したうえでの、戦略として実行したのである。

そして、その結果ならば、成功であったと言うしかない。この時期以降、十五年にわたって皇帝とローマ法王の間には熾烈な抗争が展開されていくが、その十五年の間、明確に皇帝側に立って法王と闘った王侯まではいなくても、法王側に立って、フリードリッヒに敵対してきた王侯もいなかったのである。彼らは、今は皇帝に向けられている法王の敵対意識が、明日は自分に向けられる危険があることを、わかってしまったからだった。

コンスタンティヌス大帝がローマ法王に贈った古代末期から、すでにヨーロッパ全土は法王の領有地なのだから、法王から統治を委託されているにすぎない王侯からその領土を取りあげるのは、あれ以来ヨーロッパ全土の真の領有者であるローマ法王にとっては正当な権利の行使である、という言葉が法王の口から出たと知った今、フランス王もイギリスの王もドイツの有力諸侯も、明日は我が身か、と思ったのも当然であった。

グレゴリウス九世は、カトリック教会の最高位にあり地上での神の代理人でもあるローマ法王として、重大きわまりない誤りを冒したのだ。法王と皇帝の対立が、宗教上の問題によって起ったのではなく、これ以上もないくらいに世俗的な領土をめぐる対立にすぎないことを、暴露してしまったからである。

伯父でもあった法王インノケンティウス三世の言でもあったことで、法王グレゴリウス九世が信じて疑わなかったのは、法王は太陽で皇帝は月、という一句だった。

これに、皇帝フリードリッヒ二世は反駁《はんばく》する。法王よりもイエス・キリストの言葉にもどるべきだ、として。その言葉とは、「皇帝のものは皇帝に、神のものは神に」である。法王と皇帝は上下関係にあるのではなく、各々の担当する分野がちがうだけである、というわけだ。

そして、この彼の考え方は、初めのうちはフリードリッヒだけがあげた声であったのが、少しずつ、しかも着実に、ヨーロッパの王侯たちの声に変わっていくのである。だがそれも、フリードリッヒによるスピーカー方式に因るところ大、であったのだった。

しかし、一二三七年という年にかぎれば、ロンバルディア同盟との問題を法王を表舞台に引き出すことで解決にもって行くことを期していた外交交渉は、失敗に終わったことは事実であった。フリードリッヒも、腹を決めねばならないときが来たことを知る。南ドイツのアウグスブルグに兵を集結させよという皇帝からの命令が、アルプスの北側の各地に発せられた。第二次ロンバルディア戦役の始まりである。

第二次ロンバルディア戦役

外交交渉に期待できなくなった以上、この年召集した軍事力の規模は、常に比べれば大軍になった。それでも総計で、一万五千でしかない。一方、八万の人口を有するミラノがリードするロンバルディア同盟には、前年のフリードリッヒの戦果によって同盟から脱落したコムーネを除いても、いまだ九つのコムーネが残っていた。フリードリッヒが使える兵力は、ようやくにして、その時点での同盟側の兵力と対等になる程度でしかなかったのである。

アウグスブルグに集結した一万五千になる全兵力だが、二千騎のドイツ騎兵以外の一万三千は歩兵で、そのうちの六千は、アルプスの北側に広がる神聖ローマ帝国領の南半分、現代ならば東フランス、スイス、南ドイツ、オーストリアから集めた兵士と、アルプスの南側の北伊と中伊から集めた兵士で成っている。南伊からは、ルチェラに住むサラセン人の兵士の七千が参加していた。

ただし、この大半は、皇帝の命令によって徴発されてきた兵士ではない。フリードリッヒがカネを払うことで、彼の許での参戦を志願した、言ってみれば傭兵である。傘下の封建諸侯に命じて兵を提供させるのならば費用は諸侯が負担することになるが、それでは彼らの発言力が増す。封建社会を温存したからこそ十万の兵力を召集することもできた皇帝赤ひげだが、その孫のフリードリッヒは、封建社会から中央集権国家への移行に情熱を燃やしていた。兵士さえも諸侯に頼らず、カネを払って傭う、しかなかったのである。一万五千とは、彼の資力の限界ではなかったか、と思ってしまう。

また、七千人のサラセン人を参戦させることに対してはとくに、フリードリッヒには非難が集中した。ロンバルディア同盟の成員であるキリスト教徒に対して、仇敵であるイスラム教徒を向けてくるとは何ごとか、というわけである。だがこれも、フリードリッヒは無視する。彼の考えでは、自軍の大半がカネで傭った兵士である以上、それがドイツのキリスト教徒であろうと南イタリアに住むイスラム教徒であろうと、ちがいは何ら存在しない、となるからだ。それにサラセン兵は弓兵としてはすこぶる優秀で、これはドイツ人も認めていた。

しかし、数では同程度でもロンバルディア同盟側は、全員が北部在住のイタリア人というコンパクトな構成であるのに対し、フリードリッヒには、各地から集めた混成軍を率いるという不利がある。四十三歳になろうとしていたフリードリッヒは、この不利を克服する手段については考えを重ねたようである。

これより二百五十年後に生きることになるルネサンス時代の人マキアヴェッリは、その著『君主論』の中で、戦場であろうとどこであろうとリーダーにとって必要な資質の第一は想像力である、と書くことになる。本質的には武人ではなく政治の人であったと評されるフリードリッヒだが、想像力は充分以上に持っていた。おそらくは八月のアウグスブルグで兵士の集結を待ちながら、これ以上はないほどに想像力を働かせていたのかもしれない。

九月、アルプスの北側で集めた六千を率いて、アウグスブルグを後に、まずはインスブルックに向った。そこからはブレンネル峠を経ることでアルプス山脈を越え、ヴェローナまで降りてくる。ヴェローナで、アルプスの南側で集めた兵士たちと合流することになっていた。

九月十五日、そのヴェローナで、将たちを集めての作戦会議が開かれる。と言っても、フリードリッヒの考えた作戦を進めるに際し、何を誰にまかせるかを決める場でしかなかったのだが。

前年の戦役で、北イタリアの東半分は皇帝側になっていた。ゆえに、この年一二三七年の戦線は、ロンバルディア同盟の本拠である北西イタリアに向けられる。その戦役の前線基地はクレモナになるが、伝統的に皇帝派《ギベリン》のクレモナは前線基地としては最適でも、そのクレモナとヴェローナの間の安全は確保される必要はあった。ドイツからイタリアへの幹線路のドイツ側の入り口がインスブルックであれば、イタリア側の出口はヴェローナであったからだ。そのヴェローナとクレモナの間には、いまだ同盟側に、つまり法王派《グェルフィ》にあるマントヴァが立ちふさがっていた。

フリードリッヒの最初の目標が、このマントヴァの攻略になる。マントヴァさえ手中にすれば、ドイツとの連絡を保証できるだけでなく、ヴェローナ、マントヴァ、クレモナを結ぶ線の東側に位置する、北東部イタリアという背後への心配もなく、同盟の本拠である北西部イタリアへの攻撃に専念することができるのである。

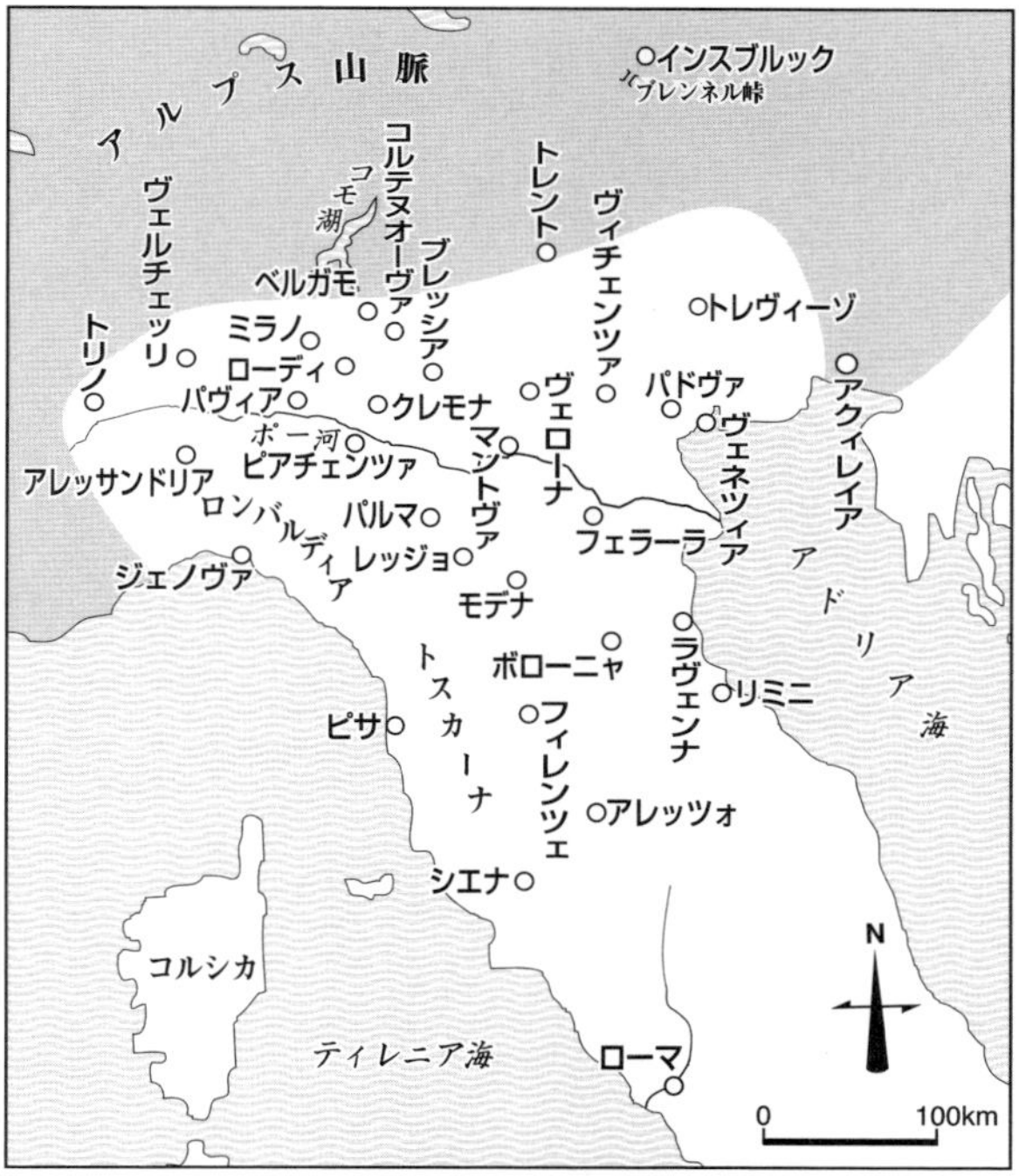

北イタリアとその周辺

一万五千の兵力に、猛攻を命ずるまでもなかった。一万五千を城壁の外に、布陣させただけで充分だった。十月一日、マントヴァは、皇帝が送ってきた降伏勧告を受け容れた。マントヴァ救援にとミラノが送った援軍が到着する前に、ことは終わっていたのである。

降伏はしたものの、マントヴァの住民の恐怖が消えたわけではなかった。一年前にヴィチェンツァを襲った皇帝軍による破壊が、マントヴァでもくり返されるかと怖れていたのである。だが、フリードリッヒはこのマントヴァに、降伏と以後の恭順以外は何も要求しなかった。いや、ただ二人の人物の追放は求め、それはただちに実施された。

この二人とは、法王グレゴリウスが送りこんでいた枢機卿二人で、法王の意に沿って、マントヴァ住民の皇帝への反抗心をあおるのが任務であったのだ。フリードリッヒはこの二人の枢機卿に、戦場ゆえに神に祈るのが仕事の聖職者の身の安全までは保証しかねる、と書いた法王あての手紙を持たせて、ローマに送り返したのであった。

そして、マントヴァへのフリードリッヒのこの寛容な対処は、思わぬ副産物を生んだ。マントヴァの南に位置するパルマも、降伏と恭順を申し入れてきたのである。これで、ヴェローナ、マントヴァ、クレモナ、パルマと結ぶ、対ロンバルディア同盟戦の最前線が確立したのであった。

だが、マントヴァ救援にとミラノが送った軍勢が、六十キロをへだてるだけのブレッシアの近くまで来ていた。マントヴァ救援には間に合わなかったが、それを知っても、彼らは撤退したわけではなかったのである。

その、ロンバルディア同盟軍を率いていたのは、この時期のミラノの「ポデスタ」(長官)であったティエポロだ。コムーネ内部の抗争で自国民の誰を長官にしても収拾がつかなくなり、他国から人を招いて長官に就任してもらうのは、この時期のイタリアのコムーネ(自治都市)では珍しくはなかった。だが、このティエポロはヴェネツィア共和国市民で、しかも現職の元首《ドージェ》の息子であったのだ。ヴェネツィア共和国はロンバルディア同盟の一員ではなかったが、自国の市民が、同盟に参加しているコムーネの「ポデスタ」に就任することは禁じてはいなかった。

しかし、誰が率いていようと、六十キロの距離にいる敵をそのままにしておくことは、フリードリッヒにとっては許されない。と言って、戦端を開くには時期が悪すぎる。北伊の冬は寒気が厳しいだけでなく、雨が多く降る季節でもある。また、北伊を西から東に向って流れる大河ポーの支流が多い地域でもあり、その地方で冬に戦闘をするなどは気狂い沙汰、と思うほうが常識だった。実際、ブレッシアまで来ていながら、同盟側には攻撃をしかけてくる気配もなかった。

にもかかわらず、フリードリッヒは、こちらから攻勢に出ると決める。兵士たちが充分に休養をとったと見た十一月初め、一万五千のうちの一万二千だけを率いてマントヴァを後にした。ポー河に流れこむ支流の一つのオーリオ川を左手に眺めながら、その川に沿って西北西に進む。目指すのは、オーリオ川の上流地帯に築いた陣営地にいる、同盟軍に決まっていた。


六十キロは難なく消化して敵を前にした地点には到着したのだが、それより十五日間は、川をはさんで両軍が睨み合う状態のままで過ぎてしまう。騎兵二千に歩兵一万で成る皇帝軍は、騎兵二千に歩兵六千の同盟軍よりは数では優っていた。だが、先に来ていた同盟軍が有利な高地に陣営地を築いていたのに対し、後から来た皇帝軍は不利な低地に陣を張るしかなかったのである。また、川辺なので沼地が多い。沼地を走り抜けて川を渡り高地を攻めるのでは、敵側の格好な標的になるだけだ。と言って、同盟軍のほうからは攻撃をしかけてこない。彼らにすれば、攻勢に出ることはイコール、有利な地勢を捨てることを意味したのだから。睨み合いをつづけながらも、時間だけが過ぎていった。


フリードリッヒの前には、二つの選択肢があった。十一月も半ばを過ぎたことゆえ、ここは引き払ってクレモナまでもどってそこで冬越しをし、翌年の春を待って再び攻勢に出るのが第一の選択肢。第二の選択肢は、この季節でもなお、攻勢に出ると決めることだった。

この二つのどちらを選んでも、リスクは伴わずには済まなかった。第一を選択した場合のリスクは、もはや守勢に立った同盟側に再起の時間を与えてしまうことである。一方、第二を選択した場合のリスクは、勝負に賭ける以上は避けられない、不利な地帯での戦闘ゆえに生ずること確かな、兵力の多大な損失だった。

あと一ヵ月もすれば四十三歳になるフリードリッヒは、選択肢の第二を採る。ただし、賭けは賭けでも、多大な犠牲までは払わないで済むように考えながらであった。

フリードリッヒは、スパイを使った。部下たちを近くの町や村に送り、何気ないふうを装わせながら、皇帝軍はクレモナにもどりそこで冬越しをする、という情報を広めさせたのである。同時に、ドイツ人とイタリア人で成る将たちを集め、詳細な作戦を与えた。各将はそれぞれ、兵を率いて別々の行動に出る。オーリオ川を渡るところまでは全軍で行動するが、それはクレモナに向うにはこの川を渡るほうが近道だからで、これも敵を欺く作戦の一つだった。だが、渡り終わった後からは、各隊は別々の行動に移る。将の一人は歩兵を率い、クレモナに向う道をとり始め、別の将は騎兵を率い、林の中にかくれて待つ。後衛を命じられたサラセン兵の六千には、命令が下りしだい、前衛に一変する役割が与えられる。こうして、一二三七年の十一月二十七日の朝になった。

同盟軍は、すっかり信じたのである。皇帝は陣を引き払ってクレモナに行き、皇帝軍もその近くで冬越しに入る、という情報を信じたのだ。皇帝はクレモナでキリスト生誕祭を祝い、その翌日に訪れる自分の誕生日もゆっくりと過ごしたいのにちがいない、と思いこんだのであった。フリードリッヒが、クリスマスも自分の誕生日も他に重要事があれば犠牲にする男であるのを知らなかったがゆえの思いこみと、彼ら自身もミラノにもどって家族と共にクリスマスを祝いたいという願望が、合わさってしまったがゆえに生じた誤解であった。

大勝

同盟軍はティエポロの命令一下、陣営地を引き払った。そして、南にあるクレモナに向うと思いこんでいる皇帝軍とは反対に、ミラノのある西への道を行き始めた。

それを見張っていた兵士から皇帝に報告が行く。複数の偵察兵からの同種の報告を受けた後も、フリードリッヒはすぐには命令を発しなかった。同盟軍が安全な陣営地に引き返そうにも引き返せない地点にまで離れ、騎兵の活用に有利な平坦で固い地盤の地にまで来るのを待ったのである。それが確認できて初めて、打ち合わせてあったとおりに狼煙《のろし》をあげさせた。攻撃の開始である。騎兵がまず、先陣を切る。後衛から前衛に一変したサラセン部隊が、ただちにそれにつづいた。

自分たちの町にもどる行軍だ。気分的にもゆるんでいたのか、戦闘の隊形にもなっていない。陣営地に逃げもどろうにも、その陣営地と彼らの間にはすでに、皇帝が送った歩兵が立ちふさがっていた。立ち往生の状態になってしまった同盟軍に向って、ドイツの騎兵とサラセン人の歩兵の猛攻が襲いかかる。そのうえ、北にあるベルガモに逃げようにも西のミラノに向けて逃げようにも、その方向はすでに、まわりこんだ皇帝軍の歩兵の別動隊によってさえぎられていた。オーリオ川の方角を除けば、南も西も北も、皇帝軍によって囲まれてしまったのである。古代の名将ハンニバルが得意にしていた包囲壊滅作戦が、北イタリアのコルテヌオーヴァの平原で、一千年ぶりに再現されたのであった。

フリードリッヒの勝利は完璧だった。八千はいた同盟軍は、三千もの死者を出していた。だがこの半ば以上が、冬とて増水しているオーリオ川にとびこんで溺死した人々であった。捕虜は、四千人にのぼった。総司令官のティエポロも、捕虜の一人だった。その他にも、ミラノの有力者の子弟の戦死者が多かった。だが、彼らは、味方の兵士を守るためというよりも、「カロッチオ」と呼ばれていたミラノ市のシンボルを守るために闘って死んだのである。

この「カロッチオ」(Carroccio) を辞書は、次のように説明している。

中世イタリアの自治都市（コムーネ）で用いられていた四頭の牛に引かせた荷車で、上にはその都市の旗印から祭壇から鐘までが積まれており、都市の象徴として市民たちから尊ばれ、市内を行く際でも兵士たちが警護するのが常であった、と。

古代のローマでは、「鷲旗《アクィラ》」と呼ばれた軍団旗が敵に渡るのは恥とされていた。十字軍でも、十字架を先頭にして闘ったのは事実である。だが、この二つに比べれば「カロッチオ」は、四頭の牛に引かせているために動き自体が遅い。逃げるとなったときでも、これを守りながら逃げるのだから、早くは逃げられないのは当然だ。それで、動くに動けなくなってしまった「カロッチオ」を敵に渡すくらいならば自分たちも死ぬと、ミラノの名門の若者の多くが、コルテヌオーヴァの野で死を迎えたのだった。シンボルにするならばもう少し持ち運びの便利なものにすべきではなかったか、と思うのは他所者《よそもの》のいだく想いである。現代イタリアの政党である「北部同盟」のシンボル・マークは、皇帝に抗するロンバルディア同盟の兵士の姿であり、この人々は自分たちの政党の別名を、「カロッチオ」と呼んでいる。経済人ゆえに合理的であるはずのミラノ人だが、他所者から見れば摩訶不思議としか思えないことを重視する面も強かったのである。

十二月一日、皇帝とその軍は、コルテヌオーヴァからの三十キロを「カロッチオ」と捕虜たちを引きながらクレモナに凱旋した。確信犯的に皇帝シンパであるクレモナの住民は、そのフリードリッヒを熱狂で迎える。馬で進む皇帝のすぐ後には、縛られたミラノの長官ティエポロを乗せたカロッチオがつづく。これまた確信犯的に反皇帝であるところからクレモナの仇敵であるミラノを象徴する「カロッチオ」の惨めな姿に、クレモナ人は一層熱狂したのだった。その夜は、あまりの多さに牢獄には収容しきれず、市庁舎だけでなく商品取引所にまで詰めこまれた捕虜たちをよそに、住民の全員が参加した宴が深夜までつづいた。

数日後、フリードリッヒはこのカロッチオを、ローマに送らせた。ミラノ人の誇りのカロッチオは、フリードリッヒ自らが書いた一文をそえて、ローマ市民への贈物にされたのである。それには、古《いにしえ》の皇帝たちの栄光への讃美を今のローマの人々と共有する一助として、とあった。私でも苦笑して、相当なイヤ味ですよ、と言うしかない。古代のローマ皇帝たちが去った後に、ローマの主《あるじ》になり代わっているのがローマ法王なのである。だから、法王などは忘れて皇帝を思い出そう、という意味がふくまれていたからであった。

コルテヌオーヴァでの結果を知った法王グレゴリウスの落胆ぶりは、怒り狂う彼を見慣れていた人々を驚かせるほどであったという。もちろん、贈られてきてカンピドリオの丘の上に一般公開されていたカロッチオなどは、見に行く気もしなかったにちがいない。

しかも、この後につづいた知らせは、法王グレゴリウスをますます落ちこませる。コルテヌオーヴァでの皇帝の勝利は、北イタリア全域の空気を一変させていた。同盟に参加していたコムーネは、攻撃されてもいないのに次々と皇帝に降伏し、恭順を誓ってきた。「ロンバルディア同盟」は、事実上解体してしまったのだ。ミラノは、周辺都市としてもよいローディやヴェルチェッリやパヴィアにまで同盟を離脱され、孤立したことになった。

一二三七年はフリードリッヒにとって、わが生涯の最良の年、であったろう。キリスト生誕祭も安らかな心で祝い、四十三歳の誕生日も、この二年間の成果を味わいながら過ごしたにちがいない。一二三七年は、誰が皇帝かを、ヨーロッパ全体に強く印象づけた年になったのだから。しかし、運命の女神は、嫉妬深いことでも知られているのだった。

（下巻に続く）

図版出典一覧

カバー	フリードリッヒ二世著『鷹狩りの書（De Arte Venandi cum Avibus)』ヴァティカン図書館蔵（ヴァティカン／イタリア）の挿絵より
p.　1	フリードリッヒ二世のアウグスターレ金貨（表面）　大英博物館蔵（ロンドン／イギリス）© British Museum
p.　17	ジョヴァンニ・ヴィッラーニ著『ヌオヴァ・クロニカ（Nuova Cronica)』ヴァティカン図書館蔵（ヴァティカン／イタリア）の挿絵より
p.　23	同上
p.　27	作者不詳、聖ベネディクト修道院蔵（モンテ・カッシーノ／イタリア）© Bridgeman Art Library
p.　35	作図：畠山モグ
p. 120	フェデリーコ二世大学（ナポリ／シチリア）© Scala Archives
p. 135	p.17と同じ
p. 172	p.35と同じ
p. 180	p.17と同じ
p. 194	作図：Stephan C. Spiteri
p. 207右	作者不詳、マルトラーナ教会蔵（シチリア／イタリア）© Bridgeman Art Library
p. 207左	作者不詳、モンレアーレ大聖堂蔵（シチリア／イタリア）© Scala Archives
p. 222右	p.1と同じ
p. 222中央	ディナール金貨、フィッツウィリアム美術館（ケンブリッジ／イギリス）© Fitzwilliam Museum, University of Cambridge
p. 222左	アウレリウス金貨、ローマ国立博物館（ローマ／イタリア）© Ministero per I Beni e le Attivita Culturali, Soprintendenza Archeologica di Roma, Museo Nazionale Romano in Palazzo Massimo
p. 224	p.35と同じ
p. 226	メルフィ憲章、ペレラーダ宮殿図書館蔵、Domenico Maffei, *Un'epitome in volgare del "Liber Augustalis"*, Editori Laterza (Roma), 1995
p. 291	p.35と同じ

地図作製	綜合精図研究所　(p.9, p.19, p.38, p.50, p.74, p.103, pp.124-5, p.139, p.163, p.169, p.173, p.177, p.182, p.183, p.192, p.220, p.267, p.275, p.287, p.295)

装画　『鷹狩りの書』（"De Arte Venandi cum Avibus"
ヴァティカン図書館蔵）より

装幀　新潮社装幀室

塩野七生（しおの・ななみ）

1937年7月7日、東京に生れる。学習院大学文学部哲学科卒業後、63年から68年にかけて、イタリアに遊びつつ学んだ。68年に執筆活動を開始し、「ルネサンスの女たち」を「中央公論」誌に発表。初めての書下ろし長編『チェーザレ・ボルジアあるいは優雅なる冷酷』により1970年度毎日出版文化賞を受賞。この年からイタリアに住む。82年、『海の都の物語』によりサントリー学芸賞。83年、菊池寛賞。92年より、ローマ帝国興亡の歴史を描く「ローマ人の物語」にとりくみ、一年に一作のペースで執筆。93年、『ローマ人の物語Ⅰ』により新潮学芸賞。99年、司馬遼太郎賞。2001年、『塩野七生ルネサンス著作集』全7巻を刊行。02年、イタリア政府より国家功労勲章を授与される。06年、「ローマ人の物語」第XV巻を刊行し、同シリーズ完結。07年、文化功労者に選ばれる。08－09年に『ローマ亡き後の地中海世界』（上・下）を刊行。11年、「十字軍物語」シリーズ全4冊が完結。13年末、『皇帝フリードリッヒ二世の生涯』（上・下）を刊行。

皇帝《こうてい》フリードリッヒ二世《にせい》の生涯《しょうがい》 上

二〇一三年十二月二十日 発行

著　者　塩野七生《しおのななみ》
発行者　佐藤隆信
発行所　株式会社新潮社
東京都新宿区矢来町七一
郵便番号 一六二―八七一一
電話（編集部）03―三二六六―五六一一
　　（読者係）03―三二六六―五一一一
http://www.shinchosha.co.jp
印刷　錦明印刷株式会社
製本　加藤製本株式会社
価格はカバーに表示してあります。

ISBN978-4-10-309637-5 C0322

塩野七生「ローマ人の物語」全十五巻

ローマは一日にして成らず　ローマ人の物語 I
なぜローマだけがかくも巨大な世界帝国を構築できたのか。一千年にわたる興亡史の開幕。

ハンニバル戦記　ローマ人の物語 II
最強のライバル、ハンニバル率いるカルタゴとの壮絶な死闘は、いかなる結末をみたのか。

勝者の混迷　ローマ人の物語 III
カルタゴを倒し、地中海の覇者となったローマを襲う停滞と内乱。そして改革に身を捧げる人々。

ユリウス・カエサル　ルビコン以前　ローマ人の物語 IV
「ローマが生んだ唯一の創造的天才」カエサル。ルビコンを渡るまでの華々しき軌跡を描く。

ユリウス・カエサル　ルビコン以後　ローマ人の物語 V
迫りくる暗殺の影を予知したかのように、あらゆる改革を成し遂げる天才。その劇的な生涯の全貌。

パクス・ロマーナ　ローマ人の物語 VI
志半ばで倒れたカエサルの跡を継いだアウグストゥス。構造改革を成し遂げた初代皇帝の物語。

悪名高き皇帝たち　ローマ人の物語 VII
安全保障、金融危機、そして大災害。帝国を引き継いだ皇帝たちは、その責を果たしたのか。

危機と克服　ローマ人の物語 VIII
異民族による内乱に翻弄されるローマ。皇帝ヴェスパシアヌスはいかにして危機を乗り切ったのか。

賢帝の世紀　ローマ人の物語 IX
紀元二世紀、帝国に「黄金の世紀」と称される絶頂期をもたらした三人の賢帝。その統治の秘密。

すべての道はローマに通ず　ローマ人の物語 X
ローマの偉大さはインフラの整備にあった。道路、橋、水道、教育……。ローマの本質を描く力作。

終わりの始まり　ローマ人の物語 XI
哲人皇帝として名高いマルクス・アウレリウスの治世こそが、ローマ衰亡の始まりとする意欲作。

迷走する帝国　ローマ人の物語 XII
現れてはむなしく消える軍人皇帝。もはや後戻りはできないのか。「危機の三世紀」の真相に迫る。

最後の努力　ローマ人の物語 XIII
帝国に君臨する絶対君主。そしてキリスト教の公認。世界はすでに中世の入り口に立っていた。

キリストの勝利　ローマ人の物語 XIV
帝国繁栄の基礎だった「寛容の精神」は消え、ローマはまるごとキリスト教に呑み込まれてしまう。

ローマ世界の終焉　ローマ人の物語 XV
歴史に比類なき世界帝国はいかにして滅亡したのか。世紀をまたぐ前人未到の大作、ここに完結。

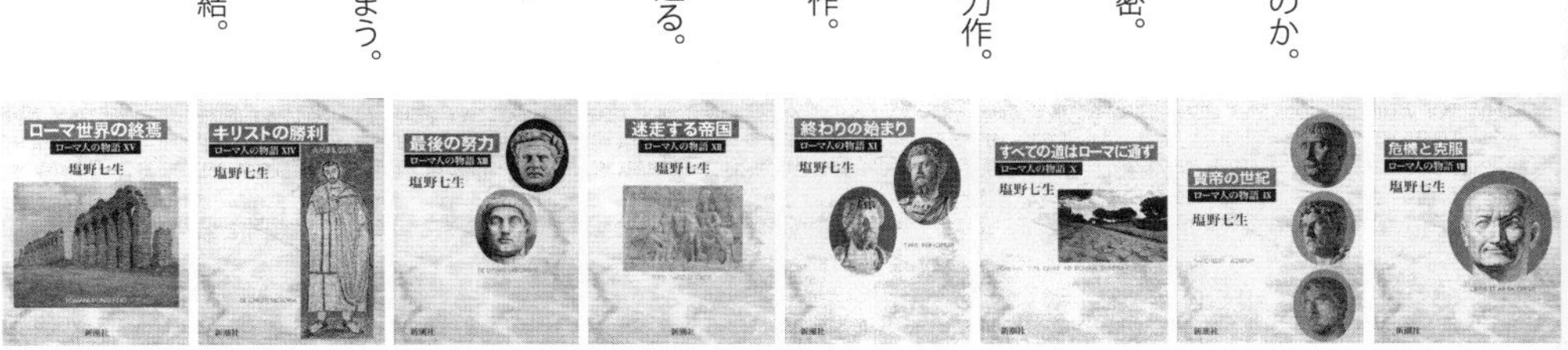

キリスト教世界とイスラム世界、その戦いの歴史

ローマ亡き後の地中海世界　上・下

ローマ帝国滅亡後の世界を待ち受けていたのは、キリスト教徒とイスラムの海賊との壮絶な戦いだった。

コンスタンティノープルの陥落

崩壊の足音はもうそこまで。膨大な資料をもとにビザンチン帝国首都の盛衰を描く歴史絵巻。

ロードス島攻防記

攻めるは二十万、守るは六百。一五二二年、トルコの猛攻に散った聖ヨハネ騎士団の凄絶な最期。

レパントの海戦

連合艦隊、総攻撃開始。地中海制覇を目論む無敵のトルコ。その野望は果たされるのか。

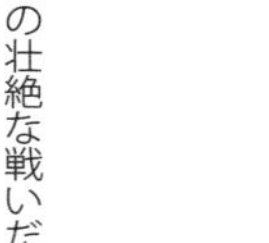

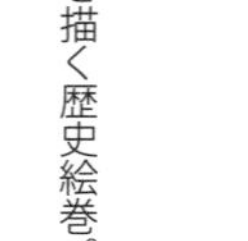

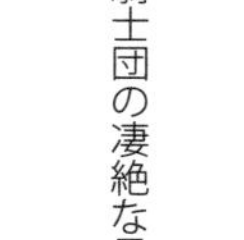

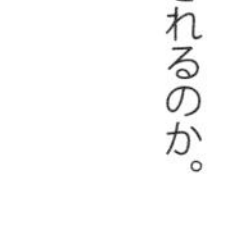

絵で見る十字軍物語

中世史最大の事件、十字軍。その最良にしてもっとも美しい入門書。待望の新シリーズの開幕。

十字軍物語 *1*

「神がそれを望んでおられる！」聖都イェルサレムを巡る第一次十字軍の孤独な戦いの結末は——。

十字軍物語 *2*

十字軍国家の希望を一身に背負う若き癩王と、イスラムを統一した英雄サラディンとの全面対決。

十字軍物語 *3*

サラディン、獅子心王リチャード、聖王ルイ九世らの実像が描かれる塩野七生の「戦争と平和」。

塩野七生「ルネサンス著作集」全七巻

ルネサンスとは何であったのか
華麗なるルネサンスを支えた精神とは。ルネサンスの本質を知り尽くした著者による最高の入門書。

ルネサンスの女たち
戦乱の時代をしたたかに生き抜いた美しく個性的な女たちの物語。著者の華麗なるデビュー作。

チェーザレ・ボルジアあるいは優雅なる冷酷
イタリア統一を目指し、ルネサンスを駆け抜けた若者。その栄光と悲劇を描き出す初期代表作。

海の都の物語 ヴェネツィア共和国の一千年 上・下
小国ながら貿易で大を成し、「地中海の女王」と呼ばれたヴェネツィア共和国の一千年にわたる興亡。

神の代理人
四人のローマ法王の野望と権力闘争、栄華と堕落。宗教と人間の本質を描き出す傑作。

わが友マキアヴェッリ フィレンツェ存亡
ルネサンスの精神とともに生まれ、死んだ男、そして著者がもっとも強い影響を受けた男の生涯。

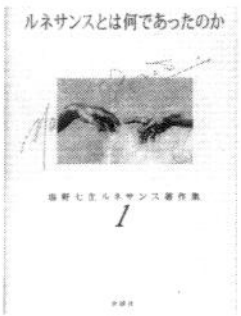